고대 동아시아의 기록 방식과 도구

진인진

고대 동아시아의 기록 방식과 도구

초판 1쇄 발행 | 2022년 12월 31일

기   획 | 경북대학교 인문학술원 HK+사업단
편저자 | 윤재석
편   집 | 배원일, 김민경
발행인 | 김태진
발행처 | 진인진
등   록 | 제25100-2005-000003호
주   소 | 경기도 과천시 별양상가 1로 18 614호(별양동 과천오피스텔)
전   화 | 02-507-3077-8
팩   스 | 02-507-3079
홈페이지 | http://www.zininzin.co.kr
이메일 | pub@zininzin.co.kr

ⓒ 경북대학교 인문학술원 2022
ISBN 978-89-6347-535-6 94910
ISBN 978-89-6347-532-5 94910(세트)

* 이 저서는 2019년 대한민국 교육부와 한국연구재단의 지원을 받아 수행된 연구임(NRF-2019S1A6A3A01055801)

발간사

　　인류가 문자 생활을 영위한 이래 기록물의 효용성은 인간의 의사소통과 감성표현의 주요 수단이자 각종 지식과 정보의 생산과 유통 및 축적·전승을 가능케 하는 저장 공간으로서, 인류문명사 전개의 주된 역량으로 작용하였다. 기록용 매체와 도구는 과학기술의 발달과 연동하여 다양한 변화의 과정을 거치면서 오늘에 이르렀다. 종이가 가장 중요한 기록매체로 정착하기 전까지 인류는 식물과 목재 및 돌 그리고 점토 등의 자연물을 비롯하여 일정하게 가공된 짐승의 뼈와 가죽 및 귀갑(龜甲), 나아가 청동기물과 견직물에 이르기까지 다양한 재료를 사용하였다.

　　기록을 위해서는 목간·파피루스·비단·양피지·종이 등의 기록매체와 더불어 이를 제작하고 여기에 문자를 기재하는 칼[書刀]·붓·먹·벼루·펜·잉크 등의 다양한 필기도구가 필요하며, 이들 매체와 도구의 변화 발전은 인류가 양산한 지식과 정보의 보급과 축적 및 전승의 수준을 질적·양적으로 결정하는 주요 인자로 작용하였다. 아울러 이들 매체와 도구 및 기록 방식의 진화 양상을 포함한 기록문화는 이를 공유한 지역의 역사와 문화적 동질성을 확인하는 지표이기도 하다.

　　이러한 관점에서 경북대학교 인문한국플러스(HK+) 연구단에서는 2022년 12월 "나무에서 종이로 – 서사매체의 변화와 고대 동아시아"라는 주제로 국제학술대회를 개최하였고, 여기서 발표된 논문을 엄선하여 『나무에서 종이로 – 고대 동아시아의 기록문화』와 『고대 동아시아의 기록 방식과 도구』라는 두 책으로 엮었다. 전자는 동아시아 출토 목간의 유형과 목간문화의 지역적 전승 양상, 목간의 제작과 폐기 및 재사용 양상, 목간에서 종이로 기록매체의 변화 요인과 그 양상 및 역사적 의미 등을 다루었고, 후자는 목간의 표기방식과 기록양식, 붓과 벼루 등 서사도구에 대한 연구를 주된 내용으로 다루었다. 이를 통하여 목간과 종이라는 기록매체와 이를 제작하고 기록하는 필기도구 및 기록방식, 나아가 이러한 기록문화의 전승 과정을 중심으로 고대 동아시아 기록문화의 양상과 그 역사적 함의에 대한 이해가 깊어지기를 기대한다.

본서를 위하여 옥고를 보내주신 집필진과 오준석 교수를 비롯하여 본서의 제작에 실무를 맡은 경북대 HK+연구단의 교수진, 그리고 김진우·오준석·금재원·김종희·오수문·김도영·하시모토 시게루(橋本繁)·팡궈화(方國花)·우근태·이계호 등 중국어와 일본어 논문의 한글 번역을 맡은 분들에게 감사드린다. 아울러 HK+연구단의 운영과 본서의 출판을 위해 경제적 지원을 아끼지 않은 한국연구재단과 본서의 출판을 맡은 진인진 출판사측에 감사의 마음을 전한다.

경북대학교 인문학술원장
HK+연구단장
윤재석
2022.12

목차

발간사   3

1부   고대 동아시아의 문서와 서식   7

제1장   한국 고대 문서목간의 서식과 서사재료 / 홍승우   9

제2장   高句麗 石碑의 敎 / 이용현   43

제3장   肩水金關漢簡 중 특수 重文부호 해독 문제 / 李洪財   81

제4장   漢代 서북 邊塞 간독 刻齒의 몇 가지 문제 / 張俊民   101

제5장   중국 고대 簡牘 文書의 형태와 규격 / 오준석   133

제6장   출토 문자자료로 본 일본어 표기방법과 부호 / 犬飼隆   155

제7장   일본 고대 목간의 비문자 표기에 관한 몇 가지 문제 / 方國花   179

제8장   헤이안 문학에서 본 히라가나와 종이의 관계성 고찰 / 오수문   207

2부   고대 동아시아의 기록 도구   233

제9장   백제와 통일신라의 벼루 생산과 보급 / 홍보식   235

제10장   원삼국시대 서사도구와 다호리유적 / 박장호   257

제11장   야요이 시대의 '板石硯'과 문자사용의
가능성에 대해 / 久住猛雄   281

제12장   도연의 쓰임새를 생각하다
-문필 행위와 신체 행위- / 井上隼多   305

編·著者 소개   323

1부
고대 동아시아의 문서와 서식

#01

한국 고대 문서목간의 서식과 서사재료

•

홍승우
(경북대 역사교육과 교수)

I 머리말

지금까지 발견된 한국 고대 목간에 대하여 그 내용과 외형을 기준으로 여러 가지 분류안이 제시되었으며 표준안 마련을 위한 적극적인 논의도 진행되고 있는 중이나,[1] 아직까지 표준안이 자리 잡지는 못했다. 그렇지만 목간의

---

* 이 글은 홍승우, 「韓國 古代 文書木簡의 書式과 서사재료」, 『동서인문』 19(경북대학교 인문학술원, 2022)를 일부 수정한 것임.
1 이용현, 『韓國木簡基礎研究』(서울: 신서원, 2006), p.8 ; 윤선태, 『목간이 들려주는 백제 이야기』(서울: 주류성, 2007), pp.74-94 ; 이경섭, 「新羅木簡의 출토현황과 분류체계 확립을 위한 試論」, 『新羅文化』 42(동국대학교 신라문화연구소, 2013) ; 이재환, 「한국 출토 목간의 분류와 정리 및 표준화 방안」, 『木簡과 文字』 23(한국목간학회, 2019b) 등.

기재 내용(용도)을 바탕으로 典籍木簡, 文書木簡, 附札(荷札)木簡, 其他木簡(呪術用, 習書, 題籤軸 등)으로 분류하는 방안이 제시되어 있으며, 일반적으로 이에 따르고 있다. 문서목간을 다시 受發文書, 帳簿·集計簿, 기타 등으로 분류하기도 하는데, 발견된 목간을 기준으로 한 분류안이어서 향후 변화될 가능성도 있다.

이 글에서는 그간 문서목간으로 분류되어 온 목간들의 서식, 곧 기재방식을 검토하여 그 특징을 밝히고자 한다. 서식 내지 기재방식은 문서가 서사된 재료와 깊은 관련을 가지고 있다. 簡牘에 문서를 작성하다가 종이로 전환한 중국에서는 서사재료의 특징이 반영된 여러 사례들에 대한 검토가 일찍부터 있었다.[2]

그러나 한국 고대 문서목간의 경우 서사재료와 연관지어 서식에 대해 접근하는 연구는 적은 편이다. 서식에 대한 분석의 경우 「함안 성산산성 출토 신라목간」(이하 성산산성목간)의 부찰목간(짐꼬리표 목간)을 일본 등의 사례와 비교하는 연구들이 어느 정도 있었지만,[3] 문서목간에 대한 관심은 상대적으로 부족한 편이었다.

근래 중국 고대 행정 문서 자료와의 비교를 통해, 신라 문서목간의 내용을 이해하려는 시도가 있었는데,[4] 그간 서식에 주목하지 못했던 연구 경향에 문제를 제기하면서, 새로운 시각을 제시하여 많은 시사점을 주었다. 하지만 중국 고대 행정 문서는 나무라는 서사재료만 사용되던 시기의 것이고, 한국

---

[2] 池田溫, 『中國古代籍帳硏究(槪觀·錄文)』(東京: 東京大学出版会, 1979) ; 張榮强, 『漢唐籍帳制度硏究』(北京: 商務印書官, 2010) 등 참조.

[3] 홍승우, 「함안 성산산성 목간의 물품 기재방식과 성하목간의 서식」, 『木簡과 文字』 21(한국목간학회, 2018), p.78 참조.

[4] 김병준, 「월성 해자 2호 목간 다시 읽기-중국 출토 고대 행정 문서 자료와의 비교-」, 『木簡과 文字』 20(한국목간학회, 2018).

고대 목간은 종이가 주된 서사재료로 사용되던 시기의 것이라는 차이점이 충분히 반영되지 못한 문제가 남아 있다. 또 목간의 형상 차이에 대한 고려가 부족한 것도 아쉬운 점이다.

한국 고대 문서목간은 그 양이 극히 적으며 내용 파악이 쉽지 않다는 문제점이 있다. 이 때문에 서식을 포함한 종합적인 검토로 나아가지 못하고 문자 판독과 내용 이해에 중점을 두고 연구가 진행되어 왔다. 그러나 글자 판독에 견해들이 엇갈리는 경우가 많아서 내용을 파악하기 어려운 경우가 많았고, 이는 연구에 커다란 한계가 되고 있다. 이에 이 글은 그간의 연구들과 시각을 달리하여 서식을 통해 문서의 형식을 분석하고, 그것을 바탕으로 내용 이해의 새로운 단서를 찾아보고자 한다. 그리고 그것을 바탕으로 종이가 주된 서사재료인 시기에 해당하는 한국 고대 목간 사용 문화의 일단면을 살펴보려고 한다.

기본적으로 문서목간을 대상으로 하는 것이지만, 수량이 부족한 한계를 극복하기 위해, 서식에서 일정한 경향성을 보여주는 부찰(하찰)목간들도 일부 사용하였으며, 문서의 성격을 가지고 있는 금석문도 방증 자료로 활용하고자 한다. 그리고 충분한 자료가 없는 한국 고대 문서목간의 특성상 상당 부분 추론에 의지할 수밖에 없는 한계가 있음을 미리 밝혀둔다.

II 백제 적장목간의 서식과 특징

백제의 옛 수도였던 충청남도 부여군과 지방이었던 전라남도 나주시 복암리에서 백제의 호적이거나 호적을 기반으로 작성한 籍帳 유형의 문서목간이 몇 점 출토되었다. 그중 내용을 어느 정도 파악할 수 있어서 적장 문서임이 확실한 세 점이 많은 주목을 받아왔다.「부여 궁남지 315호 목간」(이하「궁남지목간」),「나주 복암리 2호·5호 목간」(이하「복암리목간2」,「복암리목간5」)이 그것이다. 여전히 이론이 있기는 하지만, 이들은 한 戶의 인적·물적 자원(자산)에 대한 정보를 정리한 것으로 추정된다.[5]

논의의 편의를 위해 목간 사진과[6] 판독문을 먼저 제시한다.[7]

「궁남지목간」
[1면] (西十丁) 卩夷
[2면] 西卩後巷巳達巳斯丁 依活(干▩畑)丁
　　　帰人中口四 小口二 邁羅城法利源水田五形

「복암리목간2」
　　　兄將除(云)丁　　(帰)中口二　　　小口四
× 　　▩兄定文丁　　▩中口一　　　　　　　　定
　　　　　　　　　　　　　　　　　(益中口▩)

---

[5] 김성범,「羅州 伏岩里 遺蹟 出土 木簡의 判讀과 意味」,『6~7세기 영산강유역과 백제(국립나주문화재연구소 개소 5주년 기념 국제학술대회 발표문)』(국립나주문화재연구소, 2010) ; 김창석,「羅州 伏岩里 木簡을 통해 본 榮山江 유역의 戶口와 農作」,『백제와 영산강』(서울: 학연문화사, 2012) ; 尹善泰,「羅州 伏岩里 出土 百濟木簡의 判讀과 用途 分析-7세기 초 백제의 지방지배와 관련하여-」,『百濟研究』56,(충남대학교 백제연구소, 2012) ; 홍승우,「목간 자료로 본 백제의 籍帳 문서와 수취제도」,『韓國古代史研究』80(한국고대사학회, 2015) 등 참조.

[6] 아래 사진들의 출전은 다음과 같다. 〈그림 1〉 국립부여박물관,『나무 속 암호, 목간』(부여: 국립부여박물관, 2009), p.67. 〈그림 2〉 平川南,「日本古代の地方木簡と羅州木簡」,『6~7세기 영산강유역과 백제(국립나주문화재연구소 개소 5주년 기념 국제학술대회발표문)』(나주: 국립나주문화재연구소), p.184. 〈그림 3〉 김성범, 앞의 논문, 2010, p.53.

[7] 판독에 대한 자세한 내용은 홍승우, 앞의 논문, 2015, pp.120-130을 볼 것.

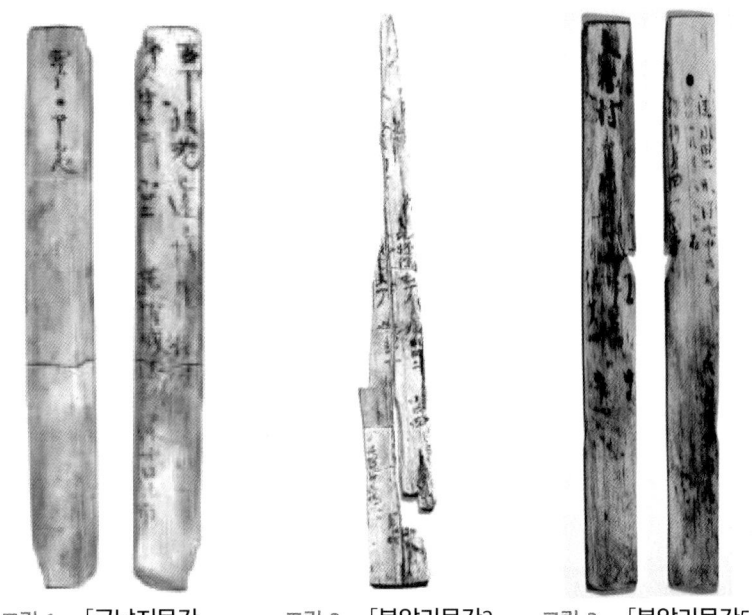

그림 1 「궁남지목간」 그림 2 「복암리목간2」 그림 3 「복암리목간5」

「복암리목간5」

[1면] 大祀村(你首上) 丁一 中口
(▨▨▨)
(▨丁一) 牛一

[2면] 涇水田二形得七十二石 (在)⁸月二十日▨
白田一形得六十二石
得耕麥田一形半

    이들 백제 적장류 문서목간의 서식상 특징으로 가장 주목되는 것은 단을 나누어 기재하고 있다는 점이다.「복암리목간5」가 가장 전형적인 모습을 보여

---

8 혹은 (八).

주는데, 전면의 경우 단을 나누어 [行政單位 /人名(戶主?) / 丁 / 中口] 순으로 기재하고 있다. 뒷면 역시 [전답종류, 면적, 수확량 / 일자]가 서로 다른 단에 적혀 있다. 이 목간이 수취에 활용할 목적으로 작성되었다고 본다면, 각 단은 단순한 구분이 아니라, 수취와 관련하여 일정한 기준으로 구분되는 항목들을 모아 기재하는 서식에 입각한 것으로 파악된다.[9]

이렇게 단을 나누어 기재하는 것은 여러 백제 장부류 목간에서 확인된다. 대표적으로 일명「佐官貸食記」로 불리는「부여 쌍북리 208-5번지 2호 목간」을 들 수 있다. 이러한 기재 방식은 고대 중국 간독들에서 많이 보이는 적장 문서 목간들의 형식과 유사하다.「里耶秦簡」중 호적 목독이나,「居延漢簡」중 〈24·1AB〉, 〈37·35〉 등에서 거의 유사한 서식을 확인할 수 있다.[10] 또 중국에서는 종이로 서사재료가 변화한 이후에도 이렇게 단을 나누어 기재하는 방식이 상당 기간 이어졌던 것을,「西涼 建初十二年籍」과「前秦 建元二十年籍」등을 통해 확인할 수 있다.[11]

「복암리목간2」의 경우 파손이 심하여 전체적인 모습을 분명히 알 수 없지만 대체로 유사한 양상임을 볼 수 있다. 이 목간의 경우 마지막에 '益中口▨ ▨'와 큰 글자로 '定'이 적혀있는 것을 볼 때, 호 안의 인적자원 변동 사항을 파

---

9   홍승우, 앞의 논문, 2015, pp.130-149.

10 張榮強, 앞의 책, 2010 ; 尹在碩,「秦·漢初의 戶籍制度」,『中國古中世史硏究』26(중국고중세사학회, 2011) ; 金慶浩,「秦·漢初 周邊民族에 대한 戶籍制度의 運營:秦漢簡牘資料를 中心으로」,『中國史硏究』81(중국사학회, 2012) ; 김진우,「秦漢時期 戶籍類 公文書의 運用과 그 實態」,『東洋史學硏究』131(동양사학회, 2015) 및 〈그림 4〉 참조.

11 池田溫, 앞의 책, 1979 ; 張榮強, 앞의 책, 2010 ; 朴根七,「'前秦建元20年(384)籍'과 호적 기재양식의 변천-4~10세기 서북지역출토 호적류 문서의 분석을 중심으로-」,『東洋史學硏究』131(동양사학회, 2015) 등 및 〈그림 5〉 참조.

악하기 위해 작성되었을 것으로 추정된다. 그렇기 때문에 토지와 같은 자산에 대한 정보는 들어가 있지 않은 것으로 판단되지만, 인적자원에 대한 정보 기재방식은 「복암리목간5」와 같다고 보아도 무방하다. 파손되어 확인하기 어려운 윗부분에 큰 글씨로 행정단위명과 호주명이 적혔을 가능성을 상정할 수 있다. 한편 「복암리목간5」에서는 확인되지 않는 '小口'가 보이는데, 중구와 다른 단에 기재되어 있다. 이를 통해 「복암리목간5」에서도 만약 소구가 있었다면 다른 단에 기입되었을 것임을 짐작할 수 있다.

    이들 백제 적장 목간의 사례는 당시 호적과 같은 장부 문서목간들이 상당히 정형화된 서식을 갖추고 있었음을 확인시켜 준다. 이렇게 정형화된 적장 문서들의 서식은, 이른바 「낙랑호구부목간」에서 확인할 수 있듯이,[12] 이른 시기부터 한반도 내에 들어와 있던 秦漢 대 문서목간의 영향으로 볼 수 있겠다.[13]

    이 목간이 제작되고 사용되었던 7세기 대는 이미 종이가 주된 서사재료로 사용되었던 시기임이 분명하다. 하지만 이들 백제 적장 문서 목간들은 종이에 작성되던 장부 문서들의 서식을 그대로 나무에 옮겨적었던 것이 아니라, 원래 목간이라는 서사재료에 맞는 서식을 가지고 있었고, 그 서식에 입각하여 작성되었을 가능성이 큰 것이다.

    이상을 종합하면 다음과 같은 백제 적장 문서 목간의 서식을 상정할 수 있겠다.

---

12 金秉駿, 「樂浪郡 初期의 編戶過程과 '胡漢稍別'-「樂浪郡初元四年縣別戶口多少□□」木簡을 단서로-」, 『木簡과 文字』創刊號(한국목간학회, 2008) ; 尹龍九, 「平壤出土 「樂浪郡初元四年縣別戶口簿」 硏究」, 『木簡과 文字』3(한국목간학회, 2009).

13 洪承佑, 앞의 논문, 2015, p.154.

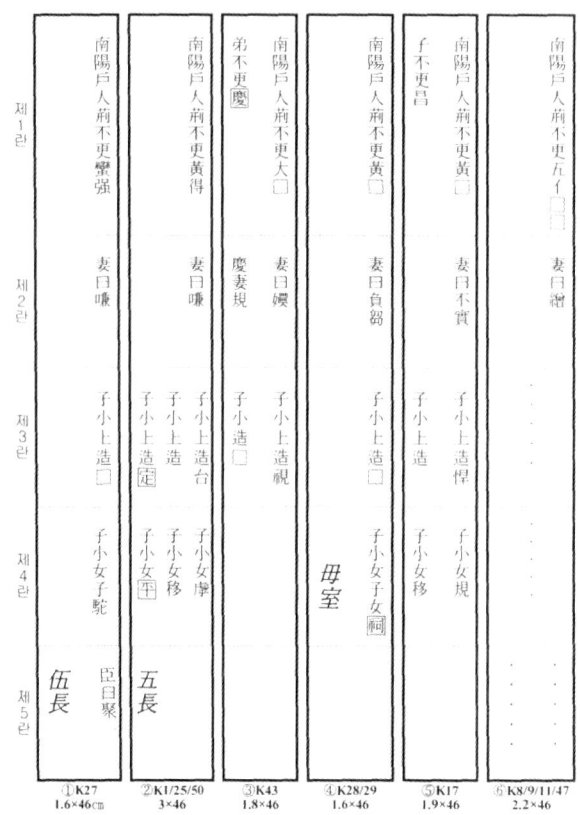

그림 4 「里耶秦簡」 호적 목독 모사도(尹在碩, 앞의 논문, 2011, p.89)

[1단] 행정단위명

[2단] 호주명

[3단] 丁

[4단] 中口, 牛

[5단] 小口

[별단] 田宅

그런데 「궁남지목간」은 거의 같은 내용을 가지고 있지만, 「복암리목간」

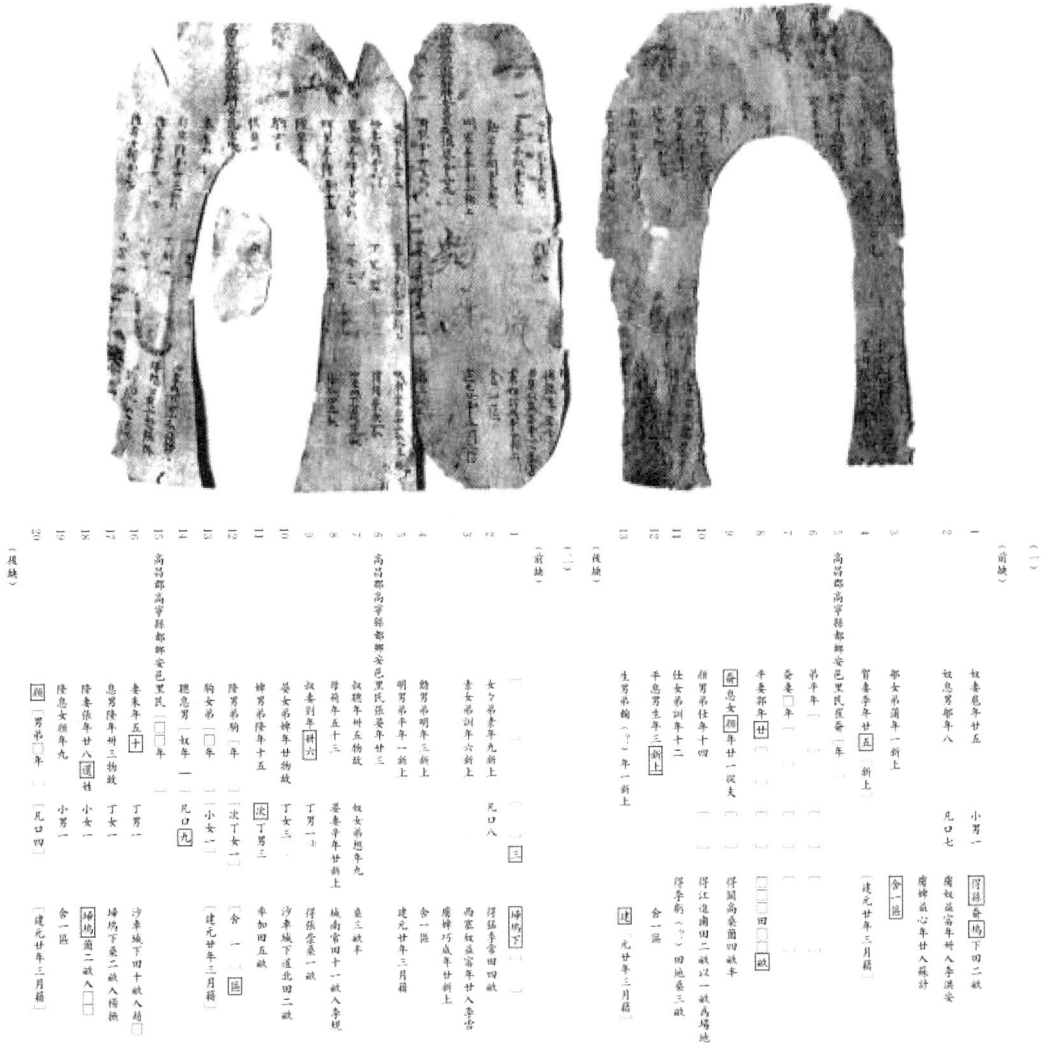

그림 5 「前秦 建元二十年籍」 사진 및 판독문(榮新江, 「吐魯番新出《前秦建元二十年籍》研究」, 『新獲吐魯番出土文獻研究論集』(北京: 中國人民大學出版社, 2010), pp.25-27)

과 기재 양상이 매우 다르다. 이 목간은 단을 나누지 않고 두 행에 걸쳐 내용을 이어 쓰고 있는 것을 볼 수 있다. 이러한 방식은 목간이라는 서사재료를 전제로 하지 않았을 가능성이 크다. 적장 문서 내용들을 이어서 적는 것은 종이

그림 6 「서위대통13년계장」(池田溫, 앞의 책, 1979, p.157)

문서들과 유사한 방식으로 생각된다. 중국에서는 종이로 서사재료가 정착되어 가면서 「西魏大統十三年計帳」과 같이 과도기적인 모습이 확인되는 것을 볼 수 있다.(〈그림 6〉) 여전히 항목의 구분과 내용을 직관적으로 파악할 수 있는 기재방식이 남아 있지만, 이전과 달리 서로 다른 단에 항목을 구분하여 적는 등의 방식 대신 정보를 연속적으로 이어쓰는 방식으로 전환되어 감을 볼 수 있다.

그리고 「唐 開元二十一年西州蒲昌縣九等定簿」와 같은 사례를 보면 「궁남지목간」처럼 한 호에 대한 내용을 2행에 걸쳐 이어서 쓰는 형식을 볼 수 있다.[14] 이는 시각적 효과보다는 문자 내용에 중점을 둔 기재방식이라고 할 수

14　池田溫, 앞의 책, 1979, p.368 ; 朴根七,「唐代 籍帳制 運營과 收取制度에 관한 硏

있으며, 종이로 서사재료가 전환되면서 나타나는 문서 서식 변화의 방향성을 보여주는 것이라 하겠다. 후술하겠지만 「新羅村落文書」 역시 종이 문서 기재방식의 양상을 보여주고 있어서, 한국 고대에도 비슷하게 종이라는 서사재료로의 전환이 문서 서식의 변화를 수반했음을 알 수 있다.

그렇지만 목간이라는 제한된 서사 공간을 가지고 있어서 종이 장부 문서의 서식을 그대로 사용할 수는 없었다고 보인다. 또 원래 있던 적장 목간의 서식도 일정 부분 유지되어 갔던 것으로 보인다. 「궁남지목간」에서는 중간에 빈칸을 두어 항목들을 구분하는데, 그 기준과 항목별 구성이 「복암리목간2, 5」에서 단을 나누어 구분했던 것과 거의 일치한다. 따라서 세 문서목간은 사실상 같은 서식이었다고 보아도 무방하지 않을까 한다. 결국 「궁남지목간」 역시 종이 문서의 서식 내지 기재방식이 반영된 것이라 추정할 수 있을 것이다.

종이라는 서사재료를 반영하여 변화된 서식 내지 기재방식의 변형은 단을 나누는 방식과 행으로 이어쓰는 서사방식의 차이에 머물지 않는다. 단을 나누는 문서목간의 기재방식은 비교적 적은 분량이지만 내용의 확실한 구분이 가능하도록 하고 있다. 「복암리목간5」에서 볼 수 있듯이, 적장류 문서목간에서는 행정단위명과 호주명을 크게 적어서 한눈에 확인할 수 있도록 하였다. 단순히 단을 나누는 것에 머물지 않고, 하나의 완결된 문서로서 한눈에 내용을 파악할 수 있도록 설계된 것이다.

그러나 「신라촌락문서」와 같은 종이 문서는 이러한 시각적 효과가 상대적으로 적은 편이라 할 수 있다. 물론 중국의 몇몇 사례에서 넓은 서사 공간을 가지는 종이 문서의 특성을 십분 활용한 기재방식도 확인되는 바이지만,[15] 많은 문자를 기재하고 그 내용이 중심이 되는 방식으로의 전환이 이루어지는 것

究」, (서울대 박사학위논문, 1996), p.153.

15   〈그림 6〉의 「西魏大統十三年計帳」이 대표적인 사례이다.

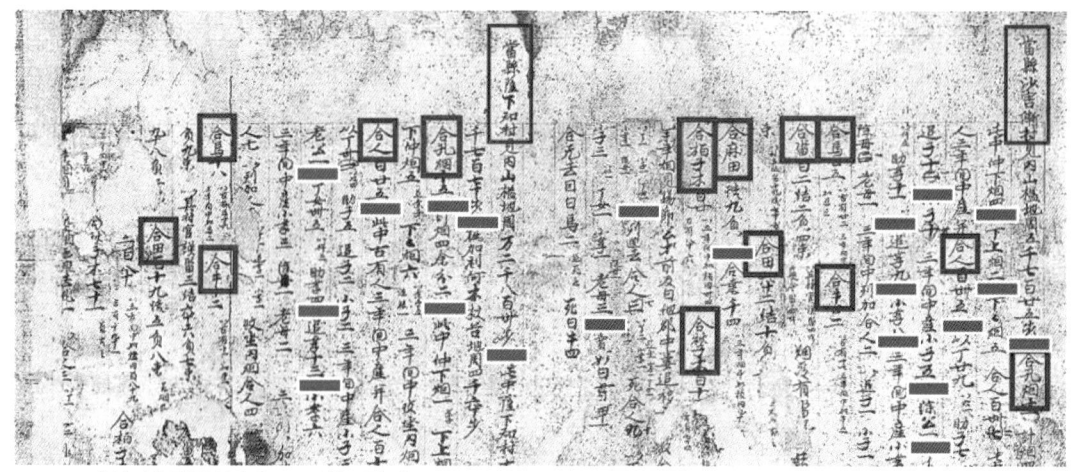

그림 7 「신라촌락문서」(강조 표시는 필자)
盧明鎬 外, 『韓國古代中世古文書硏究(下)』(서울: 서울대학교출판부, 2000)

은 분명하다.

　　이러한 서식 내지 기재방식의 변화에서 중요한 것은 역시 정확한 내용의 파악일 것이다. 「신라촌락문서」는 행정단위명을 위로 올려 적어서 쉽게 파악할 수 있도록 하였고, 주요 항목을 행을 바꾸어 기재하여 구분하였으며, 또 띄어쓰기를 통해 내용을 정확히 파악할 수 있도록 하였다. 문서목간이 글자의 크기와 단의 구분 등을 시각적인 효과를 활용하여 내용을 직관적으로 파악하게 했다면, 종이 문서는 글자로 된 내용을 정확히 전달하고 파악할 수 있도록 하는 데 초점을 맞추었다고 할 수 있는 것이다.

　　「궁남지목간」의 경우 비슷한 크기의 글자를 이어서 쓰면서도 항목 사이를 띄어쓰기를 통해 구분함으로써 내용 파악이 정확히 되도록 하였다고 볼 수 있는 데, 이것이 문서목간이 가지는 서식상의 특징이라고 할 수 있다. 「궁남지목간」만이 아니라 종이 문서가 정식 문서로 사용되었던 시절의 문서목간들은 이러한 특징을 가졌을 것으로 추정된다. 이와 관련하여 문서목간이 아니고 부찰(하찰)목간이기는 하지만, 성산산성목간에서 유사한 사례를 찾아볼 수 있

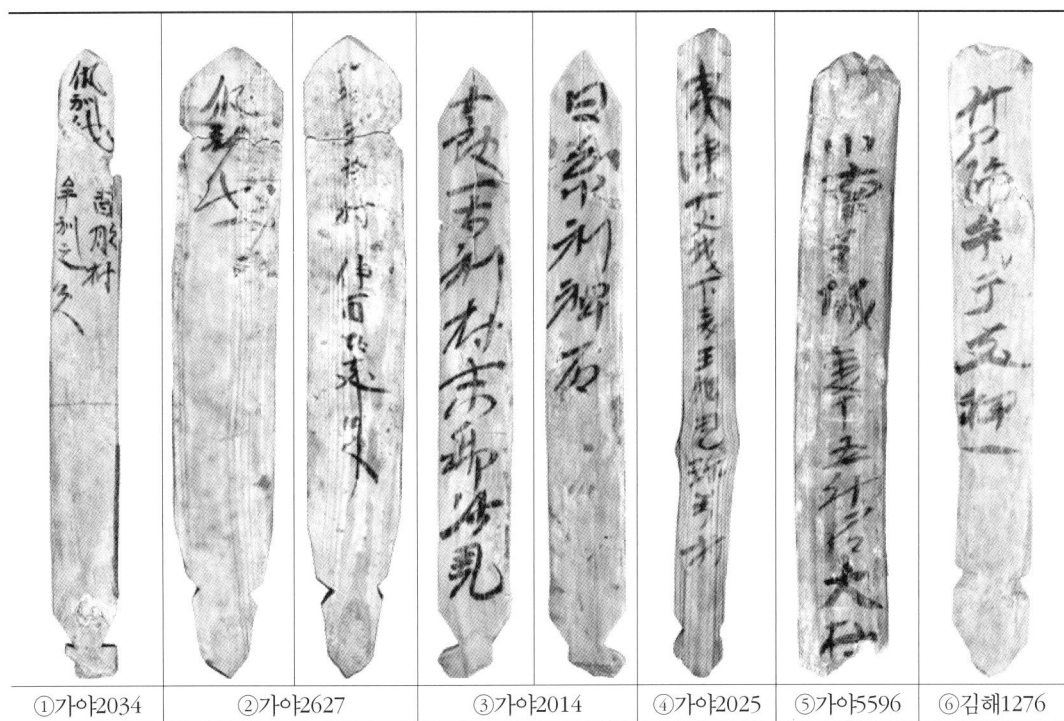

그림 8　함안 성산산성 출토 신라목간 일부
①가야2034　②가야2627　③가야2014　④가야2025　⑤가야5596　⑥김해1276
국립가야문화재연구소, 『韓國의 古代木簡Ⅱ』(창원: 국립가야문화재연구소, 2017)

다. 성산산성목간들에서는 읽는 사람, 곧 하물의 수신자(혹은 주인이나 관리자)가 정확한 정보를 확인하도록 하기 위한 서식 상 특징들을 찾아볼 수 있다.

〈그림 8〉에서 ①②의 경우, 상위행정단위인 '仇利伐'을 다른 글자보다 현저히 크게 적거나 혹은 아예 기재면을 달리하여 내세우고 있으며, 다른 항목들과 단이나 면으로 구분하여 적고 있어서, 각 항목이 시각적으로 분명히 구분되도록 작성되었음을 볼 수 있다. 또 ②의 뒷면을 보면 하위행정단위[▨(伐)彡▨村]와 인명[伊面於支] 사이에 띄어쓰기를 하여 역시 항목 구분을 분명하게 하였다. 「복암리목간」 및 「궁남지목간」의 서식과 유사한 측면이다.

그에 비해 ③은 일정한 크기의 글씨를 연속으로 이어 쓰고 있어서, 종이 문서의 서식에 가까운 양상이다. 심지어 인명으로 보이는 '沙見'과 '日糸利'가 다른 면에 기재되어 있는데, 하나의 인명일 가능성이 있다. 그렇다면 앞뒷면의 구분은 큰 의미가 없으며, 각 항목은 시각적으로 구분되지 않는다. 이러한 서식의 경우 ①②에 비해 시각적으로 정확한 내용 파악이 용이하지 않은 문제가 있다.

그런데 시각적인 구분이 잘되지 않는다는 측면에서는 ④⑤ 역시 ③과 동일하지만, '(下)麦'이라는 표현을 사용함으로써, 상위행정단위가 그 아래 항목과 분명히 구분되도록 하였다. 물론 '(下)麦' 표기의 경우 물품이 일반적인 稗가 아니고 麦이어서 특별히 적시한 것이라고 볼 수도 있다. 하지만 생략 가능한 '下'를 표기하여 상위행정단위에서 이루어진 행위임을 분명히 적시했다고 할 수 있다.[16] 띄어쓰기를 하지 않더라도 기재하는 과정에서 일정한 표현을 써넣어 내용을 분명히 드러낼 수 있도록 했다고 할 수 있는 것이다. 문자만을 통해 정확한 내용을 파악하게 하기 위해서, 문장 내에 특정한 표현을 넣어 의미를 분명히 파악할 수 있게 하는 서식이 형성되어감을 볼 수 있다. 문서목간의 서식 내지 기재방식은 이렇듯 서사재료의 변화에 발맞추어 변화해 나갔다고 할 수 있을 것 같다.

다른 한편으로 문자 이외에 부호를 사용하기도 했는데, ⑥이 대표적인 사례이다. '竹尸弥牟'와 '于支' 사이 오른쪽에 '✔' 표기가 작게 들어가 있다. 이에 대해서는 일반적으로 글자 순서를 바꾸어 읽어야 한다는 의미로 기입한 '전도부호' 곧 도치 기호로 파악하고 있다.[17] 이것이 맞다면 오기를 수정한 것이고, 정확한 정보를 전달하기 위한 기술 형식 중 하나로 수정 부호가 사용되었다고 할 수 있을 것이다. 하지만 목간의 경우 오기가 있으면 삭도로 제거하

---

16 이른바 '성하목간'의 서식에 대해서는 홍승우, 앞의 논문, 2018 참조.
17 국립가야문화재연구소, 『韓國의 古代木簡Ⅱ』(국립가야문화재연구소, 2017), p.446.

고 다시 쓰기를 할 수 있어서, 수정이 용이하다고 할 수 있다. 그런 점을 고려할 때 이를 도치 부호로 단정할 수 있을지 의문이다.

최근에 중국 고대 목간들의 구독점과 같은 성격의 것, 곧 읽는 사람이 정확한 내용을 파악하기 위해 표기한 기호라는 주장이 제기된 바 있다.[18] 필자는 이 주장에 동조하는 입장이다. 곧 시각적 효과가 없는 기술 방식의 경우 지명이나 인명 혹은 관등 등 항목 구분이나 내용 파악이 어려운 경우가 생길 수밖에 없고, 읽는 사람은 정확한 내용 파악을 위해 여러 조치를 취하는 것이 당연하다고 생각하기 때문이다. 이렇게 볼 수 있다면 '✔' 표기는 시각적 효과가 없이 문자만으로 내용을 파악해야 하는 상황과 관련하여 기재된 것이라 할 수 있을 것이다.

이상에서 살펴본 성산산성목간의 서식 내지 기재방식에 보이는 모습을 바로 문서목간의 것과 연결하여 이해하기는 힘들 수 있다. 그러나 문서목간의 서식 내지 기재방식의 변화를 서사재료가 나무에서 종이로 변화하는 것과 연관시켜 파악하고자 할 때, 참고할 수 있는 사례인 점은 분명한 것 같다.

지금까지의 검토를 종합해 보면, 거의 동일한 용도와 내용 구성을 가진 문서목간들인 「복암리목간2, 5」와 「궁남지목간」 사이의 서식 차이는 종이 문서가 정식 문서에 사용되던 시기에 나타날 수 있는 양상을 반영하는 것으로 정리할 수 있을 것 같다. 그리고 문서목간이 목간이라는 서사재료의 특징을 반영한 서식을 가지고 있었던 것은, 백제 문서목간이 오래전부터 사용되었음을 보여주는 것이라 할 수 있겠다. 점차 종이로 서사재료의 중심이 옮겨가면서 서식의 변형이 이루어져 갔음을 짐작할 수 있다.

---

18 김병준, 「古代人들의 책 읽기: 목간 속 句讀符號를 단서로」, 『한국목간학회 제31회 정기발표회 발표문』(한국목간학회, 2019) 참조. 아직 논문으로 발표하지는 않았지만, 김병준 교수는 이 기호를 중국 목간들에서 보이는 구독부호와 같은 것으로 파악해야 한다는 주장을 일찍부터 해오고 있다.

Ⅲ 함안 성산산성 출토 신라 문서목간의 서식

　　신라에서는 受發信을 한 文書木簡이 몇 점 출토되어 주목을 받아왔다. 특히 4면이라는 다면목간에 기재된 이들 문서목간은 한국 고대 목간 문화의 특징을 잘 보여주는 것으로 이해되어왔다.[19] 행정 과정에서 사용된 이들 문서목간들은 고대 국가의 여러 면모를 보여주는 귀중한 자료로 적지 않은 연구들이 이루어져 왔다. 하지만 수발신자가 분명히 드러나지 않는 문제나 문서의 내용을 파악하기 힘든 측면은 연구의 심화에 한계가 되어 왔다.[20]

　　문서목간들 중 훼손 등으로 글자 판독이 어려운 경우에 내용 파악이 힘든 것은 당연한 일이지만, 글자 판독에 어려움이 없는 데도 내용 파악이 힘든 경우가 있다. 수발신 문서로서 내용 완결성에 부족한 부분이 있기 때문이다. 이러한 문제를 해결하기 위해서는 다양한 각도에서의 접근이 필요할 것이다. 그 방법 중 하나가 문서목간의 서식을 파악하고 그것을 통해 기재 내용을 유추해 보는 것이라 생각한다. 이 장에서는 성산산성목간 중 하나인 「가야5598」을 중심으로 신라 문서목간의 서식을 검토해 그 특징을 밝혀서, 문서목간 이해의 진전을 이룰 발판을 마련하고자 한다. 논의의 편의를 위해 먼저 사진과 판독문을 제시한다.

---

[19] 尹善泰, 「한국 多面木簡의 발굴 현황과 용도」, 『木簡과 文字』23(한국목간학회, 2019)

[20] 이경섭, 「신라 문서목간의 話者와 書者」, 『新羅史學報』51(신라사학회, 2021) 참조.

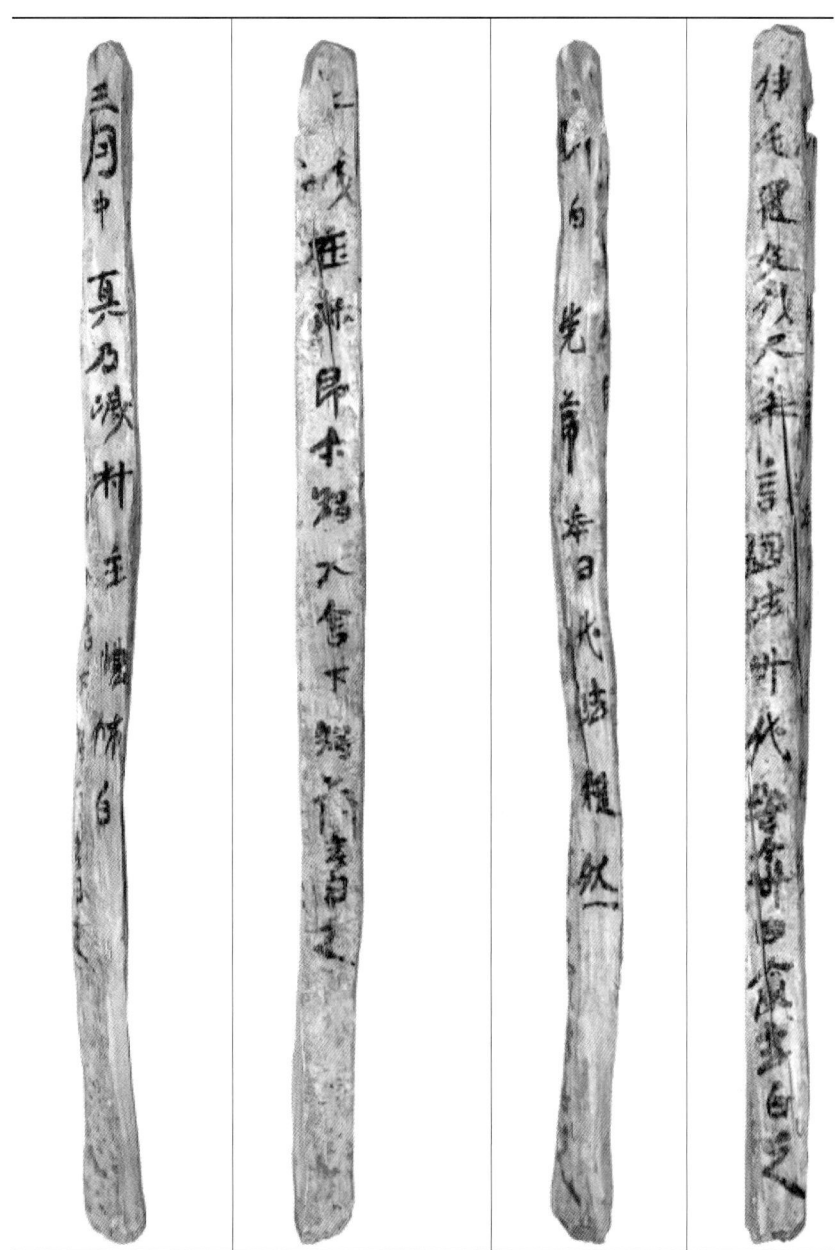

그림 9　성산산성목간 「가야5598」
국립가야문화재연구소, 『韓國의 古代木簡Ⅱ』(창원: 국립가야문화재연구소, 2017)

〈「가야5598」 판독문〉

[1행] 三月中 眞乃滅村主 憹怖白

[2행] ▨城在弥卽尒智大舍下智前去白之

[3행] 卽白先節(六十?)日代法稚然

[4행] 伊毛羅及伐尺(寀?)言▨法卅代告今卅日食去白之

「가야5598」은 함안 성산산성 발굴이 마무리되면서 공개된 문서목간이다. 몇 글자를 제외하고는 대부분의 글자를 읽을 수 있는 4면 문서목간으로, 공개 당시부터 비상한 관심을 끌었었다. 내용적으로도 성산산성 축성 등을 위해 이루어진 역역동원과 관련한 법제 및 행정 처리에 대한 것이라고 여겨지면서 더욱 연구자들의 관심을 끌었다. 나아가 역시 역역동원과 관련있는 것으로 보이는 「가야1605」나 「가야2645」와도 일정한 관련이 있다고 파악되었고, 이들 문서목간을 통해 신라 역역동원 제도의 복원이 이루어질 수 있을 것이라는 기대도 이어지고 있다.[21]

---

21 金昌錫, 「咸安 城山山城 17차 발굴조사 출토 四面木簡(23번)에 관한 考察」, 『韓國史硏究』177(한국사연구회, 2017) ; 박남수, 「신라 법흥왕대 '及伐尺'과 성산산성 출토 목간의 '役法'」, 『新羅史學報』40(신라사학회, 2017) ; 이수훈, 「함안 성산산성 출토 4면 목간의 代-17차 발굴조사 출토 23번 목간을 중심으로-」, 『역사와 경계』105(부산경남사학회, 2017) ; 전덕재, 「중고기 신라의 대(代)와 대법(代法)에 관한 고찰-함안 성산산성 17차 발굴조사 출토 사면 문서목간을 중심으로-」, 『역사와 현실』105(한국역사연구회, 2017) ; 강나리, 「신라 중고기의 '代法'과 역역동원체계-함안 성산산성 출토 218호 목간을 중심으로-」, 『韓國古代史硏究』83(한국고대사학회, 2019) ; 李鎔賢, 「咸安 城山山城 出土 文書木簡 가야5598의 檢討-周邊 文字資料와의 多角的 比較를 通해-」, 『木簡과 文字』23(한국목간학회, 2019) ; 이재환, 「함안 성산산성 출토 문서목간과 力役 동원의 문서 행정」, 『木簡과 文字』22(한국목간학회, 2019a) 등.

신라 다면 문서목간의 대표적인 사례로는 그 외에도 성산산성목간 중 「가야 2645」와 「경주 월성해자 2호 목간(구 149호)」(이하 「월성해자2」)도 일찍부터 알려져 있다.[22] 이들 문서목간들은 대체로 유사한 기재방식을 가지고 있다. 1면에 1행씩 4면까지 좌측으로 돌려가면서 이어서 쓰고 있다. 사실상 종이에 쓰는 서식과 유사하다. 그러나 각 면에 쓴 글자의 숫자가 일정하지 않아서, 단순히 이어 쓴 것이 아니라 내용을 염두에 두고 1면에 쓰는 글자 수를 조절했음을 짐작할 수 있다.

　　이와 관련하여 「월성해자2」에서 1면의 글자를 크게 쓰고 아래에 공간을 남겼고, 4면은 많은 공간이 있으나 두 자만 썼으며, 3면은 아래에 공간이 없을 정도로 가득 채워 쓰면서도 중간에 빈칸을 둔 양상이 주목된다. 즉 다면 문서목간은 단순히 이어 쓴 것이 아니라 일정한 서식에 맞추어 하나나 두 행이 완결적인 내용을 가지도록 구성되었음을 알 수 있다.[23]

　　이러한 점을 염두에 두고 「가야5598」의 서식을 검토해 보겠다. 해당 문서목간에서 1~2행과 3~4행에서 '白 … 白之'의 형식이 반복적으로 나오는 것은 일찍부터 지적되어왔다.[24] 더하여 1행 시작부의 '三月中'에서 '中'이 작게 쓰여있으면서 뒤에 빈칸이 있고, 마지막의 '白'이 작게 적혔으며, 3행 시작부의 '卽白'에서 '白'이 작게 쓰여있고 또 뒤에 빈칸이 있는 점도 지적할 수 있다. 이러한 기재 양상들은 마지막 4행이 다른 행들과 달리 글자를 빈칸없이 기재하고 있는 것과 차이점이기도 하다.

　　이러한 기재 양상의 특징은 읽는 사람, 곧 수신자의 입장에서 내용을 정확

22　이를 중국 고대 문서목간의 서식을 참고하여 새롭게 해석한 김병준, 앞의 논문, 2018이 이 글의 논지에 큰 참고가 되었다.

23　윤선태, 「월성 해자 목간의 연구 성과와 신 출토 목간의 판독」, 『木簡과 文字』 20(한국목간학회, 2018) ; 김병준, 앞의 논문, 2018 참조.

24　김창석, 앞의 논문, 2017 ; 이재환, 앞의 논문, 2019a ; 이용현, 앞의 논문, 2019.

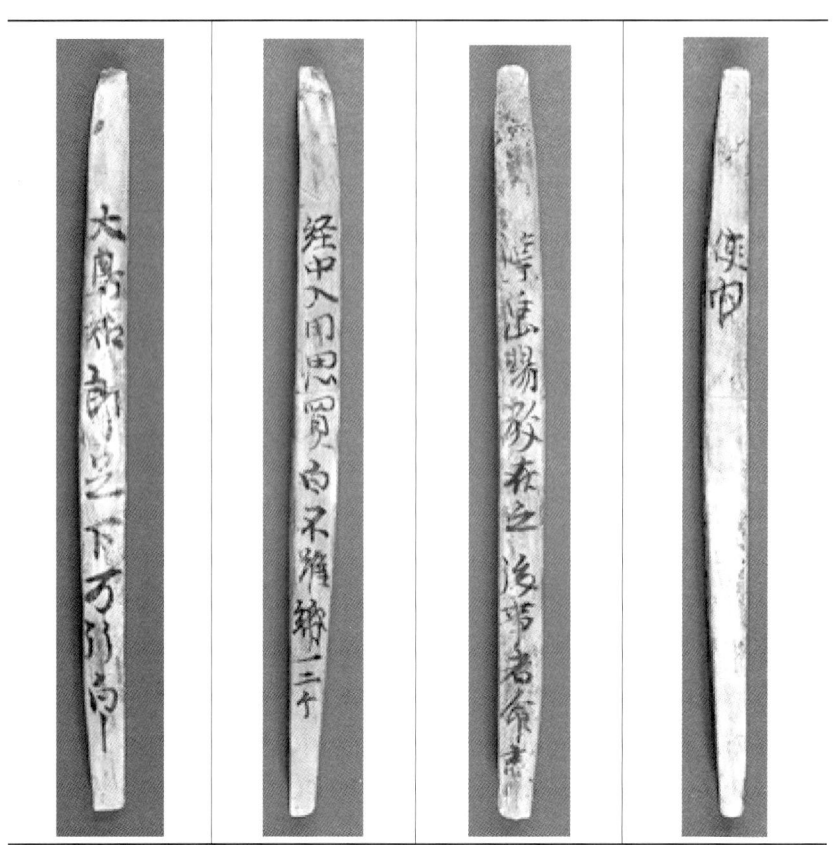

그림 10 「월성해자2」(김병준, 앞의 논문, 2018, p.157)

하게 파악할 수 있도록 하는 효과도 있었겠지만, 기본적으로 문서 작성시 일정한 서식이 있었음을 보여주는 것이라 하겠다. '白'을 써서 이후는 그 보고[白] 내용임을 분명히 하고 마지막에 '白之' 넣어 보고 내용이 끝났다는 것을 표시한다고 할 수 있다. 이러한 서식은 앞장에서 독자가 내용을 파악하기 용이하도록 일정한 표현을 넣는 문서목간의 변형된 서식과 같은 맥락이라 할 수 있다.

「월성해자2」의 경우도 비슷하지만, 「가야5598」과 같이 정형화된 형식을 가지지는 못했다. 하지만 1~2행별로 내용이 완결성을 가진다는 측면에서 유사하다고 할 수 있겠다.²⁵ 다만 연속적으로 이어 쓴 문장에서 어디까지가 이어지는 내용인지 명확히 확인하기 어려운 부분이 있어,「가야5598」에 비해 논란이 있는 편이다.

　이렇듯「가야5598」은 그 문장 형식에서 정확한 내용 구분을 해주고 있어서, 문서를 읽는 사람이 내용 파악을 용이하게 할 수 있다. 이러한 서식은 4면 목간이라는 서사재료의 특성이 반영된 결과로 추정된다. 중국 고대 목간인 走馬樓 吳簡이나 五一廣場 後漢簡 등에 자주 보이는 소위 '君敎' 목간의 경우도 일정한 서식을 가지고 있지만, 시각적으로 내용 파악이 용이하게 되어 있다는 점에서 신라 4면 문서목간과 차이가 있다.²⁶ '君敎' 목간과 달리 이어지는 문장으로 기술되는 신라 4면 문서목간은, 시각적 효과가 아니라 일정한 서식을 통해 내용 파악을 분명히 할 수 있도록 했을 것이다.

　4면 문서목간의 이러한 서식은 재료적 특성이 기인했다고 볼 수 있을 것이다. 즉 단을 구분하거나 여러 행의 글을 하나의 면에 쓸 수 없는 4면 목간에서는 4행에 걸쳐 이어지는 문장으로 기술할 수밖에 없기 때문에 이와 같은 서식으로 작성되었던 것이 아닐까 한다. 이를 고대 중국의 編綴簡과 유사하다고 할 수도 있겠으나, 한국 고대 목간의 경우 당시 종이가 널리 사용되었을 것이 분명한 만큼, 종이 문서의 서사 방식을 따른 것으로 보는 것이 타당할 것이다. 다시 말해 종이 문서 서식으로의 변화가 4면 문서목간의 서식과 관련이 있을 것이 아닐까 생각한다.

　하지만 문서 행정이라는 측면에서 보면 신라 4면 문서목간 역시 중국 문서목간의 형식과 일정한 관련이 있었을 것으로 추정된다. '군교' 목간에는 행정이 진행되는 과정을 같이 기재하고 있다. 즉 선행 과정이 문서 안에 포함되

25　이러한 점은「월성해자2」를 중국 문서목간과 비교하여 새롭게 해석한 김병준, 앞의 논문, 2018에서 잘 보여주었다.

26　김병준, 앞의 논문, 2018, pp.176~178 참조.

어 있는 것인데, 전체 문서가 연첩되어 있었을 것으로 추정되지만, 일단 요약 정리 형태로 문서 안에 포함되어 있었다. 신라 문서목간 역시 유사했을 것이다. '白 … 白之'의 용례는 이 문서와 관련된 다른 문서의 내용을 요약 정리한 것일 가능성이 있는 것이다.

이와 관련하여 목간은 아니지만 6세기 초 신라 금석문인 「浦項 冷水里 新羅碑」(이하 「냉수리비」)에서 보이는 '敎 … 敎耳'의 용례가 주목된다. 6세기 초 신라의 지방지배와 관련있는 세 비문 중 하나인 「냉수리비」는 이보다 앞선 시기의 석비인 「浦項 中城里 新羅碑」(이하 「중성리비」)와 유사한 형식이지만, '敎 … 敎耳'를 비롯한 특정한 서식을 활용하여 내용을 명확히 전달하고 있다. 이 때문에 「중성리비」의 경우 판독이 명확하지만 내용 파악이 어려운 반면, 「냉수리비」는 비교적 상당히 정확하게 내용을 파악할 수 있는 차이가 나타난다.

〈「냉수리비」 판독문〉[27]

[전면]

斯羅喙斯夫智王乃智王此二王**敎**用珍而」麻村節居利爲證尒令其得財**敎耳**」

癸未年九月廿五日沙喙至都盧葛文」王斯德智阿干支子宿智居伐干支」喙尒夫智壹干支只心智居伐干支」本彼頭腹智干支斯彼暮斯智干」支此七王等共論**敎**用前世二王敎」爲證尒取財物盡令節居利」得之**敎耳**」

別**敎**節居利若先」死後令其弟兒斯奴得此財**敎耳**

別**敎**末鄒斯申支」此二人後莫更噵此財」

[후면]

若更噵者**敎其重罪耳**」

---

27 韓國古代社會研究所編, 『譯註 韓國古代金石文Ⅱ』(서울: 駕洛國史蹟開發研究院, 1992). 강조 표시는 필자. '」'는 원 비문에서 행의 끝부분을 표시.

典事人沙喙壹夫」智奈麻到盧弗須仇」休喙眈須道使心訾公」喙沙夫那斯利沙
喙」蘇那支此七人蹤踪所白了」事煞牛拔誥故記

[상면]

村主臾支干支」須支壹」今智此二人世中」了事故記」

이 비문은 현재의 포항 북구 신광면 냉수리 일대에서 있었던 분쟁에 대해 신라 중앙이 판결을 내리고 현지에서 집행하도록 한 내용을 담고 있다. 즉 행정 과정에서 작성된 공문서로서의 성격도 가지고 있는 것이다. 따라서 이를 통해 문서목간의 서식에 대한 단서를 찾는 것도 무리한 일은 아닐 것이다.[28]

위에 제시한 비문을 보면 반복적으로 '敎 … 敎耳' 서식이 반복적으로 나오고 있다. 이 형식은 이어지는 문장으로 기술된 내용 중 교의 내용이 어디까지인지를 정확히 알려주고 있다. 다만 이는 교들의 원래 내용은 아니며, 이를 요약 정리한 것이라 할 수 있다. 즉 이 비문은 다음과 같은 몇 개의 교들이 모여져 제시되고 있다.

(1) 斯羅 喙(부)의 徙夫智王와 乃智王의 敎: 珍而麻村 節居利(가 진술한 내용)을 증거로 하여 그 재산을 가지라고 교함.

(2) 癸未年(503) 9월 25일 沙喙(부) 至都盧葛文王을 비롯한 7왕 등의 교: 전세 이왕의 교를 증거로 하여 재물을 모두 절거리가 가지도록 교함.

---

28 김병준, 「포항 중성리 신라비 다시 읽기-중국 고대 행정문서와의 비교를 통해-」, 『韓國古代史研究』96(한국고대사학회, 2020)에서 「중성리비」가 '군교' 목간의 형식과 거의 비슷한 구성이라고 하였다. 이 주장에 동의하기 힘든 부분도 없지 않지만, 기본적으로 6세기 초 신라의 세 비문이 문서적 성격이 있고, 문서로서의 서식을 갖추었을 것이라는 것은 이미 필자도 주장한 바 있어서(홍승우, 「浦項中城里新羅碑」를 통해 본 新羅의 部와 지방지배」, 『한국문화』66), 그 취지에는 동감한다.

(3) 별교: 절거리가 만약 먼저 죽으면 그 弟兒 斯奴가 이 財를 가진다고 교함.

(4) 별교: 末鄒와 斯申支는 후에 다시는 이 재물에 대해 말하지 말 것. 만약 다시 말한다면 그것은 중죄라고 교함.

이 비문은 이러한 일련의 판결을 이 지역에 공표하고 처리하면서 세운 비에 적힌 것으로, 주 판결 내용을 담은 '교' 문서가 별도로 있었고, 또 그와 교가 적힌 선행 문서들도 교 문서에 연접되어 있었을 것이다. 비문은 이 일련의 문서들의 내용을 요약·정리하여 제시하면서, 문장 안에서 각 문서 교의 내용들이 어디까지인지를 명확히 보여주기 위해 '敎 … 敎耳' 서식을 사용한 것으로 생각된다. 석비 비문 경우 서사재료의 특성과 관련하여 줄 바꿈이나 빈칸 등을 통해 내용을 전달하기가 매우 힘들기 때문에, 이렇게 특수한 서식을 활용했을 것으로 추정된다.

이러한 「냉수리비」의 '敎 … 敎耳'와 「가야5598」의 '白 … 白之'는 '교'와 '백'이라는 차이가 있기는 하지만, 원칙적으로 같은 서식이라고 보아도 무방할 것이다. 그렇다면 「가야5598」은 두 개의 '白'이 병렬적으로 구성되어 있는 형식으로 판단된다.

1~2행에서 眞乃滅村主의 '白'이 요약되어 있고, 이어서 3~4행에서 '卽白'이 제시되어 있다고 할 수 있다. 이를 풀어 보면 다음과 같이 해석할 수 있다.

(가) [1~2행] 3월에 있었던 眞乃滅村主의 白: ▨城의 弥卽尒智大舍下智가 앞서 (가지고) 갔다는 보고.

(나) [3~4행] 卽白: 앞서는 60일 代法이 완비되지 못한 상태. 伊毛羅及伐尺이 조사[来]하여 말하기를 ▨法은 卅代라고 고하여서, 지금 30일분의 식량을 가지고 갔다는 보고.

(나)의 卽白과 (가)[1~2행]의 관계는 분명하지 않다. (가)[1~2행]을 '진

내멸촌주가 미즉이지대사의 앞으로 나아가 보고하다'로 해석하기도 하는데,[29] 이 경우 '즉백'은 보고의 구체적인 내용이 된다. 부찰목간이기는 하지만 '(持)去之(짐을 가지고 가나)'의 용례가 등장하고,[30] [4행]의 '食去之'의 용례를 볼 때 '去'가 '나아가다'로 해석하기 어려우며, 또 문서를 통해 보고하는 형식이므로, '前去'를 '~앞으로 나아가'로 해석하기는 힘들다고 판단된다. 즉 '미즉이지'는 이 문서의 수신자가 아니라, 진내멸촌주의 보고 내용에 나오는 인명으로 보는 것이 타당할 것이다.

그렇다면 '卽白'은 진내멸촌주의 보고의 구체적인 내용이라기보다 그 내용과 관련한 다른 보고일 가능성이 있다. 물론 내용상 여전히 진내멸촌주가 한 보고의 구체적인 내용을 풀어 적은 것일 수도 있다. 그러나 「냉수리비」에 나온 '敎 … 敎耳'들의 용례를 감안한다면, 별도의 보고로 파악하는 것이 합리적이라고 판단된다.[31] 아마 진내멸촌주의 추가적인 보고이거나 진내멸촌주의 보고

---

29 수신자를 '白' 앞에 두는 형식으로 파악하는 것으로, 일본 고대 목간 중 소위 '前白' 목간을 염두에 둔 것이다[윤선태, 「월성해자 출토 신라 문서목간」, 『역사와 현실』 56(한국역사연구회, 2005) 참조]. 「월성해자2」 역시 '大烏知郞足下'가 '백' 앞에 나와 수신자로 파악된다[홍기승, 「경주 월성해자·안압지 출토 신라목간의 연구 동향」, 『木簡과 文字』 10(한국목간학회, 2013)]. 그런 점을 고려하면 '미즉이지대사하지'가 수신자일 가능성이 없지는 않다. 하지만 이 문서목간의 형식은 '백' 앞에 나오는 사람이 발신자이고, '前' 다음에 '去'가 더 있어서 '前白' 형식으로 파악하기 힘들다.

30 홍승우, 「함안 성산산성 목간의 물품 기재방식과 성하목간의 서식」, 『木簡과 文字』 21(한국목간학회, 2018), p.92,

31 「냉수리비」에서는 같은 교에서 나온 것은 '敎 … 敎耳'에 묶어 기재하였다. (1)~(3)은 하나의 명령만이 있어 그런 경향을 확인하기 힘들지만, (4)는 두 개의 문장으로 구성되어 있어서, 같은 교에서 나온 명령은 묶어서 기재하였음을 확인할 수 있다. 만약 '즉백'이 앞선 '백'과 동일한 내용이라면, 마찬가지로 하나의 '白 …

를 받고 해당 건을 조사하라는 지시가 있었다면 그 조사 내용이 아닐까 한다.

이상과 같이 「가야5598」의 문장 구조를 파악한다면, 이 문서목간은 수발신의 형식을 갖춘 문서목간으로 보기 힘든 측면이 있게 된다. 발신자는 특정할 수 있어도 수신자가 문서 안에서 분명히 확인되지 않기 때문이다. 즉 그 자체로 완결성을 가지는 수발문서라 보기 힘들며, 다른 두 문서의 내용을 요약·정리한 것으로 보인다.

이와 관련하여 다음의 「가야2645」도 참조가 된다.

〈「가야2645」 판독문〉

[1행] 六月中 多馮城▨(者)村主敬白之 烏▨▨成行之
[2행] ▨▨智一伐大▨▨也 功六▨大城從人士六十日
[3행] ▨去(走)石日(率)(此)▨▨更▨荷(秀)▨
[4행] 卒日治之人(此)人烏(馮)城置不行遣之白

이 문서목간은 읽기 어려운 글자가 많아서, 판독에 대한 견해들이 엇갈리고 있으며, 그로 인해 내용을 파악하기 힘들다. 그러나 서식에서 「가야5598」과 유사한 측면이 있다. 앞에 '~月中'이 나오며 전체 문장에서 '白之 … 白'이라는 형식이 있는 것으로 보이기 때문이다. '白'과 '白之'의 위치가 뒤바뀐 셈이지만, '之'가 실질적인 의미를 가진다고 보기 힘들기 때문에[32] 같은 형식이라고 생각된다.[33] 그리고 '白之 … 白' 안에 여러 문장이 들어가 있다.[34]

白之'로 묶였을 것이다.

32 김병준, 「낙랑군의 한자사용과 변용」, 『고대 동아시아의 문자교류와 소통』(서울: 동북아역사재단, 2011)

33 李鎔賢, 앞의 논문, 2019

34 이를 볼 때, 「가야5598」의 [1~2행]과 [3~4행]을 별도의 보고로 이해해야 함을 알 수 있다.

그런데 여기에서도 수신자가 확인되지 않는다. 마찬가지로 수발문서로서의 요건을 갖추고 있지 않은 것이다. 정확한 내용을 파악하기는 어렵지만, 이 문서목간 역시 6월에 있었던 촌주의 보고를 요약 정리한 것이고, 다른 문서에 첨부되었던 것일 가능성이 있는 것이다.

같은 4면 문서목간이지만 「월성해자2」는 양상이 다르다. 이 목간은 실제 수발신 문서의 양식이었을 것으로 추정되는데, 다음에서 볼 수 있듯이 1행에서 수신자가 나오며, 4행에 발신자로 추정되는 내용이 기재되어 있다.

〈「월성해자2」 판독문〉
[1행] 大鳥知郎足下再拜白之
[2행] 經中入用思買白不雖紙一二个
[3행] 牒垂賜教在之 後事者命盡
[4행] 使(內?)

다만 3행에서 '牒'이 나오는데, 이는 이 문서를 작성하여 보고하게 된 원인이 된 문서로 보인다. 즉 첩의 형식으로 내려온 '教'에 따라 일을 처리하는 과정에서 이 문서를 만들어 보고하면서 허가를 받으려 했던 것으로 파악되는데, 첩은 아마 사본으로 이 문서에 첨부되었을 것이다.

그에 비해 「가야5598」은 수신자가 불분명하다. 그리고 형식적으로도 원문서 자체가 아니라 내용을 요약·정리한 것이어서 「월성해자2」와 차이가 있다. 「월성해자2」의 [3행]에서 '첩'에 대해 간략히 적은 것과 유사하다고 할 수 있을지 모르겠다. 이런 점을 아울러 고려해 보면, 「가야5598」은 다른 문서에 첨부되는 문서에 가깝지 않을까 추정해 본다. 즉 「월성해자2」와 같은 실제 수발문서에 부속된 문서로서 작성되었다고 볼 수 있지 않을까 한다. 「냉수리비」에 기재된 '教(1)'에 해당한다고도 할 수 있겠다.

결국 이 「가야5598」의 서식은 일반적인 수발문서와 다른 것이며, 수발문서의 형식으로 파악해서는 안 된다고 하겠다. 하지만 이 역시 굉장히 정형화된 형식을 갖추고 있음은 분명하다. 이러한 선행 문서들의 사본을 작성하여 수발문서에 첨부하는 양식이 신라 문서 행정 과정에서 정립되어 있었음 확인할 수 있는 것이다.

이상과 같이 볼 수 있다면, 4면 문서목간 중 일부는 일반적인 문서목간과는 다른 서식을 가지고 있는 다른 성격의 문서일 가능성을 상정할 수 있겠다. 4면 문서목간이 신라목간의 특징적인 면모인 것은 분명하지만, 이것이 일반적인 신라 문서목간의 형식이라고 단정하기는 힘든 것이다. 그리고 이 문서목간들이 작성될 당시 문서의 주된 서사재료가 목간이었다고 볼 수 없을 것이다. 4면 문서목간은 종이 문서 시대에 선행 문서의 사본 등 제한된 용도를 중심으로 문서 행정에 활용되었던 것으로 여겨진다.

이렇듯 신라 문서목간은 백제 적장문서목간과 유사하게 빈칸 등을 활용한 구분, 그리고 다면목간이라는 서사재료의 특성을 활용하여 행의 구분이라는 방식을 취하여 의미 전달을 분명하게 하였고, 그것이 일정한 서식으로 자리 잡았다고 여겨진다. 이러한 특징적인 서식은 종이라는 서사재료에 적합한 서술 내용과 목간이라는 서사재료가 가지는 물리적 특성이 함께 고려된 결과라고 할 수 있을 것이다.

결론적으로 4면 문서목간이라는 신라 문서목간의 특징적인 형식은 기본적으로 종이 문서의 서사 방식으로 작성되면서도, 다면목간이라는 서사재료의 특성을 반영한 서식이 적극 활용되면서 성립한 것이라 정리할 수 있다. 종이 문서 시대에 목간이 문서 행정의 한 부분에서 여전히 사용되는 상황이 이러한 특징적인 목간문화를 만들었던 것으로 조심스레 추정해 본다.

Ⅳ 맺음말-문서목간과 목간의 외형

이상에서 백제의 적장 문서목간과 신라 수발 문서목간에 대하여 서식과 기재방식을 검토하여 그 양상과 특징을 확인하였고, 그 특징들이 종이 문서 시대에도 여전히 사용되던 목간이라는 서사재료의 특성이 반영되어 나타났을 것이라는 추정을 해보았다. 나아가 현존하는 신라 4면 문서목간 중 일부는 그 자체로 완결성을 가진 일반적인 문서목간이 아니라, 다른 문서와 연결되어 사용되었던 다소 특수한 용도로 활용되었을 가능성도 상정해 보았다.

이제 마지막으로 맺음말을 대신하여 이러한 가설들을 한국 고대 문서목간들의 외형적 특징과 연관지어 생각해 보겠다. 백제 적장류 문서목간과 신라 4면 문서목간에서 확인되는 목간의 외형상 특징은, 다른 것에 묶어 부착하기 위해 제작된 형상이라는 것이다. 백제의 경우 「궁남지목간」과 「복암리목간 5」의 상부에 구멍이 뚫려있어서 다른 목간들과 함께 묶여 있었을 것으로 추정된다. 이들은 일종의 장부류이므로 다른 목간들과 함께 편철되어 있던 장부의 일부라 파악되어 왔다.

그런데 그간 주로 單獨簡으로 분류되고 파악되어 온 신라의 수발문서목간에서도 유사한 외형상 특징을 찾아볼 수 있다. 「가야2645」의 경우 하단부에 묶기 홈이 존재한다. 「가야5598」이나 「월성해자2」의 경우 홈이나 구멍이 확인되지는 않지만, 상부에 상당한 공백을 두고 있어 역시 묶어서 사용하였을 가능성을 상정할 수 있다.[35]

다만 묶기홈이 있는 경우 이외에 상부의 공백만으로 해당 문서목간이 다

---

35 이재환, 「접경으로서의 한반도와 목간문화 변용 사례 비교 검토-다면목간의 '편철'을 중심으로-」, 『中央史論』50(중앙대학교 중앙사학연구소, 2020)

른 목간들과 편철되어 사용되었다고 단정하기는 힘들 수 있다. 공백의 경우 묶기 이외의 용도도 생각해 볼 수 있기 때문이다.[36] 그러나 묶기홈이 없다고 해도 이를 단독간으로 파악하는 것은 주의가 필요하다. 종이 문서와 함께 사용되었을 가능성이 있기 때문이다. 즉 4면 문서목간 중 일부는 사본이나 선행 문서의 요약으로 본 문서에 첨부되는 용도로 사용될 수 있는 것이다. 다른 목간에 편철되는 상황 이외에도 종이 문서와 함께 사용될 수 있을 것인데, 이 경우 묶기홈 등의 외형상 특징이 나타나지 않을 수 있을 것이다. 「가야5598」이 그런 경우가 아닐까 생각된다.

이런 가능성을 염두에 두면, 지금까지 일반적으로 묶기 홈이 부찰목간의 외형상 특징으로 많이 지목되었고, 글자가 확인되지 않지만 묶기 홈이나 구멍이 있는 경우 통상 부찰목간으로 분류해 온 것에 재고가 필요하다고 하겠다. 아울러 수신과 발신을 전제로 한 문서목간의 경우 주로 단독간으로 분류하는 경향에 대해서도 주의가 필요하다.

이는 내용 파악에서도 마찬가지인데, 4면 문서목간의 경우 그 목간만으로 완결되었다고 전제하고 이해하려 해 왔다고 할 수 있다. 그러나 수발신 문서목간의 경우도 역시 여러 문서들이 연계되어 하나의 문서를 형성하였을 수 있음을 염두에 두어야 할 것이다. 해당 문서 외에 선행 문서와 후행 문서가 존재하고, 그것이 연접되어 일련의 문서철이 되었을 가능성이 있기 때문이다. 특히 원본 문서와 별도로 복사본을 만들어 새로운 문서에 부속시켰을 것으로 추정되는데, 이때 문서목간이 복사본으로 사용되었을 가능성이 있는 것이다. 그간 수발신자가 확연히 드러나지 않는 문서목간의 경우 그 내용 이해에 어려움이 있었는데, 이러한 시각에서 본다면 해결의 단서를 찾을 수 있을 것으로 기대된다.

---

36 김병준, 앞의 논문, 2018에서는 「월성해자2」 상부 공백은 문서 행정 절차에서 수신자이자 승인·결정자의 허가여부나 의견을 적는 공간으로 설정하여 비워놓았을 것이라는 의견을 제시하였다.

참고문헌

국립가야문화재연구소, 『韓國의 古代木簡Ⅱ』, 창원: 국립가야문화재연구소, 2017
국립부여박물관, 『나무 속 암호, 목간』, 부여: 국립부여박물관, 2009
盧明鎬 外, 『韓國古代中世古文書研究(下)』, 서울: 서울대학교출판부, 2000
韓國古代社會研究所編, 『譯註 韓國古代金石文Ⅱ』, 서울: 駕洛國史蹟開發研究院, 1992

池田溫, 『中國古代籍帳研究(概觀·錄文)』, 東京: 東京大学出版会, 1979
이용현, 『韓國木簡基礎研究』, 서울: 신서원, 2006
윤선태, 『목간이 들려주는 백제 이야기』, 서울: 주류성, 2007
張榮强, 『漢唐籍帳制度研究』, 北京: 商務印書官, 2010
朴根七, 「唐代 籍帳制 運營과 收取制度에 관한 研究」, 서울: 서울대 박사학위논문, 1996
洪承佑, 「韓國 古代 律令의 性格」, 서울: 서울대 박사학위논문, 2011

강나리, 「신라 중고기의 '代法'과 역역동원체계-함안 성산산성 출토 218호 목간을 중심으로-」, 『韓國古代史研究』83, 한국고대사학회, 2019
金慶浩, 「秦·漢初 周邊民族에 대한 戶籍制度의 運營:秦漢簡牘資料를 中心으로」, 『中國史研究』81, 중국사학회, 2012
金秉駿, 「樂浪郡 初期의 編戶過程과 '胡漢稍別'-「樂浪郡初元四年縣別戶口多少□□」木簡을 단서로-」, 『木簡과 文字』創刊號, 한국목간학회, 2008
김병준, 「낙랑군의 한자사용과 변용」, 『고대 동아시아의 문자교류와 소통』, 서울: 동북아역사재단, 2011
_____, 「월성 해자 2호 목간 다시 읽기-중국 출토 고대 행정 문서 자료와의 비교-」, 『木簡과 文字』20, 한국목간학회, 2018
_____, 「古代人들의 책 읽기: 목간 속 句讀符號를 단서로」, 『한국목간학회 제31회 정기

발표회 발표문』, 한국목간학회, 2019

김병준, 「포항 중성리 신라비 다시 읽기-중국 고대 행정문서와의 비교를 통해-」, 『韓國古代史硏究』96, 한국고대사학회, 2020

김성범, 「羅州 伏岩里 遺蹟 出土 木簡의 判讀과 意味」, 『6~7세기 영산강유역과 백제(국립나주문화재연구소 개소 5주년 기념 국제학술대회 발표문)』, 국립나주문화재연구소, 2010

김진우, 「秦漢時期 戶籍類 公文書의 運用과 그 實態」, 『東洋史學硏究』131, 동양사학회, 2015

김창석, 「羅州 伏岩里 木簡을 통해 본 榮山江 유역의 戶口와 農作」, 『백제와 영산강』, 서울: 학연문화사, 2012

_____, 「咸安 城山山城 17차 발굴조사 출토 四面木簡(23번)에 관한 考察」, 『韓國史硏究』177, 한국사연구회, 2017

朴根七, 「前秦建元20年(384)籍」과 호적 기재양식의 변천-4~10세기 서북지역출토 호적류 문서의 분석을 중심으로-」, 『東洋史學硏究』131, 동양사학회, 2015

박남수, 「신라 법흥왕대 '及伐尺'과 성산산성 출토 목간의 '役法'」, 『新羅史學報』40, 신라사학회, 2017

윤선태, 「월성해자 출토 신라 문서목간」, 『역사와 현실』56, 한국역사연구회, 2005

_____, 「羅州 伏岩里 出土 百濟木簡의 判讀과 用途 分析-7세기 초 백제의 지방지배와 관련하여-」, 『百濟硏究』56, 충남대학교 백제연구소, 2012

_____, 「월성 해자 목간의 연구 성과와 신 출토 목간의 판독」, 『木簡과 文字』20, 한국목간학회, 2018

_____, 「한국 多面木簡의 발굴 현황과 용도」, 『木簡과 文字』23, 한국목간학회, 2019

尹龍九, 「平壤出土「樂浪郡初元四年縣別戶口簿」硏究」, 『木簡과 文字』3, 한국목간학회, 2009

尹在碩, 「秦·漢初의 戶籍制度」, 『中國古中世史硏究』26, 중국고중세사학회, 2011

이경섭, 「新羅木簡의 출토현황과 분류체계 확립을 위한 試論」, 『新羅文化』42, 동국대학

교 신라문화연구소, 2013

이경섭, 「신라 문서목간의 話者와 書者」, 『新羅史學報』51, 신라사학회, 2021

이수훈, 「함안 성산산성 출토 4면 목간의 代-17차 발굴조사 출토 23번 목간을 중심으로-」, 『역사와 경계』105, 부산경남사학회, 2017

李鎔賢, 「咸安 城山山城 出土 文書木簡 가야5598의 檢討-周邊 文字資料와의 多角的 比較를 通해-」, 『木簡과 文字』23, 한국목간학회, 2019

이재환, 「함안 성산산성 출토 문서목간과 力役 동원의 문서 행정」, 『木簡과 文字』22, 한국목간학회, 2019a

_____, 「한국 출토 목간의 분류와 정리 및 표준화 방안」, 『木簡과 文字』23, 한국목간학회, 2019b

_____, 「접경으로서의 한반도와 목간문화 변용 사례 비교 검토-다면목간의 '편철'을 중심으로-」, 『中央史論』50, 중앙대학교 중앙사학연구소, 2020

전덕재, 「중고기 신라의 대(代)와 대법(代法)에 관한 고찰-함안 성산산성 17차 발굴조사 출토 사면 문서목간을 중심으로-」, 『역사와 현실』105, 한국역사연구회, 2017

홍기승, 「경주 월성해자·안압지 출토 신라목간의 연구 동향」, 『木簡과 文字』10, 한국목간학회, 2013

홍승우, 「목간 자료로 본 백제의 籍帳 문서와 수취제도」, 『韓國古代史研究』80, 한국고대사학회, 2015

_____, 「함안 성산산성 목간의 물품 기재방식과 성하목간의 서식」, 『木簡과 文字』21, 한국목간학회, 2018

榮新江, 「吐魯番新出≪前秦建元二十年籍≫研究」, 『中華文史論叢』2007-4, 2007; 榮新江·李肖·孟憲實 主編, 『新獲吐魯番出土文獻研究論集』, 北京: 中國人民大學出版社, 2010

#02

高句麗 石碑의 敎*

이용현

(경북대 인문학술원 HK연구교수)

I 머리말

고대 한국의 문서 중 종이 문서는 2건에 불과하다. 주로 木簡 문서가 십

---

* 이 글은 『대구사학』146(2022.2)의 논문이다. : 단 게재글을 일부수정하였는데, 그곳은 본문에 (#)를 해 구분해두었다.

이 글은 2021년 12월 21일 〈경북대학교 인문학술원 HK+사업단 제4회 국제학술대회 : 나무에서 종이로-서사매체의 변화와 고대 동아시아-, 세션3_서사방식2〉에서 발표된 "이용현〈한국 고대문서의 敎와 白〉" 중 고구려의 敎부분을 중심으로 재정리한 것이다. 관련 논고의 시작은, 川尻秋生, 「日本の「御敎書」と東アジアの「敎書」-東アジア古文書学の構築に向けて-」 일본사학회 월례발표회 발표문:2019.5.18.(일본사학회, 2019)에 대한 토론문 작성이 계기가 되었다. 자리를 마련해준 정순일 고려대 교수(당시 학회 총무이사)께 감사드린다.

수례 남아 있고, 石碑에서 편린을 찾아볼 수 있는 정도다. 주변의 중국이나 일본의 문서 사례에 비교하여 양적으로 절대 소수인 이러한 국내 문서 사정에서 보면, 그나마 목간과 석비 속의 사례도 풍부와는 거리가 멀다. 더군다나 목간은 글자 수가 적고 게다가 마멸이 더해지고, 판독도 온전치 못한 것들이 적지 않다. 이에 이러한 제약 속에서 소수의 자료 속에서 한국 고대 문서의 서식을 발굴하고, 眼光이 紙背를 徹하는 자세로 상황을 유추하는 상황이다. 그 가운데 가장 두드러지는 것이 敎와 白 관련이다. 이 글에서는 그 가운데 國王이 발행하는 下行文書인 敎를 중심으로 고찰하고자 한다. "敎"란 諸侯의 말, 명령을 이르는 것이다. 백성을 올바르게 선하게 교화한다는 데서 기원한 것으로 보인다.[1] 황제의 명인 詔와는 구별되는데, 秦始皇 26년 令을 詔勅으로 고친 뒤로는 詔는 天子만 쓸 수 있게 되었다.[2] 고대 한국의 금석문과 목간에서는 국왕 혹 지배집단의 명령으로서 敎가 보이며, 碑石의 것이 내용이나 비중에서 압도적인 비중을 차지한다. 이들은 중국으로부터 유입되었을 것인데, 그 중 고구려의 敎를 주요 분석대상으로 삼고자 한다.[3] 종래 고구려의 敎에 대해서는

---

1 "敎者效也. 出言而民效也. 契敷五教. 故王侯称教."(『文心雕龍』卷4、詔策) "蔡邕独断曰 諸侯言曰教."(『文選』卷26、李善註) "郡守所出命曰教"(『資治通鑑』注記), "下教曰"(『晉書』, 『北史』) : 漢代를 중심으로 郡守나 刺史가 명령을 내렸을 때에 「教」라고 불렸다.(Phạm Lê Huy,「베트남의 10세기 이전 石碑에 대하여-새롭게 발견된 陶璜廟碑를 중심으로-」『목간과 문자』18(한국목간학회, 2017),p.172, : 川尻秋生,「日本の「御教書」と東アジアの「教書」-東アジア古文書学の構築に向けて-」일본사학회 월례발표회 발표문:(일본사학회, 2019.5.18.),p.1.

2 林炳德,「『嶽麓秦簡』과 中國古代法制史의 諸問題」『法史學研究』58(법사학연구회, 2016),p.16. : 李俊强,『魏晉令制研究』,吉林大學博士論文(2014).

3 5세기 백제는 중국과 사이에 表文과 詔書를 상호 유통하였으며(『宋書』백제전에 元嘉 2년(425; 百濟 久爾辛王 6) 宋太祖가 백제에 내린 詔書에 보면 백제는 이후 매년 表文을 올렸다고 한다.), 越南 즉 베트남에는 4세기 초 중국 郡縣 장관인 刺史가 남

광개토왕비를 중심으로 敎와 令, 또 삼국사기 등 문헌 사료의 令을 소재로 하여 논의되어 왔으며, 敎令制가 제창되는 등 기초 연구가 이뤄진 바 있다.[4] 다만, 기존에 중요 자료임에도 충주고구려비가 분석대상으로 활용되지 않은 데다가, 금석문과 문헌 사이의 사료적 이질성에 주의하지 않을 수 없다. 이에 이 글에서는 高句麗 石碑인 광개토왕비와 충주고구려비를 중심으로 정밀분석하고, 이어 高句麗 석비가 新羅에 영향을 미친 점에 에 착안하여, 新羅 초기 비석의 敎와의 비교를 통해, 1차 자료인 석비자료에 보이는 고구려 당대 敎의 실상에 접근해보고자 한다.

II 忠州高句麗碑의 敎

이 비에 대한 편년은 5세기 후반설과 전반설, 403년설 그리고 397년이

긴 敎碑가 존재한다. 建興2年(314) 및 元嘉27年(450)年의 敎를 비석 양년에 새긴 비문으로, 중국 지배하에 있던 南越에 交州 刺史의 「敎」를 확산전파하려는 것이 建碑의 목적이었다.(Phạm Lê Huy, 앞논문, pp.183-184.pp.166-176.) 이같은 사례로 미뤄보아, 비록 직접 자료는 확보되지 않지만, 고구려 역시 중국과의 교섭 속에서 敎 문화가 수용되었다고 보아 무리없을 것이다.

[4] 기존 연구의 동향 특히 문헌 속 敎는 다음 양 논고에서 정치하게 다루고 있어 참조 바란다. : 양정석,「新羅 公式令의 王命文書樣式 考察」『한국고대사연구』15(한국고대사학회, 1999). : 김창석,『왕권과 법』(지식산업사, 2020). ; 김창석,「한국 고대 國王文書의 기초 검토-국내용 문서의 사례와 기원-」『목간과 문자』27(한국목간학회, 2021).

제기되어 있다.[5] 이 글에서는 연대문제는 천착하지 않는다. 내용의 敎를 중심으로 논지를 전개하고자 한다.

    永樂七年 歲在丁酉(#) 五月中
    高麗太王 (중략)
       敎 食住東夷寐錦之衣服建立處用者   ----[敎1]
       賜之隨去諸▨▨奴客人
      節敎 諸位 賜上下衣服   ----[敎2]
       敎 東夷寐錦 遝還來   ----[敎3]
      節敎 賜寐錦土內諸衆人▨支   ----[敎4]
       造大王國土大位諸位上下衣服
       兼受敎跪營   之.
    十二月廿七(#)日庚寅 (중략)
       敎 來 前部/太使者/多于桓奴·主簿/貴德/ ▨▨▨▨ 募人 三百.
       新羅土內幢主:下部/拔位使者/補奴·▨▨奴
        /位▨使者/盖盧 共▨募人新羅土內衆人.
       ▨▨動(10자미상)求▨▨村舍▨▨耶昿呈憂之. (하략) ----[敎5]

[永樂]7年 歲在[丁酉]* 五月中에 高麗太王이 (중략)
[敎1]하다.: 東夷寐錦의 衣服建立處에서 쓰는 이들을 먹이고 거주토록 하라.
      諸▨▨奴客人을 따라가도록 하라[隨去].

---

5 충주고구려비의 기년론에 관한 기존설의 논점 정리는 다음 논문 참조. 鄭雲龍, 「中原高句麗碑의 建立 年代」『白山學報』76(白山學會, 2006), pp.144-160.: 고광의, 「충주 고구려비의 판독문 재검토」『한국고대사연구』98(한국고대사학회, 2020).: 李鎔賢, 「忠州 高句麗碑 '요'·'共'의 재해석」『한국사학보』80(고려사학회, 2020): 이재환, 「'永樂 7年' 판독에 기반한〈충주 고구려비〉의 내용 검토와 충주 지역의 接境性」『목간과 문자』27(한국목간학회, 2021), pp.12-13.: 기년 관련 논고는 다수이지만 지면상 위의 논고로 대신한다.

[教2]이 때 教하다.: 諸位로 하여금 上下의 衣服을 賜與토록 하라..
[教3]教하다.: 東夷寐錦이 줄줄이[6] 還來토록 하라.
[教4]이 때 教하다.: 寐錦土內의 諸衆人과 ▨支은
　　　大王國土의 大位와 諸位의 上下衣服을 만들게 하라.
　　　겸하여 跪營에서 教를 수령토록 하라.
十二月廿七(#)日庚寅 (중략)

[教5]教하기를, 와 있던 來 前部/太使者/多于桓奴와 主簿/貴德으로 하여금 ▨▨▨▨▨ 三百을 募人케 하였으며, 新羅土內의 幢主인 下部/拔位使者/補奴와 ▨▨奴, 그리고 ▨位使者인 盖盧가 함께 ▨ 新羅土內의 衆人을 募人케 하였다. [이하 教가 어디까지 걸리는 지는 결락이 많아 미상 : 이후 글자는 〈▨▨動(10자미상)求▨▨村舍▨▨耶昍呈憂之. (하략)〉]

비석 정면 위쪽에 가로로 우측에서 좌측으로 이어지는 부분에서 글자가 새롭게 검출되었다. 여기서 紀年이 확인되고, 본문 즉 좌측면에서 十二月廿七日庚寅이 새롭게 인식확인할 수 있다면, 397년의 비정은 확정적이 될 수 있다. 아울러 전면 머리부분의 판독을 확정하지 못할 경우는, 기존과 같이 403년등 5세기 전반에서 후반에 걸쳐 편년된다.[7](#)

教를 내리는 주체는 高麗太王, 教는 5월에 4차, 12월 1차 확인된다. 12월에 더 있음직하지만, 후면에는 마멸이 심하여 읽지 못하는 부분이 많아, 확인이 어렵다. 5월의 경우는 〈教-節教〉의 세트를 이룬다. 즉 아래와 같은 구조로

6　遝과 관련해서는『玉篇』迖遝, 行相及也. 杜甫『麗人行』賓從雜遝實要津.에서 보듯, 擁擠雜亂, 衆多, 重疊, crowded and repeated, abundant [漢典 : https://www.zdic.net/hant/%E9%81%9D]를 참조하면, 오고감에 서로 꼬리를 물어 끊어지지 않는 모습으로 이해된다. 遝還來의 遝는 "빈번히, 줄이어, 줄줄이, 꼬리를 물고, 분주히" 등으로 풀이할 수 있어 보인다.

7　***이 부분,『대구사학』146(2022.2) 발표 글에서, 일부 수정하였다.

파악할 수 있다.[8]

〈敎-節敎〉 1그룹 敎: (敎1)-節敎 : (敎2)
〈敎-節敎〉 2그룹 敎: (敎3)-節敎 : (敎4)

	敎를 받는 對象	命令 적용 대상자	조처내용
5月中			
敎1	敎 食住東夷寐錦之衣服建立處用者		
	담당관	東夷寐錦之衣服建立處用者 (동이매금의 의복을 건립하고 처용하는 자)에게	食住, 賜之 (食과 住를 제공)
	(敎) 隨去諸▨▨奴客人		
	담당관	(위와 같이, 동이매금의 의복을 건립하고 처용하는 자)로 하여금	隨去諸▨▨奴客人 (諸▨▨·奴客人을 따라 가도록 명령)
敎2	節敎 諸位 賜上下衣服 이 때(=이에) 敎하다 : 諸位는 上下에게 衣服을 賜與하라. (혹) 諸位는 上下의 衣服을 賜與하라.		
	諸位	上下 (고구려의 상하관료 or 신라의 상하관료 or 고구려=상,신라=하,의 관료)	賜, 衣服 (의복을 제공)
敎3	敎 東夷寐錦 遝還來		
	東夷寐錦		遝還來
敎4	節敎 賜寐錦土內諸衆人▨支 　　　造大王國土大位諸位上下衣服 兼受敎跪營　　　　　　　　　之		
	寐錦土內諸衆人▨支		1 造大王國土大位諸位上下衣服 (대왕국토의 대위와 제위 상하의 의복을 제조) 2 受敎跪營 之 (궤영에서 敎를 수령)

---

8 이 건과 관련된 고찰은 필자의 이전 논고에서 기본 서술한 바가 있다. 이 글에서는 그를 기반으로 하되, 이 글의 취지와 관련된 부분을 가감하여 기술했다. : 李鎔賢, 앞 논문.

[교1]은 東夷寐錦의 의복을 제조하는 곳의 실무자들에게 식량과 거주처를 제공하라는 것, 그리고, 이들로 하여금 奴客人을 따라가게 하라는 것이다. [교2]는 諸位에게 내린 것으로, 이들이 上下에게 의복을 사여하라는 것, 혹은 上下의복을 주라는 것이다. [교3]은 東夷寐錦 즉 신라왕에게 내린 것으로, 줄이어 즉 빈번히 오라는 것이다. [교4]는 寐錦土內내 諸衆人▨支에게 내린 것으로, 大王國土의 大位諸位의 上下衣服을 제조케 한 것이고, 겸하여, 跪營에서 敎를 수령하라는 것이다. 두 문장은 之로 수렴되고 있다. [교2]의 諸位는 [교4]의 大王國土의 大位諸位의 諸位와 같은 부류일 것이다. 大王國土의 大位諸位로 표현되고 있으므로, 고구려 영토 안에 大位 즉 고위관과 諸位 즉 관료, 중급 위계자를 의미한다고 보인다. 奴客人은 모두루묘지에 보이는데 고구려 관리를 의미한다. 이들의 활동 범위는 충주고구려비 조영처의 근방 혹 그 지배권 내가 아닐까 한다. 이 글에서는 "충주고구려비 권역 내(비 권역 내)"로 불러둔다. 비 권역 내에 동이매금의 의복을 제조 기구가 설치되고 관련인원이 배치되었으며 그를 관리하는 것이 노객인이었다고 추정된다. 다음 제위는 아마도 고구려 영내에 있던 제위 즉 관리로 보인다. 역시 충주고구려비 권역 내에서 활동하는 諸位였을 것이다. [교3]은 동이매금에게 내린 것이다. 교4)는 賜寐錦土內 諸衆人과 ▨支에게 내린 것이다.

十二月卄七日庚寅 (중략)
敎 來 前部/太使者/多于桓奴·主簿/貴德/ ▨▨▨▨▨ 募人 三百.
　　　新羅土內幢主:下部/拔位使者/補奴·▨▨奴
　　　　　　/▨位使者/盖盧　　共▨募人新羅土內衆人.
　　　▨▨動(10자미상)求▨▨村舍▨▨耶昢呈憂之. (하략)----[敎5]

11월의 敎는 고구려 관등을 가진 관료들에게 내려졌다. 구체적으로 명시되어 있는데, (1) 前部/太使者/多于桓奴와 主簿/貴德, (2) 新羅土內幢主인 下部/拔位使者/補奴와 ▨▨奴, ▨位使者/盖盧 등이다. 두 그룹으로 나뉘어 그 구체적 역할을 명하였는데, (1)그룹은 "募人 三百" 즉 3백인의 모집이고, (2) 그룹은 "募人新羅土內衆人" 즉 신라 영토 내의 衆人을 모집하는 것이다. 衆人과 관련해서는 같은 비문에서 "寐錦土內諸衆人▨支"에서 諸衆人이 보인다. 寐錦土內 인적집단으로 기술되었는데 관련집단으로 보인다. 또 "諸▨▨奴客人"가 보이는데, ▨▨가 衆人일 가능성도 점쳐볼 수 있다. 충주고구려비의 [敎4]의 敎來를 광개토왕비의 敎遣에 대응시켜볼 수도 있다.

教(1)來 〈a〉前部/太使者/多于桓奴·主簿/貴德/▨▨▨▨ (2)募人 三百.
　　〈b〉新羅土內幢主:下部/拔位使者/補奴·▨▨奴
　　　　　/▨▨位使者/盖盧　共▨(2)募人新羅土內衆人. 충주고구려비
教(1)遣偏師, (2)觀息愼土谷.　광개토왕비 영락7년
教(1)遣步騎五萬, (2)往救新羅.　광개토왕비 영락8년

광개토왕비의 용법 敎遣에 대해 충주고구려비의 용어 敎來가 대응한다고 볼 수 있다면, "敎하여 누구를 오게 해서 삼백을 募人케하다"는 해석이 성립된다. 來는 〈a〉前部/太使者/多于桓奴 등에도 걸리고, 〈b〉新羅土內幢主:下部/拔位使者/補奴 등에도 걸릴 수 있다. 이렇게 보면, "敎하여 前部/太使者/多于桓奴 등을 오게 해서 三百을 募人케 하였으며, 新羅土內幢主:下部/拔位使者/補奴 등을 오게 해서 新羅土內衆人을 募人케 하였다."가 된다.

遣이 파견, 보내는 것인데 비해, 來는 오는 것, 오게 하는 것이다. 서로 대조되는 것이라고 한다면, 광개토왕비의 敎遣은 비석 건립지인 왕경 集安에서 보내는 것이고, 충주고구려비의 敎來는 비석 건립지인 忠州에 오게하는 것이 될 수도 있겠다. 다만 〈b〉의 경우 新羅土內幢主가 新羅土內衆人을 募人하는데, 고구려 영토에 올 필요는 없다. 해서 그 경우는 되기 어렵게 된다. 즉 〈b〉에는 來가 걸린다고 보면 어색하다고 판단된다.

이처럼 충주고구려비에서는 敎가 두드러진다. 흡사 敎碑로 규정할 수 있을 정도다. 5월조에서는 〈敎-節敎-敎-節敎〉로 4개의 敎가 이어진다. 4개의

敎는 다시 2개의 그룹으로 분류되는데 두 번째 〈敎-節敎〉 그룹은 대상을 寐錦土內의 것을 대상으로 하고 있다. 이에 비해 첫 번째 〈敎-節敎〉 그룹은 대상을 寐錦土內로 한정되고 있지 않은데, 여러 정황으로 보아 大王國土 즉 고구려 영내를 대상으로 하고 있는 것으로 보인다. 즉 〈敎-節敎〉 는 1 세트의 연속적 敎로 보인다. 이와 같은 구조는 나라를 달리하지만, 신라의 단양 적성비에 보여 주목된다. 이러한 節의 용법은 앞서 본 바와 같이 고구려 충주고구려비에서 확인된 바 있다.

    敎를 받는 대상은 고구려의 관리, 東夷寐錦 즉 신라국왕 및 그 手下다. 고구려 영토를 "大王國土"로, 신라 영토를 "寐錦土內" 혹 "新羅土內"가 표기하여 구분하였다. 敎를 받는 대상 인사 혹 인물들에 대해 "大王國土", "寐錦土內" 혹 "新羅土內"를 冠稱하여 구분하였다. 같은 고구려의 관리라 하더라도 그 소재를 고구려 영토와 신라 영토로 구분하였다. 敎를 받는 대상 가운데는 신라국왕인 東夷寐錦이 들어 있는 것, 寐錦土內諸衆人(·▨支)과 같이 신라 인사가 들어 있는 것이 특징이다. 즉 신라가 고구려에게 敎를 받는 입장이었던 것이 특징점이다.[9]

---

9 고구려가 敎를 국내를 넘어 국외에 내린 사례는 문헌자료에도 보인다.『日本書紀』應神 28年 9月 條의 "高麗王敎日本國也"가 그것이다. '日本'보다는 '倭'가 당대 용어로 기사 자체가 변색된 것이어서 일정 부분 한계가 있긴 하나, 참고할 만하다. 통상 일본서기 상대기사는 주갑 단위로 1-3을 인하해 기년하기도 한다. 11년 뒤인 응신 39年 2月조에 "百濟直支王 遣其妹新齊都媛以令仕 爰新齊都媛 率七婦女 而來歸焉" 기사가 보여 이 무렵을 直支王 즉 腆支王 시대(재위:405년-420년)로 볼 수 있다. 즉 광개토왕 후반기에서 장수왕 초기에 걸치는 시기다. 이 자료는 충주고구려비에서 고구려가 東夷인 신라에게 敎를 내린 것에 비춰볼 때, 주목되는 기사다.

Ⅲ 廣開土王碑의 敎

광개토왕비는 중국 지안(集安)에 소재하면 414년에 조영되었다. 고대 한국 最大의 비석이다. 4면비로 약1775자가 새겨져 있는데, 내용은 서문과 본문으로 구성되어 있다. 본문은 (1) 광개토왕의 戰功업적을 편년체로 기록한 부분과 (2) 역대 국왕의 陵墓를 지키는 守墓 관련 규정의 법령이 기록되었다. 敎는 본문 (1)(2) 부분에 모두 보인다. 이는 다음과 같다.

1. 편년체 업적 부분의 敎

1 八年戊戌, 敎遣偏師, 觀息愼土谷.
영락 8년(398) 戊戌년, 敎하시어 偏師를 파견하여 息愼의 土谷을 살펴보게 하셨다.
2 十年庚子, 敎遣步騎五萬, 往救新羅
영락 10년(400), 庚子년, 敎하시어 步騎五萬을 파견하여 가서 新羅를 구원케 하셨다.
3 十七年丁未, 敎遣步騎五萬, □□□
영락 17년(407), 丁未년, 敎하시어 步騎五萬을 파견하여 □□□케 하셨다.

위와 같이 광개토왕비에는 대체로 2가지 패턴의 敎가 보인다. 첫째는 敎를 내려 군대를 파견하는 내용이다. 광개토왕의 업적을 기록한 편년체의 기년조 즉 (1)에서 3건 보인다. 광개토왕 비문 편년에서 통상 고구려의 군사출동에 광개토왕이 직접 인솔했는지 아닌지에 따라 躬率형과 敎遣형의 2가지로 분류되는데,[10] 敎는 바로 그 敎遣형에 해당한다. 주어는 생략되었지만 王 즉 광개토왕이다. 敎를 받는 대상은 그 手下요 軍權관계기관이었을 것이고 결과적으로 군대가 파견된다. 敎의 내용은 軍士파견이다. "遣偏師, 觀息愼上谷." "遣步騎五萬, 往救新羅." "遣步騎五萬, □□□"의 파견군대규모와 군사활동지역이 규정되어 있다.

2. 守墓 관련 규정의 敎

4 國罡上廣開土境好太王, 存時①**敎**言,「祖王先王, 但②**敎**『取遠近舊民, 守墓洒掃』, 吾慮舊民轉當羸劣. 若吾萬年之後, 安守墓者, 但取吾躬巡所略來韓穢, **令**備洒掃.」言③**敎**如此, 是以如④**敎**, **令**取韓穢二百廿家.
5 又⑤**制**「守墓人, 自今以後, 不得更相轉賣, 雖有富足之者, 亦不得擅買, 其有違**令**, (a)賣者刑之. (b)買人**制令**守墓之.」.[11]

4 國罡上廣開土境好太王께서 살아계실 때, ①**敎**하여 말하시기를, 「祖王 先王 때는 단지 『遠近의 舊民을 데려다, 守墓하고 洒掃케 하라』고만 ②**敎**하셨다. (그러나) 나는 吾慮舊民이 轉하여 羸劣해질까 걱정된다. 만약 나의 萬年 뒤에라도 편안히 守墓하려면 오로지 내가 몸소 巡行하며 취한 韓穢를 데려다가 **令**하여 洒掃에 대비케 하는 것이다.」 ③**敎**의 말씀이 이와 같으셨다. 이 때문에 ④**敎**과 같이, **令**하여 韓穢 220家를 취하게 하노라.[12]

---

10 浜田耕策, 「高句麗広開土王陵碑文の研究-碑文の構造と史臣の筆法をとして」 『朝鮮史研究論文集』11(朝鮮史研究会, 1974), pp.5-16.

11 판독문은 아래를 참조함 : 武田幸男, 『高句麗史と東アジア』(岩波書店, 1989), p.433.

12 김창석은 「以如教令, 取韓穢二百廿家」로 표점하여 "교령과 같이 한예 220가를 취하였다."고 해석하였다. (김창석, 「고구려의 왕명체계와 집안고구려비의 敎·令」 『韓國古代史研究』75(한국고대사학회, 2014), p.293 : 후에 『왕권과 법』(2020)에 실

5 또 ⑤制(규정 혹 명령)한다.「守墓人은 지금 이후로, 서로 轉賣(판매)할 수 없다. 아무리 富足한 자라 하더라도 마음대로 구입할 수 없다. ; 令을 위반할 시, 구입한 자는 刑에 처한다. 판매한 사람은 制令으로(혹은 令을 제정하여) 守墓에 처한다.」[13]

다음은 소위 守墓人烟戶관련 기사 중의 기록이다. 國罡上廣開土境好太王 즉 廣開土王이 내린 敎 내용이 기록되었다. 아들인 長壽王이 아버지요 先王인 광개토왕의 敎 내용 그대로 수행하였음을 기록하였다. 광개토왕의 敎 속에는 다시 "祖王·先王" 때의 敎가 들어 있다. 현재의 국왕인 장수왕은 父王이자 先王인 광개토왕의 敎를 근거로 혹은 그것을 계승하여 敎를 내리거나 수행한 것이다. 광개토왕은 祖王·先王의 敎를 참작하고 이를 보완하여 敎를 내렸다. 敎를 내린 것은 각각 祖王·先王, 國罡上廣開土境好太王이 된다. 이를 세대별 국면으로 정리하면 다음과 같다.

[先代] "祖王 先王" 때의 敎 ②
[前代]   =(參酌,變容改修)=)廣開土王의 敎 ①③
[當代]   =(認容,繼受)=)長壽王 前代 敎令 이행 및 制·制令발령 ④⑤

뒤쪽의 制令은 當代 문헌 등 용례나 비문의 구조로 볼 때, (1)명사 즉 法令, 制度 거나, (2)令을 制하다로 푸는 것이 가능해보입니다.[14] 5①의 制는 동사

렸다. 武田幸男은 이를 "-敎, 令-"으로 표점하였다.(武田幸男, 같은 책, p.437.)

13 앞의 制가 買人**制令**守墓之.까지 걸리는 것으로 파악하는 것이 일반적이다. (이성시,「광개토왕비의 건립목적에 관한 시론」,『한국고대사연구』50(한국고대사학회, 2008), p.182,).

14 制令은 용례로 보아 다음과 같은 가능성이 있다. (1)法度, 法令이란 명사 :l "昔者三皇無制令而民從,   五帝有制令而無刑罰."(『文子』上義), "舉之表旗, 而著之制

54 고대 동아시아의 기록 방식과 도구

인데, 그 뜻은 '규정하다', '제정하다', '作制明法 즉 제도, 법제를 만든다', '裁決하다'가 가능해 보인다.[15] 해당 조문은 다음과 같이 분석 도식화할 수 있다.

```
명령,법제      금지조항         위반자      제재방안/처벌규정
制 :   (ㄱ)   不得更相轉賣 (중략)   賣者              刑 之.
       (ㄴ)   亦不得   擅買 (중략)   買人       制令 守墓之.
```

즉 내용으로 볼 때 制는 守墓人에 대해 轉賣나 擅買를 금지하는 법령의 발포였다. 이어 금지된 불법 轉賣나 擅買행위자 즉 위반자인 賣者와 買人에 대한 제배방안 혹 처벌규정이 "刑之"와 "守墓之"다. 刑之 앞에 사역동사로서 令이 오지 않았으므로, 守墓之 앞의 令을 사역동사나 동사로 파악하기는 어렵다. 고로 制令은 (1)제령 즉 법령으로, (2) 令을 만들어, 로 풀어야 한다. 즉 制令의 令은 바로 違令의 令과 같이 법령이란 의미다. 한편 違令의 令은 5①의 制에 다름아니다. 이렇게 보면, 制令은 바로 5 ①의 制를 가리킨다. 制令이란

令.[杜預 注 : 爲諸侯作制度法令, 使不得相侵犯."(『左傳』昭公元年), "時國禁書疏, 非弔喪問疾, 不得輒行尺牘, 故 義之 書首雲死罪, 是違制令故也."(宋 趙令時『侯鯖錄』卷五), "無制令刑罰謂之皇, 有制令而無刑罰謂之帝."(『史記』秦本紀第五), "隨時制法, 因事制禮. 法度制令各順其宜, 衣服器械各便其用."(『史記』趙世家第十三), "制令不行."(『晉書』列傳第六十九 桓玄), "制令詭暴, 蕩棄法度."(『晉書』志第十七 五行上 火), "見漢志晉服制令, 其冠十三品."(『南齊書』志第九 興服)," 制令亟易, 修補舊文."(『後漢書』張曹鄭列傳第二十五 曹褒)] : (2) 법령을 제정하다. 즉 동사+목적어.["將以制刑爲後法者, 則野王之罪, 在未制令前也, 刑賞大信, 不可不愼."(『漢書』馮野王傳)] : (3) "制하여 -케 하다(令)"도 상정은 가능할 것이다.

15 制定하다. 文字로서 規定하다. (formulate)["澤上有水, 節, 君子以制數度, 議德行."(『易』節), "今也, 制民之產."(『孟子』梁惠王上), "故王者之制法, 昭乎如日月."『鹽鐵論』刑德, "週之王也, 制禮."『左傳』哀公七年]나 決斷하다, 裁決하다.(adjudicate)["制曰『可』(『史記』秦始皇本紀),)

위반시 새롭게 令을 제정한다는 의미라기 보다는 이 制(5①) 자체를 가리킨다고 봐야한다.16 광개토왕비 4④의 令은 기본적으로 사역동사로도 인식할 수 있는데, 단순히 그에 그치지 않고, 敎에 후속되는 구체적 시행령과 같은 역할로 인지하고자 한다.17

이처럼 광개토왕비에는 3代 혹 이상에 걸친 敎와 制, 令이 보인다. 敎는 수묘인의 구성에 관한 것이어서, 선왕의 敎(敎②)는 구성 대상을 舊民에 한정한 것이고, 광개토왕의 敎(敎①)는 吾躬巡所略來韓穢 즉 新民도 포함시키는 것이었다. 당대 왕인 장수왕은 그러한 광개토왕의 敎를 인용 실행한 것이다.(④이하) 制는 敎의 실행 관련, 當代王인 長壽王의 명령, 법령이다. 制는 帝王의 명령을 일컫기도 하며, 秦漢代 출토문자자료에서는 엄격하게 命으로서

---

16 制에 대한 대표적 기존 인식은 다음과 같다. 武田幸男은 "制하기를 : … 制令으로… "이고, (武田幸男, 앞 책, p435.) 이성시는 "制令"을 법령으로 인식해으며, (이성시, 앞 논문, 2008, p.181.) 김창석은 명령의 유형이 아니라 "강제하다"는 뜻으로 이해했으며,(김창석, 앞 논문, p.293.) 권인한은 "制하여, (그로 하여금)守墓케한다"고 해석하였다.(권인한, 「광개토왕릉비문의 새로운 해석」 『목간과 문자』8(한국목간학회, 2011),p.333).

17 武田幸男는 이것을 사역동사로 파악하였다.(武田幸男, 「広開土王碑 釈読」 『高句麗史と東アジア』(岩波書店, 1989),p.437.) 이성시는 敎와 令의 법제화에 주목하였다.(이성시, 앞 논문, 2008, p.181, p.186.) 김창석은 令은 敎에 의해 내려진 실행명령으로 이해했으며, 일련의 과정을 "敎令"制로 개념화하였다.(김창석, 「고구려의 왕명체계와 집안고구려비의 敎·令」 『왕권과 법』(2020). p.98, p.128, p.136. : 원재는 『韓國古代史硏究』75(한국고대사학회, 2014) 홍승우는 令은 敎와 같은 것이며, 令이 영구적인 법령으로 규정된 것이고, 敎는 영구적인 것이 아니라고 했다.(홍승우, 「〈集安高句麗碑〉에 나타난 高句麗 律令의 형식과 守墓制」 『한국고대사연구』72(한국고대사학회, 2013).) 이 글에서는 이 사역동사 令도 법제의 범주에서 파악하고자 한다. 후술하지만 후속되는 違令, 制令의 令은 모두 법령의 의미로 사용되었다.

사용되었는데, 문헌자료에서는 제정하다는 의미로 사용되기도 했다.[18] 制에는 詔와 함께 天子의 말, 명령이란 용법도 있다. 秦始皇帝 때 命을 制로 令을 詔로 해서 문서행정의 용어로써 정하였다.[19] 광개토왕비의 制가 제정하다는 일반적 의미인지, 혹 天子의 명령을 의미하는 용어인지 분별하기는 용이하지 않다. 후자라면 諸侯王의 용어인 敎를 쓰면서 동시에 天子의 용어인 制를 함께 중층적으로 사용한 것이 된다. 나아가 선조가 발령한 제후왕급 명령 敎보다 격상된 천자급 왕명 制를 발령한 것으로 해석할 수 있다. 전자와 같이 일반적 의미의 制定하다는 것이라면, 선대 敎를 기반으로 한 시행세칙으로서 구체적 法制의 발령으로 해석할 수 있다. 구체적으로는 守墓人 賣買 禁止 法制 혹 制令이라고 할 수 있겠다. 다만 일반적인 制라 하더라도[20] 광개토왕비에서 制

---

18 制는 고대 帝王의 명령(imperial order)을 가리키기도 했다.[“漢天子 … 言曰制詔也”, “諸侯言曰敎”.(『獨斷』) “天子之言 一曰制 二曰詔書”(『漢書』 顔師古 註), : “臣請歸節, 伏矯制之罪.”(『史記』汲黯列傳] “制曰:下京兆尹治.”(『漢書』趙廣漢傳)] 즉 皇帝의 詔書나 詔令 중에 "制曰"이 쓰인다. : 『睡虎地秦簡』·『二年律令』·『岳麓秦简』·『睡號地77號漢墓』·『荊州胡家草場12號漢墓』·『兎山律名木牘』과 같은 秦漢 법제 문서에 보이는 秦漢律에서는 '制'는 엄격히 '命'의 의미로 사용되고 있다. 그에 반해 『漢書』『唐律疏議』『晉書』『太平御覽』『三國志』와 같은 문헌사료에서는 진시황제가 만든 용어인 '制'가 아닌 〈제정하다〉〈법제〉의 뜻으로 사용된 경향이 보인다. 문헌의 이러한 용법은 앞 주13, 주14 참조. 이상 기술은 林炳德 선생님의 교시에 의한다. : 林炳德, 앞 논문, 2016, p.16. : 진시황 이후, 다시금 制가 황제의 명령인 詔를 대신하게 되는 것은 隋代와 唐初여서(中村裕一, 「序說 王言의 種類と制勅字」『隋唐王言の硏究』(汲古書院, 2010).pp.10-11,) 광개토왕비의 制는 秦이래 다시 詔의 의미로 쓰이게 되는 隋代 사이 시기에 해당한다.

19 秦漢과 魏晉 율령의 추이는 다음 문헌 참조 : 林炳德, 앞 논문, 2016, pp.14-15. : 李俊强, 앞 책, 2014. 廣瀨薰雄, 『秦韓律令硏究』(汲古書院, 2010).

20 "當是時, 晉國政皆決 知伯, 晉哀公不得有所制."(『史記』·晉世家)가 적절해보인다. 『史記』秦始皇本紀: "皇帝臨位, 作制明法"에 황제가 제도를 만들고 법도를 밝힌다고

의 주체는 장수왕 즉 당대 왕이었다.

광개토왕비에서는 先代를 포함 역대 敎를 존중하였으며, 새로운 敎를 발령할 때는 반드시 이전의 敎가 의식되었다. 이는 이전 敎가 준수 이행될 때는 물론이고, 이전의 敎를 수정 改修할 때도 마찬가지였다. 敎가 발령되고 구체적 명령 令이 후속되었다. 실제 중국 고대에서도 令은 최초에는 상급기관 혹은 王의 命令이었다.[21] 制 혹 制令 역시 고구려 당대 왕의 명령이자, 敎의 후속 실행 명령으로서 발령되었다.

광개토왕비에 보이는 敎는 외피는 중국 當代 諸侯·刺史의 명령이었지만, 실질은 당대 중국의 詔勅과 유사하다. 중국 법의 본질은 皇帝의 의사 즉 詔勅을 근원으로 하는 것이었고, 그것은 끊임없이 발령되는 것이어서, 秦漢의 律令은 隨時制定이었지만, 南北朝 및 隋唐을 거쳐 成文化되었지만, 그럼에도 詔勅은 부단하게 계속 정리되어야 했다.[22] 광개토왕비의 敎는 고구려 국가에서는 실로 중국 皇帝의 王言인 詔의 역할 그 자체였다.

마지막으로 기타 고구려 자료에 보이는 敎에 대해 첨언한다. 모두루묘는 中國 吉林省 集安縣 太王鄕 下解放村(舊名 下羊魚頭)에 위치한다. 묘지는 전실 正面의 윗벽에 두루마리 경전처럼 묵서되어 있다.[23] 이는 석비는 아니지만 참조자료로서 점검할 필요가 있다. 마멸로 판독되는 글자가 적다. 관련하여 敎 기록부분을 발췌하면 다음과 같다.

되어 있어, 制는 범상한 것은 아니었다.

21 林炳德, 앞 논문, 2016, pp.14-15.
22 廣瀨薰雄, 「第一章 律令史の時代区分ついて」 『秦韓律令研究』 (汲古書院, 2010). pp.32-33.
23 池內宏, 『通溝』上(滿洲國通化省輯安縣高句麗遺蹟)(日滿文化協會, 1938).

(상략)恩教奴客牟頭婁□□牟, 教遣令北夫餘守事. 河泊之孫 日月之子 聖王
□□□(중략)
知□□□在遠之□□□遝□□教之□□□寐極言教□心□□□□)(하략)[24]

즉 教가 4차례 확인된다.

은혜롭게 奴客인 牟頭婁와 □□牟에게 教를 내렸다.
教를 내려 令北夫餘守事를(로서) 파견하였다.
먼 곳에 있는 … 줄이어 … 教하였다. … 教를 말씀하심이 …

教는 모두 4차례 확인되는데 열거하면 다음과 같다.

1 恩教奴客牟頭婁□□牟.　　　2 教遣令北夫餘守事.
3 教之　　　　　　　　　　　4 言教

　　1의 恩教란 은혜롭게 教를 내렸다는 것이 될 것이고, 教를 받는 대상은 그 아래 이어지는 奴客牟頭婁□□牟이 될 것이다. "은혜롭게 奴客 牟頭婁□□牟에게 教를 내리셨다." 정도가 될 것이다. 2 教遣은 광개토왕비 영락7, 8, 17년조에 보이는 소위 教遣형과 일치한다. 광개토왕비에서는 뒤에는 偏師, 步騎五萬과 같이 파견군대나 군대의 數가 왔다. 비해 모두루묘지에서는 令北夫餘守事라는 직책이 배치되었다. 아마도 "教를 내리시어 令北夫餘守事에/로 파견하셨다."가 될 듯 하다. 3 教之는 之를 종결형으로 본다면 "教하다. 教하시다." 정도가 될까. 고구려 자료에는 보이지 않지만, 신라 자료에는 울진봉평비에 于時教之가 보인다. 자구 "河泊之孫 日月之子 聖王□□□(중략)"에서 聖王□□□은 河泊之孫 日月之子로 보아 추모왕이 올 것으로 보인다. 4 言教와 관

24　판독문은 武田幸男, 「牟頭婁一族と高句麗王權」 『朝鮮學報』 99·100(朝鮮學會, 1981)를 참조

련해서는 광개토왕비에는 "言敎如此"이란 표현이 보이며, "敎를 말씀하심이/ 敎를 말씀하신 것이" 정도로 풀이된다. 광개토왕비에서 言敎는 그 앞에 敎가 발동된 내용이 나오고 이를 받아 시행하는 근거로 삼기 위한 言辭로 활용되고 있다. 모두루묘지에서도 "□□敎之(3)□□□寐極言敎(4)□心□"로 이 4言敎 바로 앞에 敎之(3)이 보인다. 같은 구조로 보인다. "…敎하시다. … 極, 敎를 말씀하심이 마음에 □하여, … " 정도로 짐작된다. 전체적으로 모두루 묘지의 敎관련 용어, 용법은 광개토왕비의 그것과 흡사해 보인다. 한편 集安高句麗碑 에도 "自戊□定律, 敎內發令.(戊子 388년, 448년 : 戊申 408년, 468년 등 포함 廣開土王대, 長壽王 대 설 등)"으로 敎가 보인다. 다만 파악할 수 있는 내용이 간략하고 관련부분 판독이 안정되지 않아, 敎의 내용을 논하기에는 한계가 크다.[25]

---

[25] 집안 고구려비에 "□□□□□□王曰 自戊□定律 敎內發令 更修復"이 보인다. 戊□는 戊子설이 있고, 敎內는 敎言일 가능성도 있다. 구절을 적극적으로 해석하여 "律 → 敎 → 令"의 王命體系를 상정할 수도 있다. (김창석, 「5세기 이전 고구려의 王命體系와 집안고구려비의 '敎'·'令'」『한국고대사연구』75(한국고대사학회, 2014), pp.290-292.) 다만 敎와 관련해서는 내용이 매우 간단하며, 결정적 부분은 결실되어 있거나 판독이 불안한데. 敎의 내용은 상세하지 않다. 更修復의 대상을 알기 어렵지만, 광개토왕비 守墓人烟戶조와 유사한 용어의 등장과 비교해서 守墓관련으로로 추정되고 있다. 관련 연구의 소개는 홍승우 논고에 자세하다. (홍승우, 「고구려 율령의 형식과 제정방식--〈광개토왕비〉와 〈집안고구려비〉의 사례 분석-」『목간과 문자』16(한국목간학회, 2016).p.82) 동시에 위작일 가능성에 대해서도 주의해야 한다. (정구복, 「'집안 고구려비'의 진위론」『한국고대사탐구』18(한국고대사탐구학회, 2014). 확실히 체제, 내용 등에서 위작의 가능성이 불식되었다고 단언하기 어렵고, 위작이 아니라 해도, 敎를 구체적으로 논하기 부족하다. 이 건은 차후 별고로 다룰 예정이어서, 상론은 미룬다. 이외에 延壽銘 銀合에서 敎로 보아 고구려자료로서 들기도 하지만, 이는 敬으로 판독하는 것이 옳아, 관련자료에서 제외한다. : 李弘稙, 「延壽在銘 新羅 銀合杆에 대한 一·二의 考察」『韓國古代史

Ⅳ 고구려 教의 신라에의 영향

이상에서 살펴본 石刻자료에 보이는 고구려의 教는 신라 초기 教에 영향을 끼친 형적이 뚜렷하다. 이를 신라 초기 石刻 자료 속 教에서 찾아보기로 한다.[26]

1. 先行 教의 繼受와 尊重

앞서 광개토왕비 수묘인규정에서 본 바와 같이, 고구려의 사례에서는 先代의 教가 典據가 되고 있음을 살펴보았다. 그와 유사한 사례를 6세기 초기 신라의 石碑에서 그 자취를 찾아볼 수 있다.

㈠ 503年(智證王4) 浦項 冷水里碑의 先代 教
먼저, 포항 냉수리비에서 先代의 教를 繼受하는 형적이 보인다.

의 研究』(新丘文化社, 1971), p.464. : 국립중앙박물관, 『문자 그 이후(전시도록)』 (2011).

26 필자는 石刻 특히 石碑를 통한 통치는 고구려에서 신라로의 영향을 지적한 바 있다. 신라는 백제나 왜와는 달리 石碑를 국가 통치에 적극 활용하였으며, 이는 고구려의 영향이었다.(이용현, 「中原高句麗碑와 新羅의 諸碑」『고구려연구』10(고구려연구회, 2000) pp.467-480.) 이성시는 고구려 教가 신라에 영향을 끼쳤다는 개설적 시론을 제시한 바 있다.: 李成市, 「古代朝鮮の文字文化」『古代日本文字の来た道』(平川南編; 大修館書店, 2005), p.46. : 李成市, 「漢字受容と文字文化からみた樂浪地域文化」『アジア地域文化学の構築：21世紀COEプログラム研究集成』(早稲田大学アジア地域文化エンハンシング研究センタ-.雄山閣, 2006),p.65.

共論 教 用前世二王教 爲證尒, 取財物盡 令節居利得之 教耳.【503年 浦項 冷水里碑】
함께 논하여 교하기를 "전세 2왕의 敎를 증거로 삼는다. 재물을 취함에 다 令하여 節居利로 하여금 얻도록 하라."고 敎하다.[27]

敎를 발령함에 있어, 前世二王敎 즉 前世의 두 王이 내렸던 敎를 證 즉 증거, 근거로 삼는다고 못박고 그것이 當世 敎에 계승되고 있다.

㊂ 524年(法興王11) 蔚珍 鳳坪里碑(新羅)
以前의 敎에 대한 언급은 봉평리비에서도 찾을 수 있음을 환기시켜두고 싶다.

別敎令, " … 前時, 王 大敎 … "
별도로 敎하여 令하기를 " … 전 시기에, 王께서 크게 敎하시어 … "라 하셨다.

"前時, 王의 大敎"가 當代 혹 當時의 敎 혹 敎令에서 언급되고 있다. 관련

---

[27] 斯羅/喙/斯夫智王, 乃智王, 此二王, 教 用珍而麻村/節居利 爲證尒, 令其得財 教耳. 癸未年 九月 廿五日, 沙喙/至都盧/葛文王, 斯德智/阿干支, 子宿智/居伐干支, 喙/尒夫智/壹干支, 只心智/居伐干支, 本彼/頭腹智/干支, 斯彼/暮斯智/干支, 此七王等, 共論教 用前世二王教 爲證尒, 取財物盡 令節居利得之 教耳. 503年 浦項 冷水里碑】
斯羅의 喙 斯夫智王과 乃智王, 이 두 王께서 敎하시기를 "珍而麻村의 節居利를 證據로 삼는다. 令하여 그로 하여금 財를 얻도록 하라."고 敎하셨다. 계미년(503) 9월 25일, 沙喙의 至都盧 葛文王, 斯德智 阿干支, 子宿智 居伐干支와 喙의 尒夫智 壹干支, 只心智 居伐干支, 本彼의 頭腹智 干支, 斯彼의 暮斯智 干支, 이 7王等이 함께 논하여 교하기를 "전세 2왕의 敎를 증거로 삼는다. 재물을 취함에 다 令하여 節居利로 하여금 얻도록 하라."고 교하다.

자료의 실체는 다음과 같다.

甲辰年 正月 十五日,
喙部/牟卽智/寐錦王, 沙喙部/徙夫智/葛文王, 本波部/▨夫智/干支, 岑喙部/
▨昕智/干支, 沙喙部/而粘智/太阿干支, 吉先智/阿干支, 一毒夫智/一吉干支,
喙/勿力智/一吉干支, 愼宍智/居伐干支, 一夫智/太奈麻, 一尒智/太奈麻, 车
心智/奈麻, 沙喙部/十斯智/奈麻, 悉尒智/奈麻, 等所敎事.
別敎令, "居伐牟羅男弥只 本是奴人. 雖是奴人, 前時, 王 大敎 『法道 俠阼隘
尒, 耶恩城 失火遶城. 我大軍起. 若有者一行 誓之.』人備土尊王太, 奴村負
共値五. 其餘事 種種奴人法." [28]

敎를 내린 주체는 喙部/牟卽智/寐錦王, 沙喙部/徙夫智/葛文王 등 14人으
로, 敎事 후에 다시 別敎令이 있다.

別敎令 "居伐牟羅男弥只 本是奴人. 雖是奴人,
　　前時 王 **大敎**.『法道俠阼隘尒. 耶恩城失火遶城. 我大軍起. 若有者一行
　　誓之』.
　　人備 土尊 王太, 奴村 負 共値五, 其餘事 種種 奴人法."

---

[28] 갑진년(524) 정월 15일, 喙部의 牟卽智 寐錦王, 沙喙部의 徙夫智 葛文王, 本波部의 ▨夫智 干支, 岑喙部의 ▨昕智 干支, 沙喙部의 而粘智 太阿干支, 吉先智 阿干支, 一毒夫智 一吉干支, 喙의 勿力智 一吉干支, 愼宍智 居伐干支, 一夫智 太奈麻, 一尒智 太奈麻, 车心智 奈麻, 沙喙部의 十斯智 奈麻, 悉尒智 奈麻, 등이 敎한 바의 일(것)임. **별도로 敎令하였다.**: "居伐牟羅의 男弥只[촌]은 본래 奴人[촌]이었다. 비록 奴人[촌]이었지만, **前時에 王께서 크게 敎하시기를**『法道가 좁고 계단길이 협소하여서, 耶恩城이 失火되어 城을 휘어감아서, 내가 크게 軍을 일으켰노라. 만약 일이 생기면 하나같이 갈 것을 맹서하라.』고 하셨다. 사람은 갖춰져 있고, 토지는 귀한 것이며, 王은 크다. 奴村의 負는 모두 값이 五로 하고, 그 나머지 일 가지가지는 奴人法으로 한다."

別도로 敎令하였다.: " 居伐牟羅의 男弥只(村)은 본래 奴人(村)이었는데, 비록 奴人(村)이라 하더라도, 前時에 王이 大敎하시어 『法道가 좁아서, 耶恩城이 失火하여 城을 둘러쌓았다. 우리가 크게 軍을 일으켰으니, 만약 일이 생길 경우는 함께할 것을 맹서하라.』고 하셨다. 인민은 갖추고 토지는 존중하며 왕은 크다. 奴村(=노인촌)의 負는 모두 五로 둔다(조처한다). 나머지 일의 여러 가지는 奴人法으로 한다."

敎 이하의 판독과 해석부분에 定案이 없다. 아울러 敎가 어디까지 걸리는가에 대해서도 심화된 논의가 적다. 필자의 판독과 그에 입각한 해석이 위와 같다. 역시 이전의 敎에 근거하여 지금 敎를 내리고 있다. 前時란 것이 지금 왕 代인지, 이전 왕 代인지는 판단이 필요하다. 냉수리비에서 이전 세대의 王을 가리킬 때 "前世"라는 용어를 쓴 것, 이어 王이 지칭되고 있는 것을 보면, 牟卽智/寐錦王 당대의 이전을 가리키는 것이 아닌가 한다. 아울러 그 前時 王 大敎가 어디까지 걸리는지 불분명하지만, 종결사 之를 중시하여 거기까지 표점한다. 一行은 기본적으로 몇 가지 뜻이 있는데,[29] 여기서는 同行이 알맞아 보인다. 같은 맥락에서 一行은 글자 그대로 "하나가 되어 간다" 즉 "함께 간다"로 풀어도 무방해보인다. 有者도 몇 가지 뜻이 있지만 여기서는 "일이 있게 되면"으로 풀어 유사시를 의미하는 것으로 파악하고자 한다. 이에 若有者一行는 "유사시에는 함께 한다"고 해석해둔다.

居伐牟羅男弥只 本是奴人. 雖是奴人, 란 대목은 "거벌모라의 남미지촌이 노인촌인데, 노인촌이긴 하지만"으로 읽히기 때문에, 그 뒤에 반전의 대목이 와야 마땅하다. 즉 노인촌이지만 노인촌과는 다른 대우, 책임에 관한 내용이 옴직하다. 마지막 대목에 其餘事種種奴人法은 "其餘事 種種奴人法." 혹은 "其

---

29 "同行이거나 함께 일하는 사람", "혼자 간다 즉 獨行", "한 줄": 半嶺殘陽銜樹落, 一行斜雁向人來.(唐 . 李群玉〈九日〉詩) : 一行人眾, 數百人馬, 接著車駕, 君臣皆哭. 『三國演義. 第三回』.

餘事種種 奴人法"의 두 가지 표점이 가능해보인다. 奴村은 奴人村과 동의어로 볼 수 있고, 負는 592년경 작성된 함안 성산산성 목간에도 보이는데, 짐, 부담(할당)의 의미로 쓰이고 있다. 値는 "-에 값에 해당하다,-에 조처하다"로 쓰인다.[30] 이를 참작하여 아래와 같이 표점하고 해석해둔다.[31]

奴村　負　　共値 五,
　　其餘事種種　　奴人法.
奴村은 부담[負]은 모두 5로 조처하고[共値五] 나머지 일 여러 가지는 奴人
法으로 조처한다.

즉 거벌모라의 남미지촌은 노인 즉 노인촌, 노촌이므로, 奴人法 즉 아마도 奴村法에 적용을 받아야 하는데, 前時의 教에 따라, 예외적인 규정을 두며, 그것이 첫째는 유사시에 함께 출동하는 것이었고, 둘째는 負의 共値 즉 總價를 "五"로 한 것이었다고 해석할 수 있다. 그 나머지 일(들) 여러 가지는 奴人法을 적용한다는 것은 역설적으로 몇 가지 즉 그 앞 서술부분은 奴人法에 적용을 받지 않는다는 내용으로 이해되야 할 것이다.

울진봉평비에 보이는 "(가)-誓之(-토록 맹서하라)"'"(나)其餘事種種奴人法(그 나머지 일은 가지지 노인법(과 같이 한다/하라)"는 秦漢代 법령문과 분위기가 비슷하다. 일례로 嶽麓書院藏秦簡에는 법령에 "其-(者) -許之(-한 경우는 - 토록 허락한다/하라)"는 문장이 있다(자료1). 법령의 끝이 之로 끝나는

30　値에는 조처한다는 뜻이 있다. : 値,措也.『說文』.
31　이상의 봉평비에 대한 판독과 해석은 미공간 발표문, 이용현,「울진 봉평비의 재검토」『6세기 신라의 석비』(국립경주박물관 신라학 학술대회 발표문, 2018)을 바탕으로 하였다. ; 기왕에 학계의 판독 사정은 강종훈,「울진봉평신라비의 재검토」『東方學志』148(연세대학교 국학연구원, 2010), pp.4-36.에 상세하다. 관련 연구 성과 소개를 여기서는 생략한다.

데, 이 점 봉평비 (가)와 닮았으며, 조항 시작 부분은 其로 한정되는데, 이점 봉평비 (나)가 같은 분위기다. 它如令 즉 "여타 경우는 법령과 같이 한다/법령대로 한다."는 문구도 빈출하는데, 이 역시 (나)과 같다.[32] 법령에 쓰인 "-之"는 거슬러 올라가 앞장에서 예시한 고구려 비의 예에서도 같은 것을 이야기할 수 있다. 변형이 이뤄지긴 했지만, 중국에서 고구려로, 고구려에서 신라로 법령조항 서식 문화의 전파와 영향을 살필 수 있다.(#)

2. 敎 발령과 처벌 규정 付記

앞서 살펴본 광개토왕비의 敎에서는 내용을 발포하고 마지막에 制로써 처벌규정을 두었음을 살펴 보았다. 신라 6세기 초 石碑의 敎 말미에도 반드시 처벌 규정이 부가되고 있다. 이것을 유념하여 살펴보자.

□ 524年(法興王11) 蔚珍 鳳坪里碑(新羅)
울진 봉평리비는 敎事碑다. 所敎事가 있고, 別敎令을 내린 후, 불이행 시 처벌 규정이 다음과 같이 보인다.

于時敎之. 若此者, 獲罪於天.

---

[32] 1 自今以來, 吏及黔首有貲贖萬錢以下而謁解爵一級以除, 及當爲疾死、死事者後謁毋受爵以除貲贖, 皆許之. 其所【除】貲贖過萬錢而謁益解爵 毋受爵者, 亦許之. (025/0378‐026/0581)：2 它如令.(034/0377) [陳松長 主編,『嶽麓書院藏秦簡(柒)』, 上海辭書出版社, 2022]
자료는 경북대인문학술원 HK+사업단 악록진간강독반에서 교시를 받았다. 특히 김진우 선생님께 감사드린다.

이에 教하셨다. 만약 이와 같다면, 하늘로부터 죄를 얻을 것이다.[33]

비문에서 教事碑다. 所教事가 있고, 別教令을 내린 후, 불이행 시 처벌 규정이 다음과 같이 보인다. 若此者의 此가 무엇을 가리킬지는 모호한데, 내린 바의 教令을 이행하지 않는 것을 지칭하는 것으로 보인다. 마지막에 教를 내린 사실과 함께 관련하여 이행치 않으면 하늘로부터 죄를 얻을 것이라는 문구를 집어넣어 맺었다.

三 503年 浦項 冷水里碑와 501년 浦項 中成里碑

포항 냉수리비는 敎令碑라 할 수 있으며 모두 4개의 敎가 보인다. 敎(敎2)-別敎(敎3)-別敎(敎4) 로 구성되어 있는데, 이러한 3개의 敎 앞에 先代의 敎(敎1)가 언급되고 그것에 근거하여 敎가 발령된다. 敎 안에는 令이 들어 있

---

33   甲辰年 正月 十五日,
     喙部/牟卽智/寐錦王, 沙喙部/徙夫智/葛文王, 本波部/▨夫智/干支, 岑喙部/▨昕智/
     干支, … 沙喙部/十斯智/奈麻, 悉尒智/奈麻, 等所教事.
     別教令, "居伐牟羅男弥只 本是奴人. … 其餘事種種奴人法."
     新羅六部, 煞斑牛 詛評 教事. …
     立石碑人 : 喙部/博士,
     于時教之. 若此者, 獲罪於天.
     居伐牟羅/異知巴/下干支, 辛日智/一尺, 世中字三百九十八.
     甲辰年 정월 15일, 喙部의 牟卽智 寐錦王, 沙喙部의 徙夫智 葛文王, 本波部의 ▨夫智 干支, 岑喙部의 ▨昕智 干支, … 沙喙部의 十斯智 奈麻, 悉尒智 奈麻, 等이 教한 바의 일(이다/임). 별도로 敎令하기를 "居伐牟羅의 男弥只(촌)은 본래 奴人(촌)이었는데. … 그 나머지 일은 여러 가지 奴人法으로 한다." 新羅 六部가 斑牛를 희생을 잡아 맹세하고 평하며 教한 일(이다/임). … 立石碑人은 喙部/博士. 이에 教하다. 이와 같은 자는 하늘로부터 죄를 얻을 것이다. 居伐牟羅의 異知巴 下干支와 辛日智 一尺. 세상에 [알린] 글자는 397자.

다.(敎1, 敎2, 敎3) 마지막에 처벌규정이 언급되고 있다. 그것이 별도의 敎로 설정되어 있는 것이 특징적이다.(敎4) 아래와 같다.

> 別敎, 末鄒·斯申支, 此二人, 後莫更噵此財, 若更噵者, 敎其重罪耳.
> 별도로 敎를 내리기를, "末鄒와 斯申支, 이 두 사람은 후에 다시는 이 財에 대해 이의를 제기하지 마라. 만약 다시 이의를 제기하면, 重罪를 敎할 것이다."라 하였다.

포항 중성리비 역시 敎令碑다. 1개의 敎에 이어 세부 명령같은 令이 발령되었다. 비문 말미에 다음과 같이 처벌 규정이 부가되었다.[34]

> 若後世更噵人者 与重罪. 만약 후세에 다시 이의를 제기하는 사람은 重罪를 줄 것이다.

兩碑의 처벌 규정은 매우 닮아 있다. 밑줄은 상호 같은 단어들이다.

若後世　　　　**更噵人者**,　　　与 **重罪**.　　　[포항 중성리비]
　後　莫 **更噵**此財, **若**更噵 者,　　　敎其**重罪**耳.　　[포항 냉수리비]

34　중성리비와 냉수리비에 대한 분석은 필자의 기존 성과를 저본으로 하였다. 이용현, 「중성리비의 기초적 검토-냉수리비,봉평비와의 비교적 시점」『考古學志』17(국립중앙박물관, 2011).：이용현, 「律令 제정 전후의 新羅 官等」『목간과 문자』15(국립중앙박물관, 2015).

3. 〈敎-節敎〉양식과 매듭〈之〉

충주고구려비에서 敎 4건이 〈敎-節敎〉의 형식 1組로 2群으로 발령된 것을 보았다. 이렇듯, 비석 안에서 여러 개의 敎를 群集해 발령하는 예는 503년 포항 냉수리비에 보인다. 포항 냉수리비에는 동시 발령된 3개의 敎가 보이며, 〈敎-別敎-別敎〉의 양식으로 발령되었다. 또 단양 적성비에서는 〈敎事-節敎事〉의 양식을 보이는데, 이는 충주고구려비에 보이는 〈敎-節敎〉 양식의 後身으로 보인다.

▲551年(眞興王12), 545年(眞興王6)以前, 550年(眞興王11)說 丹陽 赤城碑
▨▨▨▨▨月中,
王**敎事**.: 大衆等. ①喙部/伊史夫智/伊干▨, ②▨▨▨▨豆弥智/彼珎干支, ③喙部/西夫叱智/大阿干▨, ④▨▨▨夫智/大阿干支, ⑤內礼夫智/大阿干支, ⑥高頭林城/在軍主等, ⑦喙部/比次夫智/阿干支, ⑧沙喙部/武力智/阿干支, ⑨鄒文村幢主/沙喙部/噵設智/及干支, ⑩勿思伐▨▨▨▨/喙部/助黑夫智/及干支.
節敎事.: 赤城 也尒次 ▨▨▨▨▨中 作善庸懷懃力使死人, 是以後, 其妻三▨
▨▨▨▨▨▨▨許利之. 四年·少女, 師文▨▨▨▨▨▨▨, 公兄
鄒文村/▨珎婁 下干支, ▨▨▨▨▨者, 更赤城烟去使之. 後者 公▨
▨▨▨▨▨異葉耶, 國法中分与, 雖然 伊▨▨▨▨▨▨·子, 刀
只·小女, 烏礼兮 撰干支, ▨▨▨▨▨▨使法赤城佃舍法爲之. 別官賜
▨▨▨▨▨弗兮·女, 道豆只, 又悅利巴·小子, 刀羅兮▨▨▨▨, 合五人**之**.

앞서 고구려 자료에서, 충주고구려비, 광개토왕비와 모두루묘지명 모두가 敎 말미를 之로 종결하고 있다. 그러한 모습은 신라 碑에서도 보인다.

▲충주고구려비
永樂七年 歲在丁酉 五月中, 高麗太王 (중략) 敎…([敎1]),節敎…([敎2]),
敎…[敎3],節敎…之.[敎4]. 十二月卄七日庚寅 (중략) 敎…之.(하략)

모두루묘지에서 보이는 3번째 敎자의 "敎之."도 이 부류일 가능성이 짙다. 신라 자료에서도 〈敎…之.〉의 모습이 524년 이후 보인다. 봉평비에도 "于時敎之."로 보이고, 위에서 예시한 단양적성비에도 "節敎事. : …之."가 보인다. 다만, 이보다 앞선 503년 냉수리비에서는 敎의 종결사로서 耳가 多用되고 있고, 그보다 앞선 501년 중성리비에서는 종결사가 전혀 사용되고 있지 않다.

"其餘事 - 法"과 "-之"와 중국 법령 서식과의 연관성은 앞서 서술한 바 있다.

4. 敎 발령자의 相異

고구려의 敎 발령자는 당연히 國王이다. '高麗太王'(충주고구려비), '國罡上廣開土境好太王'(광개토왕비), '祖王先王'(광개토왕비) 등이다. 이에 비해 신라 6세기 초기의 敎는 국왕 뿐 아니라 지배자 집단에 의해 이뤄지고 있다.

> 501년 포항 중성리비
> 沙喙/只折盧/葛文王, 喙部/習智/阿干支, 沙喙/斯德智/阿干支 敎.
> 지절로 갈문왕 등 탁부와 사탁부의 고위관 2인 등 총 3인
>
> 503년 포항 냉수리비
> 沙喙/至都盧/葛文王, 斯德智/阿干支, 子宿智/居伐干支, 喙/尒夫智/壹干支, 只心智/居伐干支,
> 本彼/頭腹智/干支, 斯彼/暮斯智/干支, 此七王等, 共論敎.
> 지도로 갈문왕 등 탁부와 사탁부의 고위관 4인, 본파부와 사피부의 장 각 1인 등 총 7인
>
> 524년 울진 봉평리비
> 喙部/牟卽智/寐錦王, 沙喙部/徙夫智/葛文王, 本波部/▨夫智/干支, 岑喙部/▨昕智/干支,
> 沙喙部/而粘智/太阿干支, 吉先智/阿干支, 一毒夫智/一吉干支, 喙/勿力智/一吉干支,

   愼宍智/居伐干支, 一夫智/太奈麻, 一尒智/太奈麻, 车心智/奈麻,
   沙喙部/十斯智/奈麻,
   悉尒智/奈麻, 等所教事.
    매금왕과 갈문왕, 탁부와 사탁부의 고위관 10인, 본파부와 잠탁
    부의 장 각 1인 등 총 14인
  6세기 중엽전후 단양 적성비
   王敎事.   국왕 1인

  敎를 내리는 주체는, 501년의 敎에서는 지절로 갈문왕 등 탁부와 사탁부의 고위관 2인 등 총 3인, 503년의 敎에서는 지도로 갈문왕 등 탁부와 사탁부의 고위관 4인, 본파부와 사피부의 장 각 1인 등 총 7인, 524년의 敎에서는 매금왕과 갈문왕, 탁부와 사탁부의 고위관 10인, 본파부와 잠탁부의 장 각 1인 등 총 14인이다. 敎의 주체가 국왕 1인이 되는 것은 6세기 중엽경의 단양 적성비에 이르러서다. 이렇듯 6세기 1사분기에 敎의 주체가 복수인으로 집단이었던 것은 신라의 지배체제 구성과 연관되는 것으로, 그에서 기인하는 것으로 보인다.

  敎令의 주체는, 漢代에는 縣令이 少數있었지만, 郡太守가 대부분이었다. 三國時代이후에는 州刺史가 급증했다. 漢六朝에서는 郡과 州를 중심으로 한 지역에서 敎戒적인 것과 함께 구체적인 法規 등 다양한 敎令이 지방장관의 裁量 속에서 발포되었다. 이는 郡縣制의 成熟과 짝하는 것인데, 율령에는 없는 細則이나 律令詔勅을 보완하는 역할을 담당한 것으로 분석되고 있다.[35] 한편 이는 동시대 혹은 과거 장관의 치적과 敎令이 역사적 기억이 되어 그들의 의

---

35 佐藤達朗,「漢六朝の地方的教令について」『漢六朝の制度と文化・社会』(京都大学学術出版会,2021).p.301.

식을 지배하고 있었다고 한다.36

5. 教에 앞선 보고 白

漢代에는 候官內의 장관과 속료 사이에서 보고와 명령이 이뤄지고 있었는데, 속료의 上申 "白"·"奏"에 대해, 장관이 "教"·"諾"으로 지시와 승낙을 주는 형식을 취하였다.37 三國時代와 그 이후 六朝時代에도 대체로 같은 흐름이었는데, 삼국시대에는 담당관사에서 "白"으로 提案하면, 太守는 보통은 제안을 그대로 承諾하였으나, 경우에 따라 教로 그것을 修正하여 命하기도 했다.38

신라의 포항 중성리비는 그러한 형식을 담고 있다. B가 속료 즉 대신들의 "白"을 기록한 것이고, A·C는 이에 대한 장관 즉 國王權의 "教""령"을 기록한 것이다.

A 辛巳 沙喙/只折盧/葛文王…, 喙部/習智/阿干支, 沙喙/斯德智/阿干支 **教**.
B 沙喙/尒抽智/奈麻, 喙部/卒智/奈麻, 本牟子39 喙/沙利, 夷斯利 **白**…

---

36 佐藤達朗, 같은 논문, p.302.

37 佐藤達朗, 같은 논문, p.318. : 佐藤達朗는 주로 漢簡의 사례 분석을 통해 그렇게 결론지었다.

38 佐藤達朗, 같은 논문, pp.343-344. : 佐藤達朗는 『三國志』 王觀傳 등 삼국지의 자료를 중심으로 분석하였다.

39 武田幸男는 本牟子와 喙를 붙여 표점하여 "本牟子喙"라는 부의 하나로 인식하였다. (武田幸男, 「浦項中成里碑の研究」 『新羅中古期の史的研究』(勉誠出版, 2020),p.139.) 이제까지 그와 같은 의견은 없었던 것으로 안다. 서식상으로 보면 일리가 있는 안이어서, 족히 고려해야할 것으로 생각된다.

C 世令 于 居伐/壹斯利, 蘇豆古利村/仇鄒列支/干支, 沸竹休/壹金知,
那音支村/卜岳/干支, 走斤/壹金知,
珍伐/壹昔 云, "豆智沙干支宮, 日夫智宮奪尒, 今更還."

501년 浦項 中成里碑(신라)

초기 신라의 敎관련 碑 가운데서도, 白이 언급된 것은 중성리비가 유일하다. 이후에는 白 관련 기록이 敎碑에 기록되지는 않는다. 이는 선행하는 광개토왕비나 충주고구려비 같은 고구려비에서도 白 즉 속료의 보고 내용은 기록되지 않았다. 이 점은 중성리비의 특성이라고도 볼 수 있지만, 중성리비 단계에서 敎의 발령에 앞서 속료의 보고가 있었다는 사실은 중요하다. 비록 고구려나 신라의 다른 碑의 사례에서 白이 드러나지 않는다 하더라도, 敎에 앞서 속료의 보고 행위가 이뤄지고 있었을 것임을 시사한다. 요컨대 고구려 역시 고대 중국이나 신라와 마찬가지로 敎의 발포가 이뤄지기 전에 국왕의 속료가 국왕에게 보고 白을 올리는 절차가 있었을 것으로 추정할 수 있다.

V 맺음말을 대신하여

이상에서 충주고구려비, 광개토왕비와 모두루묘지에 보이는 고구려 敎의 분석을 통해, 그리고 중성리비 등 중고 초기 신라 비석에 보이는 敎의 비교를 거쳐 다음과 같은 사실을 검출해낼 수 있었다고 생각한다.

첫째, 고구려 敎 발령의 주체는 국왕 1인이었다. 이는 敎의 발령 주체가 諸侯王이었던 고대 중국, 그리고 국왕을 포함한 집단이었던 중고 초 신라와 비교할 때 특징이라 할 수 있다. 둘째, 고구려는 敎를 발령할 때, 관련사항에서는 先代, 先王의 敎를 중시하였다. 이에 當代에 敎 발령 시, 先王,祖王의 敎를 참작하여 認容繼受하거나 變容改修하였다. 當代 敎의 발령함에 그 근거는 항상 이전 敎였다. 셋째, 고구려의 敎 발령에 있어서, 〈敎-節敎〉로 하여 敎 2건을 1組로 묶어 발령하기도 하였다. 상호간의 연관성을 지니는 건으로서 다시 그 안에서 항목이 분류된 경우에 해당되어 보인다. 넷째, 고구려는 敎 안에 부속세칙 혹 시행강제규정으로서 令이 수반되는 경향이 있었다. 〈敎하여 令 즉 -하게 하다/하노라〉 패턴이었다. 다섯째, 敎 발령 이후부터 違令 시 처벌규정을 포함한 강제 규정은 制의 형식으로 말미에 부가하였다. 敎에 부속된 미이행 시 처벌 규정은 비록 制의 형태는 아니었으나 신라 중고 초기 비석에 계승되었다. 여섯째, 일련의 敎는 말미가 종결사 之로 마무리되는 경향을 보인다. 이는 비단 敎文에만 한정되지 않는 고구려 문자언어 전체적 특성이기도 한데, 같은 맥락에서 신라 비석 초기 敎文에서도 보인다. 일곱째, 여러 측면에서 고구려 비석과 신라 초기 비석의 비교를 통해, 고구려의 敎 양식은 新羅에 영향을 주었다고 결론지을 수 있다. 초기 신라의 敎라 할 수 있는 6세기 1사분기 신라의 敎에는 先王 혹 前時의 敎를 引用하여 존중하였다. 또 〈敎-節敎〉의 서식도 보이며, 敎 말미 처벌규정 隨伴의 현상 등이 그것이다.

마지막으로 敎의 石碑와의 만남에 대해 첨언해두고자 한다. 애초 漢代의 敎令이 관청의 벽에 게시되거나 돌에 새기는 사례가 적지 않았거니와[40] 이는 널리 알리기 위한 것이었다. 5세기 초 越南 陶璜廟碑는 敎가 문자와 함께 屬官에 의해 口頭의 형태로 宣布되고 있었다.[41] 한자문화를 모국어로 사용하지 않는 중국 주변 사회의 특징이기도 하겠거니와 동시에 글을 읽지 못하는 이들에 대한 배려이기도 할 것이다. 같은 속성을 광개토왕비에서도 찾아볼 수 있는데, "敎言""言敎如此"에 주목할 필요가 있다. 敎가 공간은 물론 세대를 건너

---

40   佐藤達朗, 앞 책.

41   Phạm Lê Huy, 앞논문, p.184.

"言"이란 육성으로 음성전달되었던 것이다. 또 敎를 견고한 소재인 돌에 "銘記" 즉 새겨넣음으로써, 雨雪 등 자연환경 속에도 하드웨어가 약화되지 않고 長久한 歲月도 견뎌낼 내구성을 장착하게 되어, "以示後世" 즉 시간을 초월하여 후세까지의 전달도 도모할 수 있었다. 요컨대 敎는 石碑를 만나, 現世·現場의 음성전달및 대면전달을 초월하여 揭示를 목적으로 하는 視覺전달까지 담보하게 되었다. 시간을 초월하여 後世에까지 增幅·反復의 기능까지 갖춤으로써 長期 혹 永續的 大衆傳達을 확보하게 되었다.

석비의 건립지의 공간적 특성은 왕도의 요지, 지역사회, 접경지역 등 중 관아나 군영을 포함하여 정치·사회·교통상의 요지로서, 人波가 雲集하거나 통행량이 많은 弘報에 최적의 곳이었을 것으로 추정된다. 아울러 立碑라는 공사행위와 造形연출을 통해 敎라는 法令의 威力과 국왕, 왕권, 왕실 나아가 국가의 公權力을 국가와 인민에게 강대하게 刻印시켰을 것이다. 석비의 조영은, 書-刻-立이라는 작업을 수반하는 것이었다.[42]

6.39m 높이의 광개토왕비는 멀리서도 눈에 띄는 랜드마크였음에 틀림없어 절대적 可視性을 지녔다. 거기에 기록된 敎를 포함한 내용들은 글자를 읽지 못하는 이들도 소문으로 口傳으로 전해들었을 것이며, 그렇게 입력된 내용들은 石碑가 可視圈內에 들어올 때 마다 떠올리게 되었을 것이다. 아울러 국가와 석비가 존속하는 한, 상징과 想起는 변형을 이뤄가며 이어졌을 것이다. 2.03m 높이의 충주고구려비도 지역사회와 접경지역에서 같은 범주의 상징성

---

42 울진봉평비에는 書人, 刻人으로 추정되는 新人, 入石碑人의 3개 부분 전문가 5인의 존재를 말해준다. "書人 車珍斯利公吉之智, 沙喙部若文吉之智, 新人 喙部述刀小烏帝智, 沙喙部牟利智小烏帝智, 立石碑人 喙部博士." 즉 거대한 돌의 수배와 운반, 정돈, 그리고 작문과 글 쓰는 일, 글을 새기는 일, 기반작업과 건립 작업 등이 수반되었음을 시사한다. 新人은 刻人으로 읽는 견해도 있다. 상세한 분석은 아래 논고 참조: 盧鏞弼,「新羅 中古期 書寫·刻石·立碑 專門家의 分化와 書法·金石學의 發達」『史叢』105(高麗大學校 歷史研究所, 2022).

과 위력을 갖고 있었을 것이다. 견고한 내구성과 상징성을 가진 石碑가 국왕의 최고 명령인 敎의 외형적 연출과 통치의 기재로서 적극활용된 것이다. 고구려의 영향이 지대했을 초기 신라의 석비가 한결같이 敎를 담고 있는 것도 같은 맥락일 것이다.[43]

---

[43] 李鎔賢,「中原高句麗碑와 新羅의 諸碑」『고구려연구』10(고구려연구회, 2000)

참고문헌

1. 사료

[漢典 : https://www.zdic.net/hant/%E9%81%9D]

2. 단행본

국립중앙박물관,『문자 그 이후(전시도록)』(2011).

김창석,『왕권과 법』(지식산업사, 2020).

武田幸男,『高句麗史と東アジア』(岩波書店, 1989).

武田幸男,『新羅中古期の史的研究』(勉誠出版, 2020).

李俊强,『魏晉令制研究』, 吉林大學博士論文(2014).

陳松長 主編,『嶽麓書院藏秦簡(柒)』(上海辭書出版社, 2022)

3. 논문

강종훈,「울진봉평신라비의 재검토」『東方學志』148(연세대학교 국학연구원, 2010).

廣瀨薰雄,「第一章 律令史の時代區分ついて」『秦韓律令研究』(汲古書院, 2010).

권인한,「광개토왕릉비문의 새로운 해석」『목간과 문자』8(한국목간학회, 2011).

김창석,「5세기 이전 고구려의 王命體系와 집안고구려비의 '敎'·'令'」『한국고대사연구』 75(한국고대사학회, 2014),

김창석,「한국 고대 國王文書의 기초 검토-국내용 문서의 사례와 기원-」『목간과 문자』 27(한국목간학회, 2021).

고광의,「충주 고구려비의 판독문 재검토」『한국고대사연구』98(한국고대사학회, 2020).

盧鏞弼,「新羅 中古期 書寫·刻石·立碑 專門家의 分化와 書法·金石學의 發達」『史叢』 105(高麗大學校 歷史研究所, 2022).

武田幸男,「车頭婁一族と高句麗王權」『朝鮮學報』99·100(朝鮮學會, 1981).

武田幸男,「広開土王碑 釈読」『高句麗史と東アジア』(岩波書店, 1989).

武田幸男,「浦項中成里碑の研究」『新羅中古期の史的研究』(勉誠出版, 2020).

浜田耕策,「高句麗広開土王陵碑文の研究-碑文の構造と史臣の筆法をとして」『朝鮮史研究論文集』11(朝鮮史研究会, 1974).

佐藤達朗,「漢六朝の地方的教令について」『東洋史研究』68-4(東洋史研究会, 2010 : 『漢六朝の制度と文化·社会』(京都大学学術出版会,2021)).

양정석,「新羅 公式令의 王命文書樣式 考察」『한국고대사연구』15(한국고대사학회, 1999).

李成市,「古代朝鮮の文字文化」『古代日本文字の来た道』(平川南編; 大修館書店, 2005).

李成市,「漢字受容と文字文化からみた樂浪地域文化」『アジア地域文化学の構築 : 21世紀COEプログラム研究集成』(早稲田大学アジア地域文化エンハンシング研究センター-. 雄山閣, 2006).

이성시,「광개토왕비의 건립목적에 관한 시론」, 『한국고대사연구』50(한국고대사학회, 2008).

李鎔賢,「中原高句麗碑와 新羅의 諸碑」『고구려연구』10(고구려연구회, 2000)

이용현,「중성리비의 기초적 검토-냉수리비,봉평비와의 비교적 시점」『考古學志』17(국립중앙박물관, 2011).

이용현,「律令 제정 전후의 新羅 官等」『목간과 문자』15(국립중앙박물관, 2015).

이용현,「울진 봉평비의 재검토」『6세기 신라의 석비』(국립경주박물관 신라학 학술대회 발표문, 2018).

李鎔賢,「忠州 高句麗碑 '忌'·'共'의 재해석」『한국사학보』80(고려사학회, 2020)

이재환,「'永樂 7年' 판독에 기반한〈충주 고구려비〉의 내용 검토와 충주 지역의 接境性」『목간과 문자』27(한국목간학회, 2021).

李弘稙,「延壽在銘 新羅 銀合杅에 대한 一·二의 考察」『韓國古代史의 研究』(新丘文化社, 1971).

林炳德,「『嶽麓秦簡』과 中國古代法制史의 諸問題」『法史學研究』58(법사학연구회, 2016).

정구복, 「'집안 고구려비'의 진위론」『한국고대사탐구』18(한국고대사탐구학회, 2014).

鄭雲龍, 「中原高句麗碑의 建立 年代」『白山學報』76(白山學會, 2006).

中村裕一, 「序說 王言の種類と制勅字」『隋唐王言の研究』(汲古書院, 2010).

Phạm Lê Huy, 「베트남의 10세기 이전 石碑에 대하여-새롭게 발견된 陶璜廟碑를 중심으로-」『목간과 문자』18(한국목간학회, 2017).

홍승우, 「〈集安高句麗碑〉에 나타난 高句麗 律令의 형식과 守墓制」『한국고대사연구』72(한국고대사학회, 2013).

홍승우, 「고구려 율령의 형식과 제정방식--〈광개토왕비〉와 〈집안고구려비〉의 사례 분석-」『목간과 문자』16(한국목간학회, 2016).

4. 기타

川尻 秋生, 「日本の「御教書」と東アジアの「教書」-東アジア古文書学の構築に向けて-」일본사학회 월례발표회 발표문:(일본사학회, 2019.5.18.).

李鎔賢, 「川尻秋生 先生님의 講演에 對한 코멘트 : 韓國史의 觀點」일본사학회 월례발표회 토론문.(일본사학회, 2019.5.18.).

#03

肩水金關漢簡 중 특수 重文부호 해독 문제[1]

•

리훙차이(李洪財)

(중국 湖南大學 嶽麓書院 교수)

출토문헌의 부호는 문헌 해독과 文意를 이해하는 데 매우 중요하기 때문에, 출토문헌의 부호를 전문적으로 다루는 글도 적지 않다.[2] 연구를 통해 출토문헌 중 다수의 부호 표의는 이미 기본적으로 명확해졌다. 현재 문제는 주로 일부 부호의 원류와 개별 사례의 해독에 집중한다. 예를 들어 龔元華의 《重文符

1　본문은 國家社會科學 기금의 후기 지원 프로그램인 "肩水金關漢簡校釋"(21FZSB031)의 단계별 연구 성과이다. "古文字와 中華문명 전승 발전 프로젝트" 항목 "漢代 간독 草書 정리 연구 및 데이터베이스 구축"(G3446) 단계 성과.

2　관련 저작으로는 張玉春:《秦漢標点述論》,『古籍整理研究學刊』, 1986년 第1期; 譚步云:《出土文獻所見古漢語標点符號探討》,『中山大學學報(社會科學版)』1996년 第3期; 管錫華:《古代標点符号發展史論綱》,『古漢語研究』1997년 第2期; 蔣莉:《楚秦漢簡標点符號初探》, 四川師範大學碩士學位論文, 2004; 程鵬萬,『簡牘帛書格式研究』, 上海古籍出版社, 2017. 등이 있다.

號與近代漢字的簡省演變》[3]에서는 중문부호와 문자의 발전 관계를 토론하였고, 張涌泉은《重文號和"之"字訛混廣例》[4]에서 중문부호와 "之"의 혼용 현상 등을 논의하였다. 한간에서 부호의 표의는 이미 상대적으로 고정되어 있고 사용도 비교적 규범적이어서 일반적으로 해독의 모호함이 생기지 않지만, 그렇다고 해서 한간 부호의 해독에 문제가 없다는 뜻은 아니다. 최근 몇 년 동안 많은 글에서 한간의 부호 문제가 논의되었는데, 예를 들어 李洁琼[5]·暨慧琳·劉釗[6] 등이 모두 관련 문제를 논의하였다. 최근 西北漢簡을 볼 때도 많은 한간 부호의 해독 문제를 발견하였는데, 흔히 볼 수 있는 부호도 적지 않았지만 표의에 대한 이해는 조금 더 고려해 볼 만하다.

중문부호란 문장에 중복된 글자 또는 단어를 대체하는 생략 부호를 가리킨다. 한간에서 중문부호는 주로 중복된 글자의 오른쪽 하단에 "="라고 써서 이 글자가 중복되었음을 나타낸다. 그러나 일부 특수한 한간은 읽는 법과 쓰는 법이 모두 이처럼 간단하지 않다. 본문은 바로 견수금관한간을 주요 재료로 삼고, 그 중 중문부호를 중점으로 하여 한간의 특수한 중문부호의 해독·서사법 등의 문제를 논하고자 한다. 이하 인용문들은 모두《肩水金關漢簡(壹-伍)》[7]에서 인용한 것으로, 원래 정리자의 해석문에는 구두점을 붙이지 않았다. 이해의 편의를 위해 아래에 열거된 예문들은 모두 문장마다 구두점을 찍었고, 괄호로 破讀 또는 이체자를 표시하였으며, 卷次에 간 번호를 붙여 출처를 표시하였고, 일일이 페이지 번호를 명시하지 않는다. 동시에 간 번호는 "73EJ"를 모두 생략하고 Ⅰ·Ⅱ·Ⅲ……로 난수를 나타내었으며 ⅰ·ⅱ·

3　龔元華,《重文符號與近代漢字的簡省演變》,『古漢語研究』2021년 第1期.
4　張涌泉,《重文號和"之"字訛混廣例》,『語文研究』2015년 第4期.
5　李洁琼:《西北漢簡文字考釋二則》,『古漢語研究』2020년 第2期.
6　暨慧琳·劉釗:《先秦多重重文表達法及相關問題探略》,『古漢語研究』2021년 第3期.
7　甘肅簡版保護研究中心:《肩水金關漢簡(壹-伍)》, 中西書局, 2012-2016.

iii……로 행수를 나타내었고, 특수한 석문은 주석의 형식으로 설명한다. 지면을 아끼기 위해 일부 간문은 관련 부분만 발췌하였다. 글에서 말하는 중문부호의 일부는 중문부호를 의미하는 것은 아니지만 서사 형식은 중문부호와 차이가 없으므로, 이 글에서는 잠시 중문부호라고 통칭한다.

I 특수한 表義의 중문부호

1. 쉼표 역할을 나타내는 중문부호

1. ☑ ……, 年卅一=二歲, 長七尺一ㄴ二寸, 大壯, 赤色, 去時衣綺復襜褕, 縑單襜褕.(肩叁 T30:94A)

☑ ……騂牡馬, 大婢恩御恩, 年十**五**=**六**歲.(肩叁 T30:94B)

이 간의 앞면과 뒷면에는 모두 "="이 나타나 있는데, 원 도판에서는 그림 1·그림 2로 구별하였다. 같은 상황이 간에 두 번 나타난 것은 이것이 우연의 오기가 아님을 설명한다. 서사법으로 보면 한간의 중문부호와 다를 바 없다. 그러나 간문의 내용을 볼 때 이 두 곳의 "중문부호"는 모두 중문을 나타낼 리가 없으며, 그렇지 않으면 글의 뜻이 잘 통하지 않는다. 문의에 따르면, 앞면의 "卅一=二"의 의미는 41~2이고, 뒷면의 "十**五**=**六**"은 15~6을 의미하는데, 모두 불확실한 묘사이다. 전자의 중문부호는 아마도 위아래로 서사된 "一二"를 "三"으로 오인하기 쉬운 것을 방지하기 위한 것으로, 여기서 중문부호의 역할은 위아래 글자를 구분하여 오인·오독을 방지하기 위한 것이라고 할 수 있다. 그러나 후자는 전자와 약간 다른데, "五"와 "六"은 위아래로 서사해도 오인·오독이 잘 일어나지 않기 때문에, 그것은 단순히 구분을 의미하는 것이 아니라 쉼표를 나타내는 것으로 이해해야 한다.

그런데 문제는 같은 간에 바로 간격을 나타내는 부호가 나오는 것에 있으며, 간문에는 "七尺一 ㄴ二寸"이라 하였고 원래 도판은 그림 3과 같다. 그 중 "ㄴ" 부호는 원 석문에서 "、"라 하였고, 현대의 구두점과 구별할 수 있도록 본문을 수정하였다. 또한 이 부호는 기본적으로 秦簡에서 간격을 나타내는 "鈎識號"의 형식과 일치하여, 석문을 통일하는 편이 낫다.

같은 간에서 간격을 나타내는 鈎識號가 나왔는데, 왜 두 유형의 서로 다른 서사 형식으로 간격을 표시하였을까? 이것 역시 해당 간의 중문부호를 단순한 간격을 나타내는 역할로 이해할 수 없으며, 모두 쉼표 역할로 이해하는 것이 더욱 합리적이라는 것을 설명한다.

이 의문에 우리는 기타 중문부호를 계속 찾아보았는데, 견수금관한간에는 특이한 경우가 많은 것을 발견하였다. 그 중 2매의 간에 있는 중문부호는 1번 자료와 마찬가지로 중문부호가 쉼표를 나타내는 역할이 있다고 설명할 수 있다. 간문은 다음과 같다.

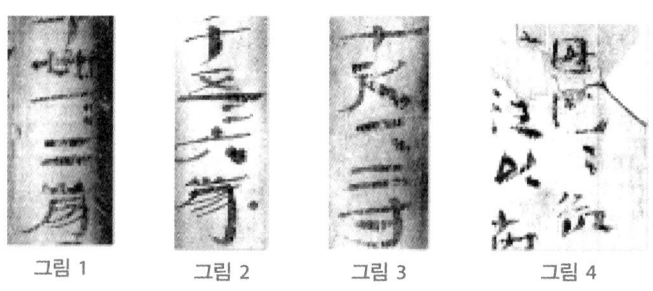

그림 1　　그림 2　　그림 3　　그림 4

2. ☒三＿: 一曰不知織紝, 二曰不爱稼☒ T24:742[8]

8　이 간은 六藝류 典籍 殘簡에 속할 수도 있으며, 그중 "三"·"爱稼"는 원래 모두 석독

3. 孫賞叩頭言: ⅰ 宋巨卿坐前毋恙, 頃久不望見舍中, 起居得毋有它. 先日數累左右, 毋它₌. 欲伏前面相見, 加以新來毋器物, 幸ⅱ巨卿時力過府君行事, 毋它. 欲往, 會病, 心腹丈滿, 甚□□往,⁹ 以故至今請少□詣前. 叩頭. 壹數☒ⅲ

(肩貳T23:359A+807A)¹⁰

2번 자료의 "중문부호"에 대해서는 이미 何茂活이 중문이 아니라 쉼표 역할을 나타낸다고 지적한 바 있다.¹¹ 문의를 보면 이 간의 "三"은 뒷면의 세 조문을 가리키는 것일 수도 있으나, 간문은 결함이 있어 두 조문만 남아 있기 때문에 여기서 "중문부호"의 역할은 오늘날의 콜론(:)에 해당하며, 쉼표 역할을 의미한다고 해도 과언이 아니다. 3번 자료의 간문 정면 두 번째 행의 "它" 뒤에는 중문부호가 나오는데, 그림 4와 같다. 이 부호를 중문으로 해석하면 의미가 상당히 순탄치 않기 때문에, 해당 부호를 중문부호로 취급할 수는 없다. 같은 간에 나오는 "毋它. 欲……"과 대조하여, 잠시 중문부호의 표의를 고려하지 않는다면 "毋它. 欲……"이라는 글귀와 딱 맞아떨어진다. 이 때문에 이곳의 중문부호는 어조를 강조하거나, 쉼표 역할을 나타내었을 것으로 추정된다. 문의와 1·2번 자료를 종합하면, 쉼표 역할을 나타내는 것으로 확정할 수도 있을 것이다.

되지 않았다. 何茂活·劉嬌가 구두점과 함께 해석하였다. 何茂活,《肩水金關第24、31探方所見典籍殘簡綴聯與考釋》,『簡帛研究二〇一五』秋冬卷, 廣西師範大學出版社, 2015년 10월; 劉嬌,《居延漢簡所見六藝諸子類資料輯釋》,『出土文獻與古文字研究』 제7집, 中西書局, 2018에서 상세히 보인다.

9   往: 원래 "注"라 하였으나, 지금 도판과 문의에 따라 고친다.

10 이 간의 원본은 두 매로 나뉘었으나 姚磊가 합친 것이다. 姚磊:《肩水金關漢簡綴合》, 天津古籍出版社, 2021, p.85에 상세히 보인다.

11 何茂活,《肩水金關第24、31探方所見典籍殘簡綴聯與考釋》,『簡帛研究二〇一五』秋冬卷, 廣西師範大學出版社, 2015년 10월.

2. 合文을 나타내는 중문부호

견수금관한간에서는 몇 군데 특수한 표의의 중문부호가 발견되었는데, 문의에 따르면 모두 "言之"로 읽어야 하며, 원 간문은 다음과 같다.

4. 兵任用不任用狀, 刃費随駿或甚, 延叩_頭_(叩頭叩頭), 愿随前, 未**敢言**=(言之). 叩_頭_(叩頭叩頭), 幸甚.(肩伍F3:315B)
5. 幷伏地叩頭言, 賈翁坐前, 谷(欲)見不爲**言**=(言之). 因言☐ (肩伍F3:295A)
6. 韓君孫萬去府, 不多**言**=(言之). 謹道遲明日去, 萬宛君☐☐☐☐必ⅱ(肩貳 T24:10B)
7. 子贛坐前, 見數不**言**=(言之),¹² 自☐☐ (肩肆T37:708B)

4번 자료 중에서 "敢言"부터 말미까지 원간은 그림 5와 같다. 원간의 초사는 비교적 복잡하여 "叩頭" 이후에 "幸甚"이라는 두 글자가 들어가야 할지 확정하기 어렵다. 그러나 言·叩·頭 세 글자 뒤에 모두 중문부호가 있는 것을 확인할 수 있다. "叩頭"의 중문은 표의를 이해하기 쉽지만, "言"을 "言言"으로 읽으면 문의를 이해하기 어렵다. 문의와 흔히 쓰이는 단어인 "敢言之"를 결합하여 "言_"을 "言之"로 읽으면 문의가 대단히 매끄럽다.

5번 자료의 "言_" 원간은 그림 6과 같다. 이 간은 끊어져 있어 문의의 해독에 적지 않은 장애가 되지만, 간문을 보면 이는 서신의 첫머리에 안부를 묻는 내용임을 알 수 있다. 이 간에서 중문부호의 서사 형식은 앞의 몇 가지와는 약간 다르며, 이곳의 중문부호는 草書 형식인데, 이 문제는 後文에서 자세히

---

12 도판에는 원래 "言" 뒤에 "_" 부호가 있었는데, 원 석문에 누락되어 지금 보충한다. "言_"은 응당 "言之"라 읽어야 한다.

설명하기로 한다. 이 간의 중문은 두 가지 상황으로 나누어 설명해야 한다.

첫 번째는 "言=囚="으로, 원래 "言"자의 중문부호 2점을 "言囚"으로 하여 매 글자마다 각각 1점씩 중문을 나타내는데, 초서의 중문부호에 이러한 표기법이 있으며, 자세한 내용은 후문의 표 1과 같다. 그러나 안부를 묻는 문구에 이러한 讀法을 넣어서 이해하기 어렵다. 두 번째는 원 정리자의 석문인 "言="에 따른 해석이다. 그러나 "言言"으로 읽으면 문장의 의미와 맞지 않는다. 4번 자료를 참조하면, 이곳의 "言="도 "言之"로 읽어야 한다. 하지만 "言之"가 이해하기 쉽더라도, 문구에 넣기는 쉽지 않다. 서신의 흔한 격식에 따르면, 4번 자료는 말미에, 5번 자료는 첫머리에서 주로 안부를 묻는 부분에서 나온다. 따라서 양자는 서신 속의 인사말이며, 글자의 표의대로는 충분히 이해할 수 없다. 그렇지 않으면 표면상 겨우 통할 수는 있으나, 위아래의 연결이 잘 맞지 않는다는 느낌이 든다. 예를 들어 4번 자료의 "愿随前, 未敢言之"라는 문구는 표면상으로 보면, 당신의 앞에서 동행하기를 희망하지만 감히 그런 말을 할 수 없다는 것이다. 그러나 실제 표현은 "당신의 면전에서 가만히 있기를 바라고, 감히 마음대로 말할 수 없다."여야하며, 실제로는 자신의 지위를 낮춰 겸양하는 표현이다. 5번 자료의 "欲見不爲言之"도 일종의 인사말로서, 그 문장의 의미는 재차 만나기를 희망하며 많은 말을 하지 않겠다는 것을 표현한다. 양자 모두 글자 그대로 번역하면 충분히 이해할 수 없다.

6번 자료에 나오는 "言="의 원래 도판은 ☒이며, "云="으로 석독하였다. 서북한간 중 言·云은 형태가 비슷하여 혼동하기 쉬운데, 예를 들면 肩壹T4:142의 ☒、·肩壹T4:130의 ☒·肩壹T10:120A의 ☒과 같은 "言"은 모두 "敢言之"에서 나와 다른 해석의 가능성은 없지만, 글자 형태는 "云"과 매우 유사하며, 이 간의 자형 서사법과도 대체로 같다. 따라서 言·云을 석독할 때는 문의가 매끄러운 기준을 우선해야 한다. 4·5번 자료와 대조해 보면 ☒은 응당 "言="으로 고쳐야 하며, "言之"로 해석해야 한다는 것을 알 수 있다. 표의는 5번 자료의 "不爲言之"와 비슷하며, 대체로 "더 이상 말하지 않겠다."는 표현일

그림 5 그림 6 그림 7

것이다. 7번 자료 "言_"의 원본 도판은 이며, 원 정리자는 석문에서 "_"을 누락하였는데, 보충해야 한다. 이곳의 "言_"은 분명히 4·5·6번 자료와 같은 방법으로 읽어야 하고, "言之"로 읽어야 한다.

이상 4·5·6·7번 자료 4가지 예의 특수한 읽는 방법의 중문부호는 모두 서신에 등장하며, 이미 당시의 서신에서 습관적인 서사법이 되었다. 이는 우리가 앞으로 문헌 자료를 해독할 수 있도록 새로운 인식과 새로운 관용어의 예를 제공한다. 이처럼 특수한 중문부호는 근원을 거슬러 올라가면 先秦의 合文이나 생략부호의 잔재로도 볼 수 있다. 선진의 출토 문헌에는 많은 고정어가 한 글자만 쓰고 다른 한 글자는 중문부호와 유사하게 표현되는데, 예를 들면 "聖人"을 郭店簡《尊德義》6간에서 "聖_"으로 썼고, 睡虎地秦簡《傳食律》 179간에서는 "大夫"를 "大_"로 썼다. 따라서 엄밀히 말하면 4·5·6·7번 자료에서 중문부호라고 하는 것은 사실 각각의 표의의 역할에 따라 合文 또는 생략부호라고 해야 한다.

3. 기타 表義가 불명확한 중문부호

이상 대체적으로 표의가 명확한 두 유형의 특수 중문부호 이외에, 일부 중문을 나타내지 않거나, 표의를 알 수 없는 중문부호도 있다.

8. 外人叩頭[13]郭長卿: 君遣外人送菜(槿), 外人失[14]不喪橄, 叩頭. 唯**長=卿**=[15]厚恩.(肩壹T9:103A)

9. ☒孫當從居延來, 唯**卿=**張護成當責會水津吏胡稚卿,(肩貳T21:176)

10. ☒且自爱**而=已=**. 叩**_頭_**(叩頭叩頭), 幸甚. 夫古傳 i ☒□□□□母処□□□ ii(肩貳T23:861B)

11. □□□計行省持來不**可=已=** (肩貳T23:954B+526B)[16]

12. 出麋小石五六斗, 史田卿乘張掖傳馬二匹, 往來五日食積十五匹=(匹, 匹) **食=**四斗.(肩壹T10:78)

이상의 8번 자료 중 "長_卿_"이라는 중문부호의 원간은 그림 7과 같다. 문의를 보면 이 중문부호도 중복된 글자 그대로 해석할 수 없으며, "唯長卿, 長卿厚恩"이라는 해석은 분명 문의가 매끄럽지 못하다. 중문부호를 빼고 "唯長卿厚恩"이라고 읽으면 글의 의미가 완전해진다. 9번 자료를 예로 들어도 이 문제를 설명할 수 있다. 9번 자료의 "唯卿_"은 그 중문부호가 8번 자료의 상황과 매우 유사하다. "唯卿_"을 "唯卿卿"으로 읽어도 마찬가지로 매끄럽지 않고, 중문부호를 빼고 "唯卿"으로 읽으면 글의 의미도 매우 매끄러워진다. 따라서 8·9번 자료 두 곳의 중문부호는 실제로 작용하지 않고, 강조 대상만 나타낸

---

13 叩頭는 원래 "□親"이라 하였으나 何茂活이 고쳐 석독하였다. 何茂活:《〈肩水金關漢簡(壹)〉釋文訂補》, 復旦大學出土文獻與古文字研究中心網站, 2014년 11월 29일 (http://www.gwz.fudan.edu.cn/Web/Show/2392)에 상세히 보인다.

14 失: 이 글자는 원간의 묵흔이 완전하지 않아, 글자 해석에 오류가 있을 것으로 의심된다.

15 이 중문부호는 원래 누락되었으나 何茂活이 보충하였다.

16 이 간은 姚磊가 결합하였다. 姚磊:《肩水金關漢簡綴合》, 天津古籍出版社, 2021, p.106에 상세히 보인다.

것으로 보인다.

　　10번 자료의 중문부호는 그림 8과 같고, 간문 내용을 따라 "而_已_"의 중문부호를 중복된 글자로 해석하면 문장의 의미가 매끄럽지 않은데, 8·9번 자료의 방법대로 중문을 다루지 않으면 오히려 통한다. 물론 10번 자료의 중문부호는 중문이 연속하는 곳에 있는데, 필사자가 중문이 시작하는 지점을 잘못 잡아 "叩頭幸甚"을 중문으로 하려다가 "而已"로 시작하는 중문부호를 잘못 썼을 가능성도 배제할 수 없다. 11번 자료의 "不可_已_"는 그림 9와 같으며, 이곳에서도 마찬가지로 문의가 매끄럽지 못한 경우가 나타난다. "可已"의 뒤는 이미 공백이며, 원간의 초사가 완전하다면 "可已"로 끝난다. 하지만 "不可已, 可已"는 실제로 이해가 힘든데, "可_已_"의 중문부호를 잘못 적었거나 "不" 뒤에 중문부호를 빠트렸을 것으로 추측된다. "不可已! 不可已!"는 반복적인 문장으로 강조를 표현한 것이다. 이러한 경우는 문헌에서 매우 흔하게 보이는데, 예를 들어 서신 용어 중 "叩頭叩頭"·"幸甚幸甚"·"頓首頓首" 등의 표현은 모두 반복을 통해 강조를 나타내었다. 10·11번 자료의 중문부호는 모두 잘못 표기되었을 가능성이 있는데, 한간에서는 중문부호를 잘못 표기한 경우가 적지 않다. 예를 들어 12번 자료의 중문부호는 원래 그림 10과 같은데, 그 중 "食"의 중문부호는 何茂活이 초사자의 오류라고 지적하였다.[17] 즉, 肩貳T23:68B의 "晏叩_頭"에서 원간의 초사자가 "頭" 뒤의 중문부호를 빠뜨린 것과 같다. 이러한 오기는 秦簡에서도 적지 않은데, 예를 들어 睡虎地秦簡 秦律十八种《效》律 중 173간의 "謁縣_嗇夫_令_"에서 "令"자 뒤의 중문부호는 오기이다. 또한 岳麓秦簡 1167간의 "爲告治_者爲枉事" 중 "者" 뒤의 중문부호가 빠져 있다.

　　중문부호의 오기 문제는 전세 문헌에도 존재하며, 이 방면으로 일찍이 학

17　何茂活:《〈肩水金關漢簡(壹)〉釋文訂補》, 復旦大學出土文獻與古文字研究中心網站, 2014년 11월 29일 (http://www.gwz.fudan.edu.cn/Web/Show/2392).

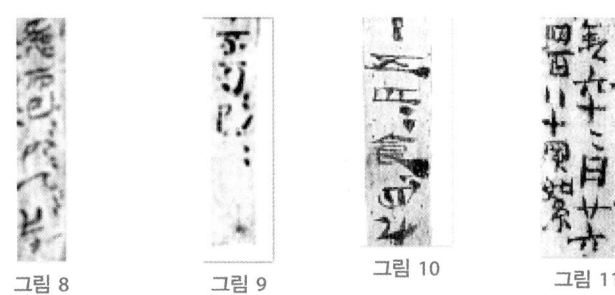

그림 8   그림 9   그림 10   그림 11

자들이 논술한 바 있는데, 때마침 한간 석문 정리에도 이러한 문제가 나오므로 서로 참고할 수 있다. 《後漢書》권16 《鄧騭列傳》: "時遭元二之災, 人士荒飢." 중 "元二"의 해석은 엇갈린다. 唐 李賢의 주에는 "古書字當再讀者, 即于上字之下爲小二字, 言此字當兩度言之."라 하였는데, 그 의미는 "元二"가 "元"의 중문이라는 것이다. 다른 의견으로는 宋洪適의 《隸釋》권4 後漢 桓帝 建和2년 司隸校尉인 楊孟文의 《石門頌跋》에서 "元二者, 蓋爲即位之元年、二年也."라 하였다. "元二"는 元年·2년을 가리킨다는 것이다. 오늘날 사람인 張涌泉은 전자에 찬성하고,[18] 필자도 전자에 찬성한다. 동시에 우리는 한간에서 아주 비슷한 예를 찾아볼 수 있다.

13. 出錢六十₌(十, 十)月廿六日和傷汗.(肩貳T24:6B)

이 간의 "十₌"은 그림11과 같고, 원 정리자는 "十二"라고 석문하였는데, 何茂活은 "十₌"[19]으로 고쳤고 따를 만하다. 여기서 중문부호를 "二"로 해석한 것은 현대 정리자의 잘못이지만, 상게한 전세문헌의 혼용 정황에 매우 가깝기 때문에 이것도 상호 증거의 예 중 하나로 볼 수 있다.

---

18   張涌泉: 《重文號和 "之" 字訛混廣例》, 『語文研究』 2015년 第4期.

19   何茂活: 《〈肩水金關漢簡(貳)〉釋文訂補》, 『敦煌研究』 2018년 第4期.

II 중문부호의 특수한 서사법과 釋錄 정리 문제

중문부호의 서사 기준은 중복 글자의 오른쪽 하단에 짧은 가로획 2개 또는 두 점을 찍는 것이지만, 실제 쓰는 과정에서 모두 서사 기준대로 쓸 수 있는 것은 아니며, 중문부호도 草書로 쓰거나 변형되거나 위치가 일정하지 않은 경우도 있다. 먼저 중문의 초서 형식을 보면 아래 표 1과 같다.

표 1의 각 그림은 모두 "叩頭"와 중문부호의 서사법으로, 1열은 같은 간의 "叩頭" 두 곳 서사법이 일치하는 것을 볼 수 있는데, 모두 첫 번째 글자의 오른쪽 아래에 한 점, 두 번째 글자의 오른쪽 아래에 두 점이다. 2열도 동일한 간에 두 유형의 유사한 서사 정황이 보이며, 두 개의 중문부호는 이미 유사한 반S자형으로 이어져 있다. 3열 첫 번째 줄의 "叩頭"는 첫 번째 글자에 두 점을 찍고, 두 번째 글자에 한 점을 찍었는데, 2행 T23:364A의 중문부호는 위아래 3점을 연속해서 쓴 것으로, 중문부호의 초서 형식으로도 볼 수 있다. 4열은 2열과 같은 형식이지만, 글자마다 중문을 모두 간략화하여 한 점을 찍은 것으로 보인다. 이 4열의 서사법은 중문부호의 초서 또는 생략 형식이다. 엄밀히 말하면 이러한 한 점·3점·중문을 이어쓰는 방법은 모두 표준이 아니지만 이러한 간략한 형식은 文例의 한정으로 인해 誤讀이 생기기 어렵고, 점차 일반적으로 인정하는 형식이 되었으며, 심지어 깔끔하게 서사된 중문부호도 이러

표 1

1	2	3	4
肩壹T7:13A	肩伍F3 : 480A + 282A	肩壹T7:105B	肩伍F3 : 183B
肩壹T7:13B	肩伍F3 : 480B + 282B	肩貳T23 : 364A	肩伍F3 : 315B

한 형식의 영향을 받았다. 예를 들면 다음과 같다.

14. 各羊一匹, 六百五十. Ⅰⅰ各象七尺＿(尺, 尺)十四. Ⅰⅱ完象六尺＿(尺, 尺)十一, Ⅱⅰ各皁丈, 尺十二, Ⅱⅱ完青丈七尺半, 尺十三, Ⅱⅰ綈[20]三尺＿(尺, 尺)十, Ⅲⅰ·凡直(値)千一百卅一. Ⅲⅱ(肩參T32:10)

이 간은 그림 12처럼 "＿" 부호가 3번 나온다. 문의에 따르면 이들 "＿"는 모두 중문을 나타내며, "每尺"으로 읽어야 한다. 예를 들어 "完象六尺＿(尺, 尺)十一"의 표의는 "完象六尺, 每尺十一錢."이다. 이러한 중문부호를 간략화한 "＿"의 형식은 표 1에서 중문을 한 점으로 간략화한 형식과 대응하여 볼 수 있으므로, 중문은 반드시 "="를 쓴다고 할 수 없다. 또한 중문을 더 대충 쓰는 경우도 있는데, 예를 들어 견수금관한간 F3:212B간에는 그림 13·14처럼 "叩頭"가 두 번 나왔고, 견수금관한간 F3:353간에서는 그림 15와 같이 3곳에 모두 중문부호를 사용하였으나 매우 졸속하게 썼다. 이렇게 석문을 정리할 때 중문부호를 대충 쓰는 것을 유의하지 않는다면 석문 문제를 일으킬 수 있다. 예를 들면 다음과 같다.

15. 以食護府卒史丁卿傳馬二匹, 往來五日積十匹＿(匹, 匹)(肩壹T10:175+160[21])

---

20 綈의 원 도판은 [도판] 이고, 원래 "祁"로 석독하였다. 같은 간의 내용에 따르면 이 글자는 반드시 견직물을 나타내야 하는데, "祁"에는 이러한 표의가 없고, 또한 글자 형태가 "綈"와 매우 가깝다. 綈는 여기서 "絺"로 읽는다. 《說文》: "絺, 治敝絮也."라 하였다. 睡虎地 6번 목독에는 "絺布"가 있고, 里耶秦簡 9-2027간에는 "青絺"이 있는데 모두 견직물로 사용하였고, 사용 방법은 해당 간과 같다.

21 이 간은 魯家亮이 결합하였다. 魯家亮:《肩水金關漢簡釋文校讀六則》,『古文字研

16. 叩頭, **幸₌甚₌**(幸甚幸甚), 再拜白奏□卿.[22](肩貳T23:323B)

17. ……叩頭, **幸₌甚₌**. 乃弟相張利子文以行事.(肩貳T23:983)

18. 閒者敦迫事急, 數失往來,[23] **叩₌頭₌**(叩頭叩頭).(肩貳T24:65A)

19. ☒二, **叩₌**頭. 辱賜記告邑事, 甚厚, 欲詣門下, 迫不(肩貳T24:417A)

이 다섯 매 간의 원 정리자는 모두 중문부호를 누락하였는데, 胡永鵬·姚磊는 이미 각각 15·16번 자료의 누락 문제를 지적한 바 있다.[24] 마찬가지로 17·18·19번 자료에서도 누락되었는데, 이러한 중문부호는 위 표의 예처럼 대충 쓴 것이 많아, 석문 정리할 때 소홀히 하기 쉽다. 원 필사자는 19번 자료 "頭"자 뒤에 중문부호를 빠뜨렸고, 이 때문에 독자는 "叩"자에도 중문부호가 없는 것처럼 오도하기 쉽다. 이 다섯 매 간의 중문부호 문제는 사실 모두 식별이 비교적 용이하여 조금만 주의를 기울이면 피할 수 있으나, 일부 석문의 중문부호는 다소 복잡하다.

20. **叩₌頭₌**(叩頭叩頭). 方伏前 i **幸甚**. ii (肩伍F3:183B)

21. **叩₌頭₌**(叩頭叩頭). **幸甚**. 爲見不一 ∟二 ∟.(肩伍F3:212B)

22. **叩₌頭₌**(叩頭叩頭). **幸甚**(肩貳T24:10A)

究』第29輯, 中華書局, 2012년, pp.777-782에 상세히 보인다.

22 奏□卿은 원래 "□冂"이라 하였으나 何茂活이 고쳤다. 何茂活:《〈肩水金關漢簡(伍)〉綴合補議一則》, 簡帛網 2017년 2월 20일, http://www.bsm.org.cn/show_article.php?id=2735에 보인다.

23 數失往來: "失往來" 3 글자는 원래 해석하지 않았으나 劉樂賢이 석독하였다. 劉樂賢:《金關漢簡〈譚致丈人書〉校釋》,『古文字論壇(第一輯)-曾憲通教授八十慶壽專號』, 中山大學出版社, 2015년, pp.266-274에 보인다.

24 胡永鵬:『西北漢簡編年』, 福建人民出版社, 2017년 p.485; 姚磊:『肩水金關漢簡釋文合校』, 中國社會科學出版社, 2021년, p.236.

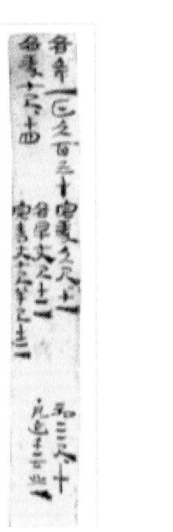

그림 12

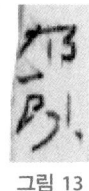

그림 13

그림 14

그림 15

23. 部中事何以教使□, 輔即有ⅱ(肩壹T9:268B+264A)

24. 革鎧、鞮瞀(鍪)各一, 傳詣平樂隧, 毋留, 急☰.(肩貳T28:11)

　　20번 자료의 "幸甚"은 그림 16과 같고, 21번 자료의 "幸甚"은 그림 17과 같다. 두 곳의 "幸甚"은 원 석문에서 모두 중문부호가 없었다. 중문부호의 초서 형식을 잘 알고 있다면 이 두 곳 모두 중문 처리를 해야 한다는 것을 알 수 있다. 그러나 두 곳의 중문부호 모두 중복되는 글자와 같이 붙어 있어, 글자의 필획으로 오해하기 쉽다. 22번 자료의 "幸甚"은 원 정리자가 해석하지 못하는 한 글자로 처리하였는데, 그림 18과 같다. 이 글자는 간 끝에 있어 비교적 묵적이 옅고 글자를 식별하기 어려웠기 때문에, 외곽선 문자를 본떠 그림 19와 같이 복원하였다. 우선 오른쪽 상단에 있는 두 개의 묵 점에 주목하면 그것은 "叩頭"의 중문부호를 이어서 쓴 것으로, 위 표 1 중 3열의 T23:364A 상황과 같다. 정상적인 상황이라면 다음 글자와 연접하겠지만, 묵적이 희미하여 표시할 수 없다. 즉, 외곽선 문자와 중문부호에 따르면 이는 중문부호가 있는 두 글자라는 것이다. 위에서 열거한 많은 예문을 통해서도 "叩頭"는 "幸甚"과 함께 자

그림 16

그림 17

그림 18

그림 19

주 사용되었음을 알 수 있다. 또한 그림 18·19번의 자형과 그림 16·17번을 비교하면 양자의 자형 구조도 거의 같다. 중문부호의 초서 형식과 조합 관습을 잘 알고 있다면, 조금만 유심히 보아도 이곳의 釋字 문제를 발견할 수 있다.

23번 자료의 문제는 조금 특이하다. 이 간은 何茂活이 결합하여 많은 보충 해석을 하였는데, 그 중 "使□輔"는 원래 "使□□"으로 석문되었으며, 何茂活은 "輔"자를 보충하면서 중간에 해석되지 않은 글자가 없다고 여겼다.[25] 이 간의 원 도판은 그림 20과 같다. 그 중 해석되지 않은 글자는 위에서 열거한 그림 13·14·15번의 형식과 매우 가까우므로, 부호에 따라 분석해야 한다. 이 부호는 위의 초서 중문부호와 비슷한 점이 있기 때문에, 첫 번째 해석은 중문부호를 대충 쓴 서사 방법으로 이해하는 것이다. 두 번째는 후대의 "卜"자형 삭제부호와 동일시하는 해석이다. 이곳의 해석되지 않은 글자를 중문으로 해석하면, 문장의 뜻이 다소 매끄럽지 못하다. 그러나 앞서 중문부호라고 해서 모두 중문을 의미하는 것은 아니라고 하였으므로, 여기서도 반드시 중문을 나타내는 것은 아니다. 이 "卜"형을 삭제부호로 이해하면 문맥이 잘 통한다. "輔"는 이름이고, "敎輔"는 동사+목적어로 된 구조이며, "何以敎輔"는 "무엇으로 輔를 지도하느냐"는 것이다. "敎使"는 하나의 고정 단어로, 서북간에서 "敎使"는 "파견 이동, 조달"의 뜻을 나타내며, 보통 술어로 나오는데 예를 들면 다음과 같다.

---

25 何茂活:《肩水金關書牘綴合校釋一則》,『河西漢簡考輪-以肩水金關漢簡爲中心』, 中西書局, p.232.

母吏**教使**者, 狀☐(肩貳T23:415)

教使者, 狀☐(肩伍D:215)

劾無長吏**教使**劾者, 狀具此(居新EPT68:28)[26]

    사용된 예문을 보면 "敎使"는 관문서의 상투어처럼 비교적 고정적으로 사용되고 있음을 알 수 있다. 따라서 종합해보면 이곳의 "卜" 부호는 삭제를 의미하는 것으로 보인다. 사실 이 부호는 후대 문헌에서 자주 보이는 부호인데,[27] 여기서 너무 일찍 나왔으므로 양자가 일치하는지 의문이 들 수밖에 없다. 현재 한간에서는 이 "卜" 부호의 예 하나만 발견되며, 우리도 상술한 추론을 완전히 확정할 수는 없지만, 이 "卜" 부호의 출처는 중문부호와 밀접한 관계가 있을 것이다.

    傳寫 문헌에는 삭제 기호를 점으로 나타내는 경우가 대단히 많으며, 우리

그림 20

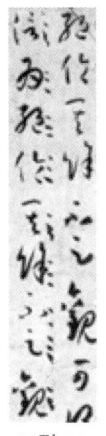
그림 21

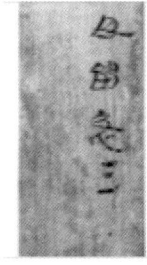
그림 22

---

26 張德芳 主編:『居延新簡集釋』, 甘肅文化出版社, 2017년. 글에서는 "居新"으로 약칭한다.

27 張小艷:《删字符号卜與敦煌文獻的解讀》,『敦煌研究』 2003년 第3期를 참고할 수 있다.

는 이를 "点除號"라고 가칭한다. 예를 들어 저명한 『書譜』에서는 여러 곳에 点除號(예를 들면 **그림 21**)를 사용하였는데, 모두 지워야 할 단어 옆에 연속된 점선을 사용하여 삭제를 표시하였으나, 점선은 다소 통일되지 않아 2점·3점·4점이 모두 있었고 심지어는 한 점까지 있었는데, 그중 3점이 다수를 차지하였다. 3점을 사용한 것은 중문부호와 서로 구별하기 위한 것으로 보인다. 点除號의 위치는 글자의 오른쪽에 있는 경우가 많은데, 이는 중문부호와 오른쪽 하단 모서리를 구별하기 위한 것으로 보인다. 그러나 양자는 구별이 엄격하지 않아 같은 형태로 나타나기 쉬우며, 예를 들어 **그림 21**에서 "不"자 옆에 있는 삭제부호는 점선 수·위치가 중문부호와 뚜렷하게 구별되지 않는다. 대충 쓰는 과정에서 3점은 하나의 세로줄로 이어지기 쉬우므로, 뚜렷하게 구별하기 위해 3점을 세로로 연속해서 쓴 뒤 한 점을 더하여 "卜" 형태를 만들었다. 그림 13·14·15번의 상황과 유사하다. 그림 20의 "卜"은 아마도 서사자가 반드시 "卜"을 쓰려고 한 것이 아니라, 부주의하게 "卜"자형으로 두 점을 찍은 것이다. 따라서 23번 자료의 부호는 삭제를 의미한다.

또 다른 특별한 예가 하나 있는데, 24번 자료의 "急≡"은 그림 22와 같다. 문의를 종합해 보면 이곳의 "≡"도 중문을 나타내야 하지만, 흔히 볼 수 있는 중문부호와는 뚜렷이 구별된다. 위 **표 1**에 열거된 중문부호는 한 점을 찍는 경우가 있는데, 이를 근거하면 이곳의 3획은 아마도 세 차례 중복을 나타낸 것, 즉 "急急急"을 나타낸 것으로 추측된다.

III 총결과 여론

이상의 논술을 통해 우리는 견수금관한간의 몇 가지 특수한 "중문부호"에 대하여 새롭게 알게 되었다. 견수금관한간에 나오는 "중문부호"는 중문을 나타내지 않는 경우가 많은 것을 알 수 있고, 우리가 이 문헌들을 해독하고 활용할 때 중문부호의 고정된 표의에 얽매여서는 안 되며, 그렇지 않으면 많은 간문을 합리적으로 해석할 수 없을 것이다. 또 강조해야 할 점은 이상에서 설명한 "중문부호"는 모두 중문부호와 같은 형태로 쓴 것일 뿐이고, 실제로는 각각의 표의에 따라 쉼표부호·合文부호·생략부호·강조부호·삭제부호 등으로 이름을 바꿔야 한다. 이러한 부호는 한간에서 수량은 많지 않지만 결코 한간에만 있는 것은 아니며, 일부 부호는 先秦의 부호가 변천해 온 것이고, 일부 부호는 후대 부호의 기원이기도 하다. 또한 이러한 특수 중문부호는 모두 개별적인 예가 아니고 관습적인 사용법이 이미 형성되어 있어야 하는데, 이는 우리가 부호의 발전원류를 새롭게 인식하고 정리하는 데 중요한 역할을 한다. 사실 견수 금관한간과 기타 간독 자료에는 많은 특수한 중문부호가 있으며, 일부 부호의 표의는 본문에서 열거한 예와 같지만, 여전히 많은 부호의 구체적인 표의는 매우 불분명하므로 문의의 정리 및 동종 자료의 비교를 통하여 해결해야 할 것이다.

부호의 원류 관계는 진일보한 토론을 할 가치가 있는 문제이며, 이는 본문에서 논하지 않은 내용이다. 이외에 중문부호와 중복된 글자의 서사 순서도 좀 더 생각해 볼 필요가 있다. 일반적인 의견으로는 글자의 중복인 만큼, 서사할 때는 행문 순서에 따라 중복된 글자를 중문부호로 대체해야 한다. 이러한 상황 하의 중문부호는 보통 반 글자의 공간을 차지하는데, 예를 들어 위에서 열거한 그림 1·그림 2·그림 4 모두 이러한 경우이다. 그러나 우리는 많은 중문부호들이 이와 같지 않다는 것을 보았는데, 예를 들어 위에서 열거한 그림 12·13·14·15를 보면 중문부호는 독립된 공간이 없으므로, 이들 중문부호는 중복된 글자를 완전히 서사한 후에 다시 중문부호를 썼을 가능성이 대단히 높다. 특히 그림 10 "食"의 중문부호는 긴박하게 위아래 글자 사이에 잘못 표기되어 있는데, 이 중문부호는 아마도 通簡에서 다 쓴 후에 보충한 것으로 보인다. 또한 이후에 보충할 때 위치를 잘못 표기하였다. "叩頭"·"幸甚"·"死罪" 등

쌍음절의 중문부호는 또 분별하여 다루어야 한다. 이러한 쌍음절 혹은 다음절 단어는 전체 단어를 다 쓴 이후에 다시 중문부호를 붙이는 것이 더 편리하다. "叩=頭=" · "幸=甚=" 순으로 쓰고서 중문부호가 각각 공간을 반 글자씩 차지한다고 하면, 이러한 서사 방식은 서사하기 전에 설계 안배가 있어야 할 듯하다. 미리 설계하지 않는다면 처음 자연스럽게 쓴 상태에서 쌍음절이나 다음절 단어의 중문부호는 먼저 완전어, 심지어는 통째로 다 쓴 후에야 비로소 점을 찍어야 한다. 따라서 대부분의 쌍음절이나 다음절 단어들의 중문부호가 비교적 작은 위치를 차지하고 있거나, 측면에 있거나, 위아래 중문부호가 함께 연결되어 있는 것을 보면 이들은 모두 이후에 서사한 표현임을 알 수 있다. 이들 서사가 비교적 깔끔하고, 각각 반 글자씩 공간을 차지하는 다음절 단어의 중문부호는 초고를 먼저 쓴 뒤 두 번째로 옮겨 적어 만들었을 가능성이 대단히 크다. 우리가 보는 많은 누락·잘못 표기하는 현상은 아마도 뒤에 중문부호를 다시 붙이거나 옮겨 쓸 때 형성된 것일 것이다. 또한 쌍음절이나 다음절어의 중문은 대부분 敬語이고, 일부 경어는 중복되거나 중복되지 않을 수 있으며, 전체를 다 쓴 이후에 중문부호를 더하는 것은 존중의 정도를 높이기 위한 것이다. 이러한 사고에 따라 8번 자료의 "長=卿="과 9번 자료의 "唯卿="을 돌이켜보면, 이 두 곳의 중문부호도 서술한 인명을 강조하기 위한 것일 뿐 다른 역할은 없는 것을 알 수 있다. 이를 통해 중문부호의 서사 공간 및 중문부호와 중복단어의 위치관계에 주목하는 동시에, 문의를 결합하여 특수한 중문부호의 표의를 고찰함으로써 특수한 중문부호의 의미와 문헌을 해석하는 데 일정한 역할을 하였다. 이는 부호를 고찰할 때 특히 간과하기 쉬운 요소이며, 향후 우리가 문헌을 활용하고 정리할 때 조금 더 주의를 기울일 필요가 있는 부분이다.

(번역: 이계호, 경북대학교 대학원 사학과 박사과정)

#04

漢代 서북 邊塞 간독 刻齒의 몇 가지 문제

•

장쥔민(張俊民)

(중국 甘肅省文物考古研究所 연구원)

　　이른 시기에 발견된 서북한간 자료에서는 각치에 관한 기록이 드물다. 도판 혹은 사진이 불명확해 그 존재가 학자들에 의해 무시되었기 때문이다. 대략 1990년대 《居延新簡》부터 간독 실물의 각치 현상 유무를 표기하기 시작했으나, 현재와 같은 의미를 지닌 각치는 아니었다.[1] 현재 주목받고 있는 각치의 의미를 표기하여 사람들의 관심을 끌기 시작한 것은 거연신간부터였고, 그 첫 번째 학자는 일본 학자 籾山明이었다. 그리고 그 연구 성과는 중국문화유산 연구원 胡平生에 의해 중국에 소개되었다.[2]

1　초기에는 주로 《居延漢簡甲乙編》, 《居延漢簡釋文合校》, 《敦煌漢簡》을 가리키며, 居延新簡은 文物出版社 1990년판과 中華書局 1994년판을 가리킨다.

2　籾山明: 《刻齒簡牘考略》은 1993년 《中國出土文字資料的基礎研究》(연구성과 보고서)에 수록되었고, 1995년 《刻齒簡牘初探—漢簡形態論》으로 『木簡研究』 제17호에

필자 또한 懸泉置漢簡 중 상당수의 각치 현상을 직접 체험했고 이에 대해 검토한 적이 있는데, 더불어 각치라고 오인한 연구 또한 현천치한간을 정리하며 나타난 해결 과제 중 하나였다.³

지금의 각치 연구는 漢簡에서 시작하여 아래로는 三國吳簡, 위로는 秦簡까지 거슬러 올라간다.⁴ 각치의 모양은 대동소이하지만, 일반적으로 숫자 검증 기능이라는 동일한 기능을 갖추고 있다. 즉, 각치의 상태는 간독 자체에 기록된 숫자와 일정한 관계를 가지는 것이다.

그런데, 최근에 이르러 각치의 흔적이 아님에도 각치의 예로 귀납하거나, 자세히 판별할 수 없는 경우도 있다. 최근에는《甘肅秦漢簡牘集釋-居延新簡集釋》⁵을 읽던 중 몇 개의 간독에서 "刻齒"라고 표기한 것을 발견했다. 그러나 그것은 실제 새긴 흔적일 뿐 결코 엄밀한 의미의 각치가 아닌, 기존 표현대로 "寬凹槽(큰 홈)"라고 할 수 있는 것들이었다.⁶ 이러한

발표되었다. 胡平生이 근거로 삼은 것은《簡牘刻齒可釋讀》(《中國文物報》1996년 3월 3일)이다. 籾山明의《刻齒簡牘初探―漢簡形態論》번역문은《簡帛研究譯叢》2집, 湖南人民出版社, 1998년에 수록되었다. 于豪亮은《秦律叢考・券右瓣券》이라는 글에서 瓣券에 대한 고증을 하였으나, 현재 각치의 의미와는 일정한 차이가 있어 각치 연구라 할 수는 없다. 해당 글은《于豪亮學術文存》, 中華書局, 1985, pp.132~134에 수록되어 있다.

3 張俊民:《懸泉置出土刻齒簡牘槪說》,『簡帛』제7輯, 2012년, pp.235~256. 아쉽게도 문자 기록으로만 말할 수 있고, 필요한 도판이 부족하다. 본문에서 말하는 각치는 주로 거연한간을 위주로 한다.

4 張春龍・大川俊隆・籾山明:《里耶秦簡刻齒簡研究》,『文物』第3期, 2015, pp.53-69; 胡平生,《木簡券書破別形式述略》,『簡牘學研究』, 第2輯, 2009, pp.52-61.

5 張德芳 主編:《甘肅秦漢簡牘集釋-居延新簡集釋》, 甘肅文物出版社, 2016. 글에서는 "《集釋》"이라 약칭한다.

6 馬怡・張榮强 主編:《居延新簡釋校》EPT52:544간 표시, 天津古籍出版社, 2013,

현상을 정리하는데 있어 측면에 각치의 여부를 표시해야 하는지는 정리자의 주의를 요한다. 이로부터 몇 가지 인식을 제시하고자 하니, 여러 학자들의 비평과 지적을 바란다.

I 刻齒 간독의 정의

"刻齒"는 符券類의 문서에 새겨진 흔적이 있는 일종의 특수한 부호로, 대부분은 간독의 문자에 기록된 숫자와 일치하여, 合符를 검증하는 기능도 가진다.[7] 그러므로 우리는 간문을 해석할 때 각치의 많고 적음·형식에 따라 글자 기록의 수량이 얼마인지를 판별할 수 있다.

懸泉置漢簡의 수많은 각치 자료에 따르면 간독의 측면에 한 줄의 가느다란 칼자국을 새겨 숫자 "一"을 표시하였고, 두 칼자국이 교차하는 것은 "五"를 나타내었으며, "十"은 쌍으로 비스듬하게 홈을 파내어 右齒는 간독의 우측에 "〈"로 나타내고, 左齒는 "〉"로 표시하였다. "百"도 두 칼자국이 교차하지만, 한 칼자국은 곧바르게 한 칼자국은 비스듬하게 새겨 右齒는 "ᐸ"로 나타내고, 左齒는 "ᐳ"로 표시하였다. "千"자는 서로 맞닿은 2개의 "十"자 부호로, 右齒는 "⋞"로 나타내고, 左齒는 "⋟"로 표시하였다. "萬"자는 서로 맞닿은 2개의 "百"자

---

p.414. 글에서는 "《釋校》"라 약칭한다.

7 張家山漢簡 《奏讞書》 22안례에 公士인 孔이 여자인 俾의 돈을 훔치고는 고의로 繒中券을 위조하여 사건 내용을 오도하였다. 안건 담당 인원은 券書를 행인에게 알 수 있도록 보여주었는데, 이에 따르면 "券齒百一十尺, 尺百八十錢, 錢千九百八十."로 판독할 수 있다.

부호로, 위아래 가장자리는 간독의 측면과 수직이며, 右齒는 "Σ"로 나타내고, 左齒는 "Ƨ"로 표시하였다. "千"齒가 "十"·"百"의 합인지, "萬"齒가 "百"과 "百齒"의 합인지(즉, "102인 100"과 "1002인 10,000")에 대해서는 정교한 계량적 통계가 필요하기 때문에, 보이는 대략적인 윤곽으로는 정확히 알 수 없다. "一"과 "十", "五"와 "五十", "五百"의 구분은 새긴 흔적의 크기 외에 위치에 따라 결정된다.[8]

한편, 간독상의 문자로 기록된 숫자 역시 증거가 될 수 있다.
다음의 실제 각치 간의 예를 볼 수 있다.

簡1. 出二月三月奉錢七千八百九十四……(간 중간부분 좌측에 각치 있음)

EPT51:234[9]

본간에는 일정한 균열이 있어 글자는 희미하지만, 석독은 기본적으로 가능하다. 글자는 4개 란으로 나뉘어 서사되었으며, 2·3란은 급료와 인명에 관한 것이고, 4란은 시간과 처리자에 관한 것이다. 글자는 비교적 긴데, 첫 번째 란만 기록하고 나머지는 줄임표로 표시하기로 한다. 간독에 서사된 숫자는 "七千八百九十四"이고, 좌측의 각치는 1개의 "五千"齒+2개의 "千"齒, 1개의 "五百"齒+3개의 "百"齒, 1개의 "五十"齒+4개의 "十"齒로 나타난다. 한 자릿수를

---

8 張俊民:《懸泉置出土刻齒簡牘槪說》,『簡帛』第7輯, 2012, p.238 참조. 籾山明은 일찍이 五千·千齒를 "Ƨ"으로 만들었는데, 張春龍·大川駿隆·籾山明:《里耶秦簡刻齒簡研究》,『文物』第3期, 2015에 보인다. 이와 같이 "五千"과 "千"齒를 혼동하는 이유는 "五千"의 齒에는 명백한 "Σ"류의 각흔이 있기 때문이다. "千"자는 이러한 흔적이 없어, 양자는 구별이 있다. 두 齒의 차이는 본문의 簡1에서 상당히 뚜렷하게 나타난다. 도판 1·簡1 참조.

9 이러한 간문은 張德芳 主編:《甘肅秦漢簡牘集釋-居延新簡集釋》, 甘肅文化出版社, 2016 참조. 이하 같음.

표시한 4는 간 자체가 갈라졌기 때문에 그다지 선명하지 못하다.(도판 1·簡1) 그러나 각치의 위치는 《集釋》에서 설명하는 "간 중간부분 좌측"이 아니라 왼쪽 상단 부분에서부터 시작하며, 글자 위치에 따르면 "四"의 좌측에서 시작한다.

EPT51:239간 우측의 각치가 파손되었기 때문에, 현재 도판에서는 우측 4개의 "千"齒와 2개의 "百"齒가 희미하게 보인다. 《集釋》에서는 각치가 있는지의 여부를 표기하지 않았다. 각치의 시작 위치도 상단에 있는데, 본간 候長의 "候" 글자 우측에서 시작된다.

簡2. 入薡檟錢二千二百 竟寧元年
　　　責錢六百 (간 좌측에 각치 있음)　　　　　　　　EPT59:392

본간의 아랫부분은 파손되었는데, 서사된 錢數의 합계는 2,800으로 좌측의 각치와 일치한다. 즉 "千"齒가 2개·"五百"齒가 1개·"百"齒가 3개이다.(도판 1·簡2) 도판의 "五百"齒는 비교적 크고, 상하 각치와 일정한 간격이 있으며, 실물에서 "五"의 교차된 칼자국을 볼 수 있다.

簡3. 出七月奉錢六百 神爵二年八月丙申甲渠候官尉史山尊□☑ (간 좌측에 각치 있음)　　　　　　　　EPT58:74

본간의 아랫부분은 파손되었고, 서사된 급료의 숫자는 600이며, 앞의 "五百"과 유사한 각치로 표현한 것이 아니라 좌측에만 6개의 "百"齒를 새겨서 일일이 나타내었다.(도판 1·簡3) 齒가 적어서 헷갈리기 쉽기 때문에 고의로 일일이 표시한 것인지는 아직 알 수 없다.

簡4. 出糜卌三石二斗 征和三年八月戊戌朔己未第二亭長舒付屬國百長子長

148·1+148·42A[10]

본간은 居延舊簡에 속하고 새로 출판한 《居延漢簡(貳)》에 실려 있으며, 각치 현상이 다소 나타나는데 우측의 각치는 비교적 선명하다. 4개의 "十" 齒·3개의 "石"齒·2개의 "斗"齒를 표시하였다.(도판 1·簡4) 본간의 齒는 돈을 나타내는 것이 아니라 식량인 石·斗의 구체적인 개수를 나타내기 때문에 齒의 크기만으로는 구별이 어렵고, 간격을 두는 방식으로 문자기록을 분리하고 결합하는 방법이 비교적 명확하다. 中剖로 인해 간 뒷면이 평평하지 않은 현상이 비교적 뚜렷하다.

簡5. 入鹽八斗七升…… 陽朔五年正月辛亥第卅三卒夏奇第卅四卒范客子受
守閣卒意☒　　　　　　　　　　　　　　　　　　　　　28·13A

본간의 아랫부분은 파손되었으며, 서사된 숫자는 斗와 升까지 포함하는데, 《居》에서는 "4줄의 각치가 있다."고 주를 달았다. 그러나 본간의 B면에 나타난 각치 흔적을 자세히 살펴보면, 원래 각치는 4개가 아닌 7개(줄)임을 발견할 수 있다. 첫 번째는 "五"의 교차齒이며, 그 아래 3개로 나누어 斗를 나타내고, 간격을 두고 그 아래에는 또 하나의 "五"齒를 나타내며, 그 아래 2줄은 升을 나타낸다.(도판 1·簡5) "斗"·"升"의 차이를 각흔의 굵기로 구분하는 것 외에, "五斗"·"五升"의 구별은 양자의 위치 외에 각흔의 크기도 차이가 있다.

簡6. 出錢三千三百五十……☒　　A

---

[10] 居延舊簡의 석문은 簡牘整理小組:《居延漢簡(壹-肆)》, 中央研究院歷史語言研究所, 2014-2017 참조. 글에서는 《居》라 약칭한다.

居延□　　　　　　　B
　　(7줄의 각치가 있음)　　　C　　　　　　　　　　40·20ABC

　　본간의 아랫부분은 파손되었고, 錢出入簿에 속한다. 상술한 석문은《居》책에 나오는 것이고, 특히《居》책은 간독 측면의 상황에 특별히 중점을 두고 소개했는데, 아마 간독의 形制·각치 연구의 영향을 받은 것으로 보인다. 과거에는 단지 A면만을 주목했었다.
　　본간의 B면은 간독의 우측에 있으며 3개의 반쪽 글자가 있는데, 위의 2글자는 "居延"으로 해석할 수 있고, 아래 한 글자는 해석을 보류하여 "□"로 남겨둔다. C면도 간독 좌측의 각치인데,《居》에서 명기한 "7줄의 각치"는 좌측 상면 3개의 "千"齒·3개의 "百"齒와 50을 나타내는 하나의 "五"齒이다.(도판 1·簡6) 본간의 50은 3간처럼 작은 각치로 "50"을 일일이 나타낸 것이 아니라, 하나의 "五"齒를 직접 사용하였다. 본간 B·C의 양 측면 간독 상황을 통해 中剖·자연적인 균열로 형성된 평평하지 않은 현상을 뚜렷이 볼 수 있다.
　　이상에서 열거한 예들은 모두 각치와 숫자의 기록과 부합하는 실례이며, 이들 각치는 中剖 때문에 엄밀히 따지면 간독의 뒷면은 간 28·13과 마찬가지로 모두 평평하지 않다.
　　이러한 각치와 간독에 서사된 숫자에 대한 대응관계 때문에, 개별 간문이나 간문의 개별 글자의 석독은 각치로 보완할 수 있다. 예를 들면 다음과 같다.

簡7. 出麥大石□卅八石二斗 元鳳四年十一月 (좌측에 각치 있음) A
　　　　甲反　　　　☒　　　B　　　　　　　　73EJT21:140AB

　　도판 상황을 분석해보면, 본간은 紅柳(위성류, 渭城柳)에 속한다. 글자체에 결함이 있어, "卅"자 앞에 아직 석독되지 않은 글자가 남아 있다. 본간에 기재된 물품은 양식인 麥類이기 때문에 "大石" 뒤는 石의 숫자여야 하며, 현재 "廿八石"이 존재하는데, 그 앞은 "百"이나 "千"자일 수 있다. 도대체 무슨 글자일까? 본간의 컬러 사진은 상당히 선명한데, 도판에는 "彡" 모양으로 나와 있고, 이는 "千"齒의 형상이다. 그러므로 석독되지 않은 글자는 "千"자로 해석할 수 있다. 적외선 도판의 양 가로획과 꼭 들어맞는다. A면 좌측 각치의 경우, "廿"은 "斗"자의 왼쪽 아래에 있고, 2개의 "十"자 齒는 아래에 石의 개수를 나타내는 각치가 하나씩 있으며, "五"형의 齒는 사용하지 않았다. "四"자는 왼쪽 아래부터 6개의 연속된 각흔이 있고, 그 위에도 3개의 각흔이 남아 있는 것 같다. "斗"의 수가 있는지는 모른다. "四"자의 우측에는 또 하나의 비교적 큰 齒 형상이 있다.

이와 같은 각치는 간독 측면 紅柳의 가지와 껍질 부분이 갈라지거나 파손이 되면 구별하기 어렵다.

簡8. 賦正月二人一人 任憲物
　　入 賦四月二人
　　　賦五月一人□ 葉漢
　　　賦六月一人 黃樂
　　　　元康二年六月戊戌朔辛亥肩水司馬令史□□ (우측에 각치 있음)　　A
□光連‧馮延年六月連□　　B　73EJT24:135+128+73EJT30:167AB[11]

본간은 소나무 재질이고 하나의 木牘으로, 장부 회계문서이다. 姚磊는 3개의 간을 철합하여 하나로 만들고, 밑줄 친 글자를 수정하였다. 앞에서 직접

11　姚磊, 《肩水金關漢簡綴合》第84組, 그 중에서 "綮"자도 추가 해석할 수 있다.

고친 글자를 제외하고, A면 "人" 다음의 석독하지 않은 글자 하나는 구두점으로 의심되어 해석할 수 없고, B면의 석독하지 않은 글자는 "縈"자로 해석할 수 있다. 글자의 석독 외에, 각치 부호도 있다. 비록 3간을 철합하였으나 간 자체는 여전히 불완전하며, 각치와 들어맞는 숫자는 나오지 않았다. 기존의 각치 원칙에 따르면 본간의 각치는 "千"齒 2개+百齒 4개로 "2,400"의 금액을 나타낸다. 2,400전은 元康시기 기층 小吏들의 봉급일 것이다.

이들 각치의 정의를 바탕으로 우리는 기존의 각치 문제를 재차 돌아보고자 한다.

II 끈을 묶는 홈

우선 필자의 주의를 끈 것은 간 EPT53:129간으로,《集釋》의 석문은 다음과 같다.

簡9. ☒□千一百·凡萬一千一百(좌측에 각치 있음)　　　　EPT53:129

그 중 각치의 형태는 간의 측면에 ")"자 모양으로 되어 있다. 기존의 각치에 대한 인식에 따르면 이 부호는 "十"을 나타내는 각치의 부호와 유사하지만, 모양이 더 크고 넓어서 일반적인 의미의 각치와 비교적 큰 차이가 있다. 한편, 본간은 그 이후의 EPT53:130간과 결합할 수 있으며, 결합 후의 간문은 다음과 같다.(그 중 밑줄 친 것은 129간)

簡9. 須妸償君錢九千·都君□錢二千一百·凡萬一千一百 EPT53:130+129

결합한 후에는 첫 번째, 석문을 재인식하는 것이다. 필자는 일찍이 《甘肅秦漢簡牘集釋》校釋之十三》에서 "須"자를 "姸"자로 해석해야 한다고 지적한 바 있다. "君"자 뒤의 석독하지 않은 글자 "□"는 "繒"자로 해석할 수 있다.[12]

두 번째로, 각치의 위치가 일반적으로 말하는 각치의 위치와 일치하지 않는다는 것이다. 2개의 간을 결합한 후, 우리는 본간의 소위 "刻齒"가 간독의 하반부에 위치하고 있으며, 이는 일반적으로 말하는 각치가 상반부에 있다는 설명과는 분명히 다르다는 것을 발견할 수 있다.(도판 1·簡9) 따라서 기존 각치의 정의와 그것이 소재한 간독의 위치에 따르면 이 경우는 각치라고 할 수 없고, 끈을 묶는 홈과 유사하다. 또한 그 위치가 간독의 하단에 있기 때문에, 일반적으로 간독의 상단에 위치하는 끈을 묶는 홈과는 다르다. 만약 끈을 묶는 데 사용하여 끈을 묶은 후에 달아맨다면, 글자가 상하좌우 위치가 뒤바뀌는 것이다. 본간은 사용하고 폐기한 후에 새긴 홈인가? 이 또한 의심스럽다. 이전에도 각치로 오인된 간도 여럿 있었는데, 다음과 같다.

簡10. 稍入茭錢七百六十八　　(간 우측 상단에 각치 있음)　　　EPT52:335

본간《集釋》의 석문은 원본을 다소 수정한 것인데, 석문은 적절하지만 원본의 주석 "간 우측 상단에 각치가 있다"는 설명은 타당하지 않다. 이른바 원래의 "각치"는 실제로 우리가 전술한 홈이며, 본간의 상단 형태를 참고하여 재차 그 홈의 형상(크기, 너비, 깊이)을 관찰해보면, 본간은 끈을 묶는 구멍을 사

12　張俊民:《〈甘肅秦漢簡牘集釋〉校釋之十三》, 武漢大學簡帛網, 2018年1月13日, http://www.bsm.org.cn/show_article.php?id=2969.

용하지 않았으므로 의심할 여지없이 끈을 묶기 위해 사용된 홈이다.(도판 1·
簡10) 본간은 완전하고 길이는 11.8cm, 너비는 1.1cm이며 간독의 "楬"류에
해당한다.[13] 이 때문에 《釋校》의 주석은 "원간 상단 우측에 구멍 하나가 있
다."고 고쳐 표기하는 것이 비교적 합리적이다.

 "楬"류로 분류할 수 있는 거연신간 EPT51:733간은 본간의 길이와 서사된
글자로 보아 일반적인 의미의 "楬"임에 틀림없으나, "楬"의 무늬와 줄을 묶는
구멍이 없고, 줄을 묶는 구멍 대신 우측에 홈이 있다.

 簡11. 錢五千婢任請天數具 (간 우측에 각치 있음)   EPT59:571

 본간은 길이가 7.7cm, 너비는 1.2cm이다. 도판(도판3·簡11)에서 보이
는 것처럼 본간의 상하 부분은 완전하지 않다. 원본에는 훼손되었다는 부호는
없는데, 기본적으로 완전한 것으로 취급되었을 수 있다. 본간의 각치는 비교
적 길고, 윗부분의 각흔은 수직으로 들어가 아랫부분에서 완만하게 경사져 나
온다. 이러한 각흔은 簡10의 줄을 묶는 홈과 유사하다.

 이와 비슷한 기능이 있는 또 다른 간은 中華書局 본에 "우측에 각치 있
음"이라고 표기되어 있다.

 簡12. 郭中卿錢五千算   EPT53:232

 본간은 길이 10.2cm, 너비는 1.1cm이다.(도판3·簡12) "文物本"에서는
"□馬錢五千具"로 석독하였고, 《集釋》에서는 앞의 3글자를 "郭中卿"으로 고쳤

---

[13] 본문은 居延新簡의 구체적인 치수이며, 馬怡·張榮强 主編:《居延新簡釋校》, 天津
   古籍出版社, 2013을 참조하였다. 글에서는 《釋校》라 약칭한다.

는데, 옳은 듯하다. 그러나 마지막 한 글자는 "中華本"에서 "算"이라 하였으나 타당하지 않다. 여기서는 상부에 두 점이 없기 때문에 "文物本"을 따라 "具"라고 보아야한다.[14] EPT59:571간의 "具"자를 본간 "具"자의 방증으로 삼을 수 있다.

"中華本"에는 "우측 상단에 각치가 있다"고 되어 있고, 《釋校》에서는 "원간 상단 우측에 구멍 하나가 있다"라고 고쳤다. "각치"라는 외형의 윤곽은 엄밀한 의미에서 "十"자의 부호인 "〈"인데, 각흔이 "十"자 부호인 "〈"보다 훨씬 크고 깊을 뿐이다. 따라서 본간의 "각치"도 진정한 의미의 각치가 아니며, 그 홈의 기능도 단순히 끈을 묶는 것일 뿐이다.

또 다른 간에도 동일한 기능을 가진 홈이 있다.

簡13. 何□錢八百　　　　　(간 우측 상단에 각치 있음)　　　　EPT51:733

본간의 길이는 12.6cm, 너비는 1.6cm이다. 윗간의 길이와 부합되므로, 같은 종류에 해당한다.

III 候官에서 개인의 채무를 대신 상환하는 문서

居延新簡에는 또 다른 각치가 있는데, 《集釋》에서는 그에 대한 용어 표기

14　"文物本"은 文物出版社, 1990년 판을 가리키고, "中華本"은 中華書局, 1994년 판을 가리킨다.

가 일치하지 않는다. 원래의 용어 표기에 가장 직접적이고 가까운 것이 EPT 52:88간의 "우측에 각치 있음"이다.

簡14. 陽朔元年七月戊午當　曲隧長譚敢言之負故止害隧
長寧常交錢六百願以七　　月奉錢六百償常以印爲信敢言之(우측에 각치 있음) A
甲渠官　　　　　　　　　　　　B　　　　　　　EPT52:88AB

본간은 길이 23.4cm, 너비 2.8cm이다. 표기한 각치의 형상은 앞의 종류와는 뚜렷이 구별되며, 일반적으로 말하는 각치와도 다르다. 보통 각치가 있는 곳은 글자를 서사하는 것에 영향을 받지 않지만, 본간의 각치 옆에 있는 간독 부분은 글자가 쓰여 있지 않다. 간독상의 글자를 상, 하 두 단락으로 나누었는데, 글자는 연독된 것이고 2란이 아니다. 위아래 2 부분은 V자형이고 가운데가 원호로 연결된 비교적 넓은 홈으로, "弓" 형태의 "〰"와 유사하다. 표기된 글자도 숫자와 관련이 있지만, 이러한 각치는 숫자의 의미가 없다.(도판 1·簡14)

A면의 글자 기록에 따르면 陽朔원년 7월 戊午일에 當曲隧長인 譚이 止害隧長인 寧常에게 600전의 빚을 졌으므로, 자신의 7월 봉급분 600전으로 상환하고자 하면서 자신의 인장을 담보로 삼고자 하였다. B면의 "甲渠官"은 郵書의 수신인 주소와 유사하며, 구체적으로 채무 상환을 처리한 장소나 관청으로, 甲渠候官 소재지에서 이번 채무 상환 과정을 완료한 것이다.

이상의 문의를 부재자가 채무를 상환하는 다른 방식이자 당시 사회생활의 한 현상으로 존재하였다고 인용한다면, 본간은 漢代 채무상환의 보편적인 방식으로 볼 수 있다. 이 상환 과정에서 채무자와 채권자 모두 직접 나서지 않는데, 채무자는 관에서 자신의 봉급을 대신 공제하여 변제하기를 바라고, 채무자가 작성한 증명서에는 글자 기록 외에 일종의 채무자를 대표하는 "인장을 신용으로 삼는(以印爲信)" 표기가 있다.

석문에서는 "交錢"이라 하였으나 실제로는 "文錢"으로 해석해야 하는데, 소위 "文錢"이란 흔히 말하는 현금이다.[15] 마찬가지로 이러한 "弓"자형의 표지를 가진 간독이 여전히 있다.

簡15. ……
臧翁卿錢六百臧官以付　翁卿以印爲信　　A
如意隧長□□　　　　　　　　　　　　　B　　　　　14·19AB

본간의 우측에는 결함이 있으며, "弓"형의 홈은 좌측에 위치한다. 글자도 "弓"형의 홈에 의해 위아래로 연속해서 읽을 수 있는 두 단락으로 나뉜다. 본간 오른쪽 행의 글자는 파손되어 분명하지 않으나, 왼쪽 행의 "錢六百"·"以印爲信"은 전간과 상당히 유사하다. 새긴 흔적은 조금 다르지만, 상·하단의 契口는 간독과 수직이고, 중간의 원호는 보이지 않으나, 대신 원간의 측면은 "⌒"형으로 되어 있다.(도판1·簡15) 이러한 새긴 흔적은 모두 수작업으로 이루어지므로, 실제 상황은 규정의 요구와 다소 차이가 나는 것과 관련이 있을 것이다.

다만 "錢六百"·"以印爲信"이 있기 때문에, 본간의 두 번째 "臧"자는 "唯"자로 해석해야 한다는 것을 알 수 있다. 누군가가 翁卿에게 600전의 빚을 진 것 또한 어느 달의 봉급으로 상환하려는 것이고, "唯官以付"은 관이 대신 상환해주기를 바라면서 자신의 인장을 증빙으로 삼으려 하였을 것이다. 이 "官"은 居延漢簡에서 候官으로 이해할 수 있다.

15　張俊民:《簡牘文書"交錢"應爲"文錢"之誤-漢代錢幣幣之稱謂"文錢"小議》, 2018, 重慶·簡帛學第四屆國際學術硏討會 논문.

아마 누군가가 隧長에게 빚을 지고는 자진해서 봉급으로 상환하길 원하고, 候官이 직접 임금에서 공제해 주기를 바라는 것이다. 자발적 증거로서 자신의 도장을 찍었다.

본간의 약간의 변형과 관련하여 또 다른 간에 새겨진 "弓"형 홈은 직사각형으로 바뀌었는데, 현재 보이는 상황이 이렇기 때문에 중간부분의 파손 여부를 알 수 없다.(도판2·簡16) 예를 들면 다음과 같다.

簡16. 初元四年正月壬子箕山　　　隧長明敢言之☒
趙子回錢三百唯官　　　　　　　以二月奉錢三☒　A
以付鄕男子莫以印爲　　信敢言之　　　　　B　　　282·9AB

본간의 아랫부분은 잔결이 있고, 글자는 간독 양면에 서사하였으며, A면의 글자도 연속된 2부분으로 나뉜다. A·B면의 글자와 14간의 글자를 대조해 보면 본간 문서의 성격이 14간과 일치하는 것을 알 수 있다. 初元4년 정월 壬子일에 箕山隧長인 明은 趙子回에게 300전을 빚졌다고 자칭하여 자신의 2월 봉급으로 300전을 상환하기로 하였고, 候官에서 직접 봉급을 공제하여 "鄕男子莫"에게 건네주길 바라면서 "以印爲信"으로 보증하였다.

문장의 뜻에 따르면 "鄕男子莫"이라는 글자는 두 가지 오류가 있다. 즉, "鄕"자는 "卿"자와의 차이가 크지 않기 때문에 "卿"자로 해석해야 한다. 그 이유는 본간의 隧長인 明이 趙子回에게 빚을 지고는 돈을 趙子에게 직접 돌려주지 않고, 그의 아들인 "子莫"에게 주었기 때문이다. 趙子回에 대한 존칭으로 "鄕"을 "卿"으로 해석하는 것이 더 타당하다. "莫"자는 "眞"자로 해석해야 한다. 자형을 보면 이 글자는 이전에 "算"으로 많이 오인한 자형과 비슷하며,

"眞"·"算"의 분별에 따라 "眞"자로 해석해야 한다.[16]

이외에 呂健은 본간에서 封泥 사용 방식을 더욱 잘 구현할 수 있는 방법을 제시할 필요가 있음을 발견하였다. 封泥의 사용과 어떻게 "以印爲信"하는지에 대해 다음과 같이 묘사한다.

> 간의 뒷면에는 "以印爲信"의 "爲"와 "信"자 사이에 약 3cm의 공백이 남아 있고, 공백에는 封泥 1매와 마끈(麻繩) 등의 흔적이 남아 있다. 봉니는 이미 쪼개져 印文을 읽을 수 없게 되었고, 간의 우측 가장자리에 여백과 같은 높이에 새긴 흔적이 있는데, 봉니를 묶기 위해 일부러 남겨둔 것으로 보인다. 이 간으로부터 당시의 봉함 방법, 즉 끈을 이용하여 간을 묶은 후, 끈을 묶은 곳에 진흙을 눌러 봉인하는 것을 직관적으로 이해할 수 있다. 끈의 역할은 주로 봉니를 속박하여 벗겨지는 것을 막기 위함이었다.[17]

직삼각형과 유사하고 한 각이 30°보다 작으며, 가장자리를 비스듬하면서 비교적 길게 새기는 방식도 있다. 해당 위치에도 글자가 쓰이지 않았다.(도판 2·簡17)

簡17. 十二月辛巳第十　候長輔敢言之負令史
范卿錢千二百愿以十　二月奉償以印爲信敢言之(간 우측 중간부분에 각치 있음)　　A
官　　　　　　　B　　　　　　　　　　　　　　　　EPT51:225AB

16　鄔文玲:《簡牘中的"眞"字與"算"字》,『简帛』第15輯, pp.151-169.
17　呂健:《漢代封泥封緘形制的考古學研究》, 出土文獻與中國古代文明研究協同創新中心中國人民大學分中心 編:《出土文獻的世界》, 上海: 中西書局, 2018, p.167 수록.

본간과 14간을 비교해보면, 본간은 글자가 비교적 적고 새긴 홈이 다르지만 용도나 기능은 동일하며, 모두 개인이 봉급으로 빚을 상환하는 문서이며, 그 중에는 "以印爲信"의 글자도 있다. 본간 B면의 "官" 또한 14간의 "甲渠官"과 같은 뜻이다.

본 간의 의미: 어느 해 12월 辛巳일에 제10候長인 輔가 士吏인 范卿에게 1,200전을 빚지고 자진하여 12월 봉급으로 상환하고자 개인의 인장으로 증명서를 작성하였고, 甲渠候官이 대신 상환하였다.

상술한 "弓"형 홈과 빗변이 비교적 긴 직삼각형 홈처럼 파손으로 인해 생겨난 개별적인 간에도 "以印爲信"으로 빚을 상환하는 기능을 갖춘 문서가 있으므로, 검토의 편의를 위하여 후술한다.

簡18. 正月甲子當曲隧長誼敢言之　　未得十二月奉☒
　　　奉唯官賦以付强錢□前十　　　月皆已出三□☒　　　　A
　　　官……　　　　　　B　　　　　　　　　　　　EPT52:521AB

본간의 길이는 16.6cm, 너비는 1.6cm이며 원본은 아랫부분에 잔결이 있으나, 앞서 말한 격식에 따르면 본간은 구체적인 紀年이 결여되어 있어, 14간처럼 윗부분이 파손된 영향을 받은 것으로 보인다. 그럼에도 채무로 인해 채무 상환 문서가 만들어졌는지의 직접적인 증거는 발견하지 못하였고, 간문에는 "唯官賦"만 있을 뿐이다. 그러나 좌측에 희미하게 보이는 홈과 위아래로 쪼개진 글자의 특징은 매우 분명하다.

簡19. ☒長幷敢言之負士吏
　　　　☒爲信敢言之　　　　　　　　　　　　　　　EPT5:26

본간은 윗부분에 잔결이 있어 홈을 새긴 것이 뚜렷이 보이지 않고, 다만 "爲信"이라는 단어로 단서를 찾을 수 있을 뿐이다. 그 문례에 사용한 단어를 자세히 살펴보면, 앞서 서술한 15간의 EPT51:225간과 사람 이름이 "幷"인 것을 제외하고는 사용 글자의 전체 높이가 일치한다. 따라서 두 간의 기능과 용도도 동일해야 한다.

簡20. 陽朔元年八月乙亥朔辛卯當☒
百卅五愿以八月奉償放☒   A
肩水   B   213·41AB

본간은 앞의 간과는 상반되는데, 앞의 간은 윗부분에 잔결이 있는 반면, 본간은 아랫부분에 잔결이 있으며, 글자는 명확히 단이 구분되고 뚜렷한 홈의 흔적이 없다. 본간의 기년은 陽朔원년으로, 용어와 격식은 14간과 일치한다. 모두 陽朔원년으로 하나는 7월이고, 하나는 8월이다. 유사한 시간과 형식 외에도, 빚진 금액과 "8월 봉급으로 상환하려는" 누군가도 있다. 따라서 이 간의 형식을 14간의 형식으로 포괄하여 양자를 하나로 분류해도 좋을 것이다.

213·41간의 출토지는 地灣으로, 肩水候官이 있던 곳이다. 14간인 EPT52:88간의 출토지는 破城子로, 甲渠候官이 있던 곳이다. 바로 두 간의 글자 형식과 용도가 일치하기 때문에, 213·41B간의 해독 불가능한 글자를 "肩水"로 해석하는 것은 대단히 통찰력이 있는 것이며, 응당 "肩水" 두 글자의 合文일 것이다. 유사한 문서이기 때문에, 候官에서 사채의 상환 과정을 대신하여 완수하고는 마지막에 하나는 "甲渠官", 하나는 "肩水(官)"라 註記하였고, 그 용법도 일치한다.

용어가 조금 다른 것을 제외하면, 두 候官과 두 곳에 속하는 채무 상환 문서의 형식이 고도로 유사하다는 것은 의심할 여지없이 漢代 문서격식 체제의

일종으로 볼 수 있다. 원본으로는 "賣買衣財物爰書"와 유사한 모델인 "還債文書式"이 있어야 한다.[18]

簡21. ……　　　　　　　□敢言之士吏□卿
楊卿在所負卒史韓　　卿錢千唯卿卿以　　A
七月奉錢千付韓　　　卿以印爲信　　　　B　　282·4+282·11AB

본간의 우측은 잔결이 있는데, 홈이 우측에 있을 수 있으나 현재 상황에서 우리는 그 구체적인 형태를 볼 수 없다. 상술한 문례에 따르면, 본간 우측 상단부터 보충해야 할 기록의 구체적인 기년은 "初元"이다. 전체 간은 卒史인 韓卿이 1,000전을 빚졌기 때문에 "以印爲信"하여 봉급으로 상환하는 것이고, 글자의 위아래 부분은 모두 14간의 기능을 가지고 있으나, 글자 기록 형식은 14간과 약간 차이가 있다.(도판2·簡21) 14간의 형식에 따르면 본간의 우측은 "某敢言之負士吏某卿"이 되어야 하고, 실제로는 "初元某年某月某日, 王甲敢言之, 士吏王乙(于)楊卿所欠卒史韓卿千錢, 士吏王乙愿以七月俸錢償還韓卿, 以印爲信"이며, 제3자(王甲)가 대신 말한다는 의미이다.

簡22. □五月奉償以印爲信敢言之　　A
　　　□強隧長武強某　　　　　　B　　387·20AB

본간에 드러난 나무의 결을 보면 소나무에 속한다. B면에 반 글자가 남아 있는 것에 따르면, 본간은 윗간과 마찬가지로 우측에 결함이 있고, A면의 글자는 17간의 "月奉償以印爲信敢言之"와 같다. 따라서 본간의 성격도 12간과

18　張俊民:《簡牘文書格式初探》,《簡牘學報》第15期, 1993, pp.43-59.

유사하게 개인의 채무를 관측이 봉급에서 공제하고 상환하는 문서이다.

이상 14-22간까지는 개인의 채무로 인해 候官이 대신 상환한 문서로 간주하였고, 상환 방식은 후관에서 채무(빚)자의 봉급을 직접 공제하는 것이었다. 다만 이 공제 형식은 채무자가 사전에 候官에 문서 형식으로 알려야 하는데, 이러한 문서에는 보통 "以印爲信"이라는 문구 외에 "印"을 나타내는 데 사용되는 물품도 있다.

간독상의 글자 분절 상황에 따라 기존에는 각치의 표기로 인식되었는데, 현재 간독의 각치 연구에 따르면 각치가 아닌 홈으로 봐야 한다. 홈의 위치는 일반적으로 중앙에 위치하며, 간독을 위아래로 이등분한다. 이러한 홈은 구체적인 사용 과정에서 몇 가지 다른 형태를 보인다. 우리는 14간의 홈을 가장 완벽한 예로 들 수 있고, 다른 것들은 변형으로 볼 수 있다. 17간은 더 심한데, 그것은 빗변의 길이가 매우 긴 직삼각형이다. 이러한 홈의 존재는 그로 인한 상하 단락의 글자와 함께 구체적인 사용방식과 긴밀히 연계되어야 하는데, 간독 글자인 "以印爲信"을 고려하면 간독상의 공백은 인장의 봉니를 놓는 곳이 아닐까? 홈은 봉니나 인장이 있는 곳을 고정하는 역할을 할 수 있다.[19]

---

19 2021년 8월 24일, 華東政法大學에서 개최한 제11屆 "出土文獻與法律史硏究" 국제학술대회에서 鄔勖은 《敦煌一棵樹符信新探-兼說秦漢魏晉的不分之符》라는 글에서 이러한 "以印爲信"으로 구성된 간독문서를 符類의 문서라 하였다.

Ⅳ 記 유형 문서 중의 하나

상술한 홈 형태에 비교적 가까운 또 다른 유형의 문서가 있는데, 이러한 문서는 개인의 채무를 관에서 대신 상환해주는 것이 아니라, 대신 구속력이 비교적 약한 "記" 유형의 행정 문서의 특성을 가지고 있다.[20] 각치 문제를 검토함으로써 "記" 유형 문서의 양식을 보완할 수 있는 것도 무의미한 일은 아니다. 구체적인 간독 문서의 예는 다음과 같다.

簡23. 官告呑遠候長黨不侵部　　卒宋萬等自言治壞亭當得
　　　劇食記到稟萬等毋令　　　　自言有
　　　教　　　　(좌측 중간 부분에 각치 형의 홈이 있음)　A
　　　□記呑遠候長黨　　　　　B　　　　　　　　EPT51:213AB

본간은 甲渠候官에서 呑遠候長인 黨에게 건넨 문서를 자칭하여 "記"라고 하였다. 비교적 눈에 띄는 단어인 "敎"자가 있긴 하지만, "記到"라는 단어를 보면 "記" 유형의 문서로 분류하는 것이 비교적 합리적이다.

不侵部의 戌卒인 宋萬 등은 중노동에 해당하는 파손된 亭隧를 수리하기 때문에, 그들 몇 명에게 주는 식량은 劇食 기준에 따라 지급되어야 한다. 이른바 "劇食"은 "易食"에 대응하는 것이다. 그 원인은 수졸의 노동과 관련이 있는데, 노동 강도가 강할 경우 크게 "劇"이라 칭하여 "劇食"에 해당되고, 노동 강도가 약할 경우 "易食"에 따라 음식을 제공한다. 懸泉置漢簡에 기록된 간문은

20　鵜伺昌男 著, 徐世虹 譯:《關於漢代文書的一点考察》,『中國古代法律文獻硏究』第2輯, 中國政法大學出版社, 2004, pp.105-123.

이를 완벽히 방증한다. 간문에는 "魏陳黑首十一人: 其一人, 易食, 二石; 十人, 剧食, 廿二石五斗. 凡用廿四石五斗.（VT1511⑤:16）"라 하였다. 睡虎地秦簡 《倉律》에도 "城旦之垣及它事而勞與垣等者, 旦半夕參; 其守署及爲它事者, 參食之. 其病者, 稱議食之, 令史主. 城旦舂, 舂司寇, 白粲操土攻, 參食之; 不操土攻, 以律食之."[21]라 하여 죄수의 노동 강도에 따라 식사량을 제공한다고 기록되어 있다.

원본에 "좌측 중간부분에 각치 형의 홈이 있다."고 표기되어 있는데, 외형상으로는 앞의 14간과 매우 유사하며, 홈의 중간부분은 원호 모양이다.(도판2·簡23) 글자도 또한 홈에 의해 위아래 양 부분으로 나뉘어져 있는데, 내용상 연독임이 분명하다. 단지 홈에 놓이는 어떠한 물건 때문에 글자가 나뉜 것이다.

```
簡24. 六月辛未府告金關嗇        夫久前移檄逐辟橐他令史
      解事所行蒲封一至今        不到解何記到久辟詣        A
   會壬申旦府對狀毋得以它爲解各        署記到起時令可課
   告肩水候官候官所移卒責不與都吏趙卿        所擧籍不相應解何記到遣吏抵
   校及將軍未知不將白之                    B  183·15AB[22]
```

본간의 글자는 양면에 서사되었고 모두 중간의 홈에 의해 위아래 두 부분으로 나뉘어졌으며, A면의 "今"자는 기다란 필획이 홈의 공백 부분까지 이어졌는데, 아마도 먼저 서사했던 것과 관련이 있을 것이다.(도판2·簡24)

양면의 글자는 하나는 (都尉)府가 金關에 알리는 것이고, 하나는 (都尉)

---

21 睡虎地秦墓竹簡整理小組:《睡虎地秦墓竹簡》, 文物出版社, 1990, p.33.
22 본 간의 석문인《居》는 과거의 설들보다 발전이 있어, 수정한 글자들은 많이 따를 만하다. 단, "趙卿"의 "趙"자는 응당 "楊"으로 석독해야 할 것이다.

府가 肩水候官에 알리는 것인데, 두 곳의 관서는 비교적 가깝긴 하지만 일정한 거리가 있다. 183의 출토지는 地灣으로, 견수후관이 소재한 곳이기도 하다. 본간은 견수후관에서 출토되었는데, 都尉府에서 발행한 "記"로 간주할 수 있으며, 먼저 후관이 있는 곳에 도착하고서 재차 후관에서 전달한 것이다. 이 점은 政令문서의 전달과 서로 일치한다. 양면의 글자에는 모두 "記到"라는 단어가 있어, 의심할 여지없이 "記" 유형의 문서로 분류할 수 있다. 본간의 "記" 문서는 모두 도위부에서 발급한 것이다.

簡25.　☐官告第四候長徐卿鄣卒　　周利自言當責第七隧長季由
　　　　☐百記到持由三月奉　　　　錢詣官會月三日有　　　A
　　　　☐長徐卿　　B　　　　　　　　　　　　　　　　285·12AB

본간은 우측과 상단에 잔결이 있고, 우측은 홈 위의 부분이 남아 있지 않으나, 홈의 위치는 간독상의 공백으로 추측할 수 있다.(도판2·簡25) 문제가 될 수 있는 것이, 과연 본간의 홈 중간에는 원호 부분이 있었을까? 아마도 전술한 16간의 직사각형 홈과 유사하게 그 자체에는 원호가 없을 것이다.[23]

본간의 글자는 채무 상환 문제와 관련되어 있어 상술한 문서들과 혼동되기 쉬운데, 본간의 키워드는 "記到"이기 때문에 우리는 여전히 "記" 유형 문서로 분류하고 있다. 말미의 "有"자는 본간의 B면 꼭대기에 "敎"자가 있음을 나타내는데, 이는 23간의 "毋令自言有敎"와 유사하다. B면에 있는 글자도 23간과 유사하다. 즉, A면은 官에서 누군가에게 알리고, B면의 글자는 누군가에게 받은 후의 기록이 되어야 한다.

23　居延舊簡에는 본간처럼 윗부분에 결함이 있으면서 직사각형의 홈이 있는 113·12간이 있는데, 이 간도 "記" 유형의 상환을 독촉하는 의미가 있으며, 석문은 《居》를 기반으로 한 걸음 더 나아갈 수 있다.

簡26.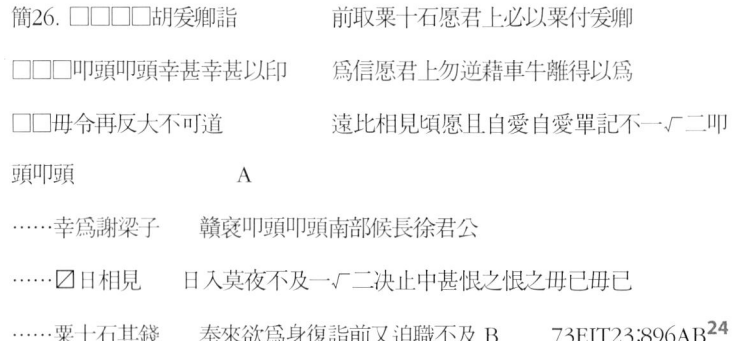

　　□□□□胡爰卿詣　　　前取粟十石愿君上必以粟付爰卿

　　□□□叩頭叩頭幸甚幸甚以印　　爲信愿君上勿逆藉車牛離得以爲

　　□□毋令再反大不可道　　　遠比相見頃愿且自愛自愛單記不一√二叩

頭叩頭　　　　　　A

……幸爲謝梁子　贛衰叩頭叩頭南部候長徐君公

……☑日相見　　日入莫夜不及一√二決止中甚恨之恨之毋已毋已

……粟十石其錢　奉來欲爲身復詣前又迫職不及 B　　73EJT23:896AB[24]

본간은 목독이고 글자가 3행으로 서사되었으며, 상단 글자는 잔결로 인해 아쉽게도 거의 읽을 수 없다. 그중 "以印爲信" 용어 옆에 있는 홈을 제외하면, 개인 서신으로 볼 수 있다. 글자는 17간과 유사하게 홈에 의해 위아래 연독되는 두 부분으로 나뉘어져 있고, 또 사채와 還粟에 관한 것이므로 개인의 "記" 유형으로 분류할 수 있다.(도판2·簡26) 본간의 "記"를 통해 君上은 爰卿의 粟 10石을 빚지고서 粟 10石을 상환하길 원하였고, 운송 수단을 빌려 수송을 도왔음을 알 수 있다. 글만으로는 보증하기 부족하여 신중을 가하기 위해 "以印爲信"이라 기록하고, "記"에 인장을 봉함하는 방식을 사용하였다.

상술한 "記" 유형과 유사한 簡文으로, 金關漢簡 중 "記"라고 자칭한 殘簡이 있다.

簡27. 斥竟隧長馬適中定記 ☑　　　A

斥竟隧長馬適敵 ☑

孫稚文以印☑　　　　　　　B　　　　　　73EJT23:365AB

24　이러한 간 번호는 甘肅省文物考古研究所 等:《肩水金關漢簡(壹-伍)》, 中西書局, 2011-2016에 보인다.

본간은 아랫부분에 잔결이 있고, 앞의 21간·23간을 인용한 것에 의하면 본간의 A·B면의 글자는 반드시 B면이 A면이 되도록 뒤집어야 한다. "敵"과 "印"이라는 글자 아래의 공백은 전술한 간독상의 공백 기능과 명백히 일치한다. 다만 본간의 홈은 잔결로 인해 보이지 않는다.

이외에도 비교적 완전한 홈이 있을 뿐 아니라 "以印爲信"라는 문구도 있는 간이 있는데, "記到"라는 단어로 인해 "記"로 분류할 수도 있다. 예를 들면 다음과 같다.

簡28. ☒□將奉令　　　令史范弘記到賦周卿孔卿隧
　　　☒□以印爲信十　　非迎奉遣回它毋賦 (간 우측에 각치 있음) EPT52:544

본간은 상단에 결함이 있고, 일부 글자는 홈 옆에 있는 공백 부분에 썼으며, 특히 "十"자는 다른 간과 유사하게 공백 부분에 썼다. 글자에 잔결이 있어 글의 의미는 불분명한데 대략 채무 상환과 관련되며, 記가 도착하면 (누군가의 금품을) 직접 周卿·孔卿에게 주고, 누군가가 "以印爲信"하였다. 홈의 형태는 21간과 대강 일치한다.(도판2·簡28)

이상의 몇 간은 모두 "記" 유형의 문서이며, 관에서 알리는 "記"든 개인의 "記"든 모두 채무의 상환과 일정한 관계가 있다.(한 간은 식량을 받는 것이다.) 홈의 형태와 용도도 전술한 후관에서 개인의 채무를 대신하여 상환하는 것과 일치하며, 양자가 각각 독립적인 유형의 문서인지 또는 일정한 밀접 관계가 있는지는 주목할 가치가 있다. 아마도 양자는 인과관계가 있고, 후자의 "記" 유형 문서의 요구로 인해 비로소 전자의 채무 상환 문서가 생겼을 것이다. 바로 이러한 관계에서 전후 양자에 유사한 홈 형태가 나타났다.

V "齒百"과 "齒十"

이쯤에서 본문을 마칠 수 있으나 우연히 한 편의 글을 보게 되었고, 그 속에 몇 가지 의문점이 남아있어 약간 설명할 만하다고 생각한다. 해당 글은 吏及家屬出入符 연구 과정에서 다음과 같이 서술하였다.

> 籾山明 선생의 고증에 따르면, "符의 글에서 말하는 '券齒百'은 반드시 각치 중 墨書한 '百'자를 가리킨다."라 하였다. 생각건대 이러한 이해는 확실히 일리가 없는 것은 아니다. 그러나 이외에 다른 간문의 '百'이라는 글자와 각치가 있는 곳의 '百'의 구별은 현재 여전히 확정적이지 않다.[25]

이 말대로라면 지금도 符券 유형의 통행증에 나오는 "齒百"·"齒十"에 대하여 모호한 인식이 남아 있는 셈이다. 그러나 우리가 본문에서 상술한 각치의 인식에 따르면, 이는 문제가 되지 않을 것이다. 이른바 "齒百"이란 새겨진 홈이거나, "百"의 의미를 가진 각치거나, 숫자 "百"을 나타내는 각치 형태와 일치한다는 것이다. 居延漢簡에서 흔히 볼 수 있는 "齒百"은 金關을 출입하는 符券에서 유사하게 사용되며, 예를 들면 다음과 같다.(도판3·簡29·30·31)

簡29. 始元七年閏月甲辰居延與金關爲出入六寸符券齒百從第一至千左居
官右移金關符合以從事 ·第八　　　(각치 있음)　　　65·7
簡30. 始元七年閏月甲辰居延與金關爲出入六寸符券齒百從第一至千左居
官右移金關符合以從事 ·第十八　　　　　　　　　65·9

25　齊繼偉:《西北漢簡所見吏及家屬出入符比對研究》,『敦煌研究』第6期, 2018, p.123.

簡31. ……[閏月甲辰]居延與金關爲出入六寸符券齒百從第一至千左

官右移金關符合以從事 ·第七　　　　　(각치 있음)　　　　274·10

簡32. ■平望青堆隧惊候符左券齒百　　　　　　　　　敦·1393[26]

　　앞의 3간은 모두 居延과 金關의 出入符券인데, 예로 열거한 29간·30간에 따르면 31간 우측 상단부분의 불분명한 글자는 "始元七年閏月甲辰"이어야 하며, 《居(三)》은 보수적인 방식을 취하여 "閏月甲辰"을 보충하고 꺾쇠괄호로 주석을 달아야 한다. 그중 이른바 "券齒百"이란 글자는 측면의 홈 형태가 기존 각치와 유사한 "百"齒이다. 좌측에는 "フ" 유형의 각치가 있고, 우측에는 "＜" 유형의 右齒가 있다. 각치의 윗부분은 직선으로 간독 측면과 수직이고, 아랫부분은 빗변이다.

　　마지막 한 간은 흔히 말하는 平望候官 青堆隧의 惊候符이며, 그 중의 左券은 오늘날 보기에 右齒이다. 즉 간을 우측으로 90° 돌린 것이 당시의 券을 합치거나 분할한 모양이며, 분할할 때의 좌측이 左券이다.(도판3·簡32) "齒百"은 중간에 "百"자의 왼쪽 절반이 하나 남아 있는 것 외에, 더 중요한 것은 그 외형이 상술한 3건의 符券齒 "百"의 모양과 비슷하다는 것이다.

　　따라서 符券 중의 "齒百"이라는 것이 "百"자가 있느냐 없느냐가 중요한 것이 아니라, 齒나 홈의 외형이 당시에 보편적으로 "百"이라는 뜻을 가지고 있었느냐가 중요하다. 이 점은 金關漢簡의 또 다른 각치 형태가 방증한다.

　　金關漢簡에는 이른바 "齒十"이라는 기록이 있는데, 구체적인 간독은 다음과 같다.(도판3·簡33·34)

簡33. 橐佗候官與肩水金關爲吏妻子葆庸出入符齒十從一

至百左居官右移金關符合以從事☒ (우측에 각치 있음)　　　73EJT22:99

26　甘肅省文物考古研究所:《敦煌漢簡》, 中華書局, 1991.

簡34. 橐他候官與肩水金關爲吏妻子葆庸出入符齒十

從第一至百左居官右移金關葆合以從事第卅一 (좌측에 각치 있음)

73EJT24:19

이상의 2간은 橐他候官과 肩水金關 사이의 出入符로, 모두 橐他候官의 "吏妻子葆庸"이라는 내용을 담고 있으나, 서사 형식의 글자체 크기 차이 외에도 단어(葆合", "符合")와 左·右券의 분명한 차이가 있다.

우리는 문자 이외에 간독의 좌우 측면에 새겨진 홈이나 齒를 재차 자세히 살펴보았다. 양 간의 측면 각치는 모두 칼을 위아래로 비스듬히 넣었고, 마지막의 각치 형태는 앞에서 우리가 정의한 "十"齒로서, 右齒의 외형인 "〈" 유형, 左齒의 외형인 "〉"이다. 각치 외에 뒷면에는 中剖로 칼을 사용한 흔적과 中剖에 의해 부각된 나무의 결이 남아 있는데, 특히 34간의 측면은 中剖로 인해 평평하지 않은 현상이 뚜렷하고, 33간의 뒷면은 剖刀를 교체한 흔적이 남아 있다. 이외에, 33간 아래의 殘斷부호는 원래 존재하지 않지만 34간 말미 符의 편호를 고려하면 33간의 편호는 마침 殘斷부호가 보이지 않기 때문에, 이 부호도 꼭 붙일 필요가 있다.

현재 알려진 "齒百"·"齒十"은 분명히 그 사용 등급과 관련이 있으며, "齒百"은 居延縣과 金關 사이에 사용된 것이어야 한다. "齒十"의 사용자는 橐他候官으로, 비록 행정등급은 縣급에 해당하지만 실제로는 한 단계 아래인 候長과 隧亭長 및 金關과의 通關符도 있었다. 그중 隧와 金關 출입부에는 "十"齒뿐 아니라 좌측에 "符第十九"라는 우측의 반 글자도 남아 있다. 隧와 金關의 출입부는 73EJT21:136간에 보이며, "十"齒는 "吏"자의 좌측 하단에 있는데 도판은 그리 뚜렷하지 않다. 나머지 2간 廣地候長과 金關(73EJT26:27) 및 驛北亭長과 金關(73EJT21:117)은 모두 파손되어, 도판의 각치는 불분명하다.

우리는 비록 "齒百"·"齒十"이 유사한 숫자인 "百"·"十"의 기능을 가지고 있다는 것은 인정하지만, 엄밀한 의미에서 그것들은 각치가 아니다. 그들이 대표하는 숫자의 기능은 간독 문자 기록의 숫자와 연관될 수 없기 때문이다. 즉, 우리가 본문에서 언급하는 첫 번째 유형의 각치와는 차이가 있다. 이러한 의미에서 우리는 간독문서의 자료 중 좌우측에 각치 유무를 표시하는 것은 그다지 합리적이지 않다고 생각하며, 이러한 표기는 삭제하거나 뚜렷한 차이를 가진 "券齒"로 바꾸는 것이 비교적 타당하다고 생각한다.

이상은 우리가 현재 각치의 정의에 따라 기존의 간독자료 중에 나타난 각치의 표기에 대하여 검토를 한 것이다. 각치는 간독 자체에 서사된 숫자와 부합하는 기능을 갖췄기 때문에, 본문의 첫 번째 유형의 각치가 진정한 의미의 각치이다. 이러한 각치는 앞뒤 양면에 글자를 쓰기 때문에 측면에 각치를 한 후 中剖하여 나누어 가졌는데, 分持한 후 오늘날 우리가 보는 간독의 뒷면은 모두 평평하지 않다. 두 번째 유형은 각치라고 할 수 없으며, 이러한 문서에 나타나는 홈은 주로 줄을 묶기 위해 사용되고 숫자 기능이 없는데다 홈은 첫 번째 유형보다 더 깊고 넓어야 한다. 각치가 있다고 표기한 3·4번째 유형의 문서도 각치로 볼 수 없으므로, 각치라고 표기하는 것은 불합리하다. 이 두 유형의 홈은 외형이 약간 비슷하고 숫자의 기능이 없으며, 개인의 채무 상환과 관련이 있어 일정한 내적 연관이 있을 수 있다. 특히 25간에서 季由에게 3월 봉급을 가지고 후관에 도착하여 빚을 상환하라고 요구한 것은 양자 간 모종의 내적 연관성을 더욱 부각시킨다. 그 위에 홈이 생긴 것은 "以印爲信"하는 물건을 고정하기 위한 것으로 보인다. 符券의 "齒百"과 "齒十"이란 간독 측면의 각치 외형이 숫자 기능을 가진 "百"·"十"齒와 유사하다는 것을 가리키며, 구체적으로 齒 중에 "百"이라는 글자가 있는지는 중요하지 않다.

(번역: 이계호, 경북대학교 대학원 사학과 박사과정)

참고문헌

謝桂華·李均明·朱國炤:《居延漢簡釋文合校》, 北京: 文物出版社, 1987.
睡虎地秦墓竹簡整理小組:《睡虎地秦墓竹簡》, 北京: 文物出版社, 1990.
甘肅省文物考古研究所:《敦煌漢簡》, 北京: 中華書局, 1991.
甘肅省文物考古研究所 等:《居延新簡》, 北京: 中華書局, 1994.
_____:《肩水金關漢簡(壹-伍)》, 中西書局, 2011-2016.
馬怡·張榮强 主編:《居延新簡釋校》, 天津: 天津古籍出版社, 2013.
簡牘整理小組:《居延漢簡(壹-肆)》, 臺北: 中央研究院歷史語言研究所, 2014-2017.
張俊民:《敦煌懸泉置出土文書研究》, 蘭州: 甘肅教育出版社, 2015.
張德芳 主編:《甘肅秦漢簡牘集釋-居延新簡集釋》, 蘭州: 甘肅文化出版社, 2016.
出土文獻與中國古代文明研究協同創新中心中國人民大學分中心 編:《出土文獻的世界》, 上海: 中西書局, 2018.

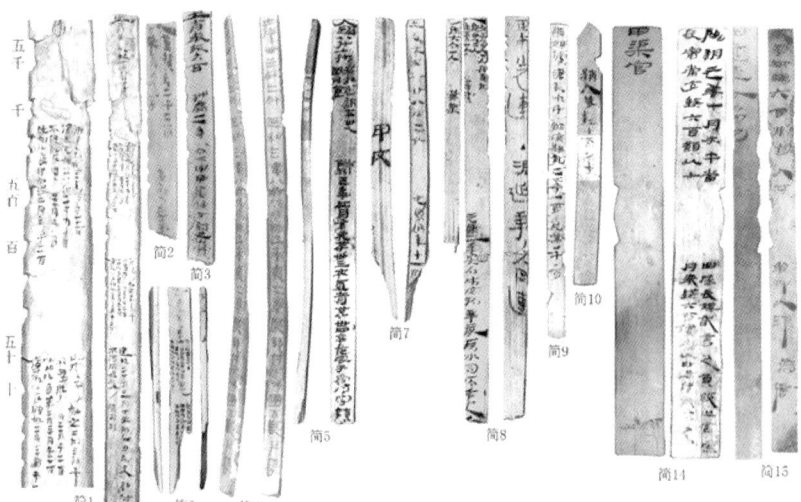

도판 1

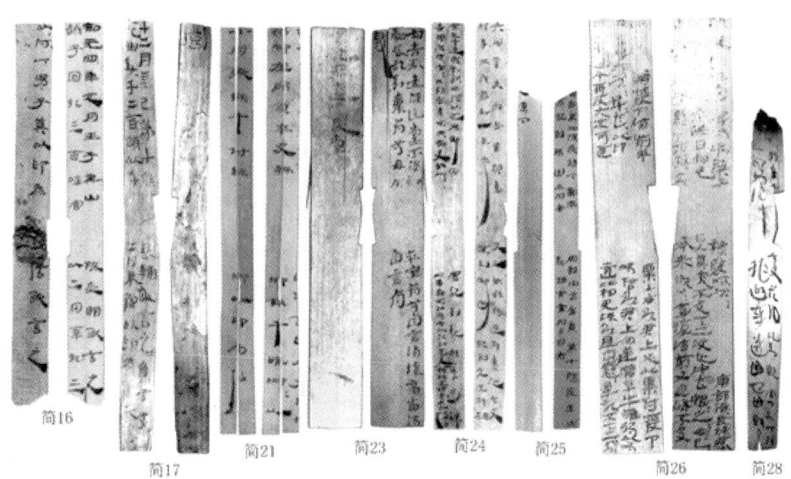

도판 2

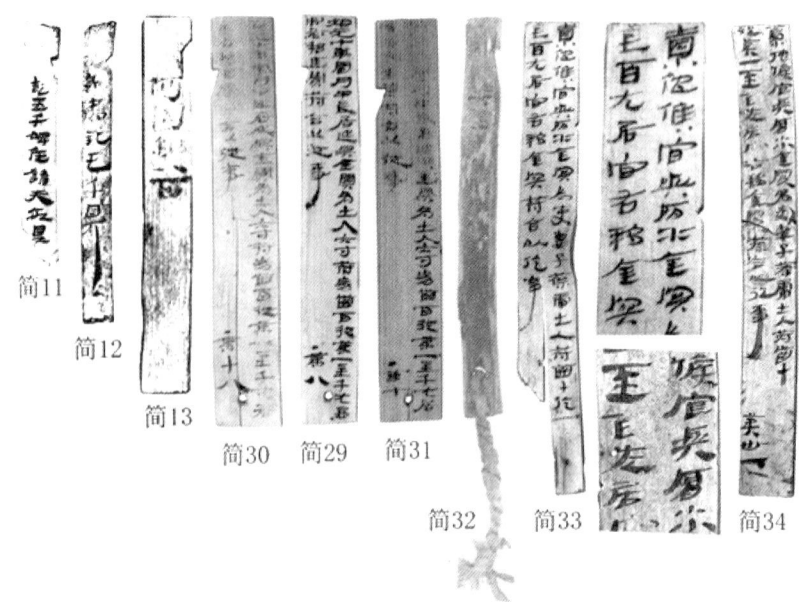

도판 3

#05

중국 고대 簡牘 文書의 형태와 규격[1]

•

오준석
(경북대 인문학술원 HK연구교수)

I 머리말

    종이가 발명되기 이전의 고대 중국에서는 甲骨을 시작으로 돌[석각], 청동기, 도기 등 다양한 서사재료를 사용하였다. 하지만 이러한 서사재료들 중 종이 문서가 본격적으로 사용되기 이전 "문서"라고 칭할 수 있는 서사재료는 簡牘이 거의 유일하다고 할 수 있다.[2] 종이 이전의 서사재료들 중 낱개 단위로 사용하는 것 외에 "편련"의 방식을 통해 복수의 서사재료를 하나의 서사 단

---

[1] 이 글은 「嶽麓秦簡을 통해 본 簡牘 文書의 형태와 규격」이라는 제목으로 『중국사연구』136집(2022.2)에 게재된 논문이다.

[2] 錢存訓, 『書于竹帛 – 中國古代的文字記錄』, 上海書店出版社, 2004, pp.71-72.

위로 엮어 서적으로 만들 수 있는 유일한 재료는 간독이었기 때문이다.

"문서" 및 "서적"으로서 "簡牘 문서"가 가진 중요성으로 인해, 간독 문서 고유의 형태와 그 제작과 관련된 제도에 대한 연구도 상당히 일찍부터 시작되었다. 20세기 초 敦煌漢簡의 출토 이후 초기 簡牘 연구자인 王國維는 『簡牘檢署考』를 저술하여 문헌사료의 내용을 기초로 簡牘제도에 대해 상세히 고찰하였다.[3] 王國維의 저술은 이후 이 문제를 연구하는데 있어 참고해야 할 가장 기본적인 연구가 되었다. 이후 1960년대에 이르기까지 簡牘 문서의 형태 및 규격 제도에 관한 연구는 여전히 문헌사료에 크게 의존하였고, 대부분 연구자들은 王國維의 설을 그대로 답습하는 수준에 머물러 있었다. 그러나 1959년 武威에서 출토된 《儀禮》간독에 기초해 陳夢家는 簡册 제도를 정리한 글을 발표했고,[4] 이후 楚簡을 중심으로 대량의 典籍類 간독이 출토되면서 이런 실물 簡牘 자료에 근거해 錢存訓, 薛英群, 馬先醒, 高大倫, 林沄, 李學勤, 劉洪, 胡平生, 李均明, 劉軍, 張顯成, 趙超 등 여러 학자들이 簡牘 문서의 격식 및 제도에 대해 연구하며 王國維의 설을 뛰어넘는 견해들을 쏟아내기 시작했다.

20세기 초 簡牘 문서가 출토되기 시작한 이래 100여 년 이상의 시간이 흐르며 다양한 형태와 종류의 실물 簡牘 문서가 집적되었고 이와 관련된 많은 연구들이 있었지만 항상 논란이 되었던 가장 중심적인 문제는 중국 고대 簡牘 문서의 길이나 너비 등 형태에 있어 고정된 규격이 있었으며, 이것이 국가에 의해 제도적으로 관리된 것일까 하는 문제였다. 아직까지 이 문제가 완전히 해결되었다고 말하기는 어렵지만, 최근 공개된 嶽麓秦簡 律令 자료 중에서는 秦代 국가가 중앙으로 보고되는 특정 簡牘 문서의 형태에 대해서 아주 엄격한 기준을 가지고 있었음을 보여주는 율문이 포함되어 있어 이 문제의 실마리를 제공해준다. 이 글은 簡牘 문서의 길이와 너비 등 형태에 대한 기존의 연구를

---

3 王國維 著, 胡平生, 馬月華 校注, 『簡牘檢署考校注』, 上海古籍出版社, 2004.
4 陳夢家, 「由實物所見漢代簡册制度」, 『武威漢簡』, 文物出版社, 1964, pp.53-77.

정리하는 한편 嶽麓秦簡 律文을 통해 秦漢代의 簡牘 문서 규격과 관련해 어떠한 제도가 있었으며, 簡牘 문서 규격에 대한 국가의 관리가 어느 범위까지 이루어졌는지에 대해 살펴보고자 한다. 또한 嶽麓秦簡에 보이는 簡牘 문서의 명칭을 어떻게 정리할 수 있는지에 대해서도 살펴볼 것이다.

II 簡牘 문서의 길이 제도

簡牘 문서의 형태 및 규격 제도와 관련해 많은 연구자들의 논의가 집중된 것은 簡牘 문서 길이에 대한 문제였다. 簡牘 문서의 길이와 관련해서는 문헌사료에도 다수의 기록이 남아 있었으며, 簡牘의 여러 규격들 중 가장 눈에 띄는 것이므로 簡牘 문서의 길이에 대한 연구가 많이 이루어진 것으로 보인다. 『論衡』이나 『春秋左氏傳序』, 『儀禮』 등의 注疏를 종합하면 6經 등 儒家의 經書類는 2尺4寸의 簡에, 孝經은 1尺2寸 簡에, 論語는 8寸의 簡에 쓰여졌고, 기타 諸子類 서적은 1尺 簡에, 律令類는 3尺이나 2尺4寸의 簡에 쓰여졌다고 한다. 簡牘 문서의 길이 제도에 관해서는 明淸代의 학자들도 여러 저서에서 언급했지만, 이에 대한 본격적인 연구는 20세기 초 敦煌漢簡의 출토 이후 시작되었다고 할 수 있다.

초기의 敦煌漢簡 연구자인 王國維는 『論衡』이나 『春秋左氏傳序』, 『儀禮』 등의 注疏와 敦煌漢簡의 실물 크기 등을 참고해 簡牘 문서는 그 내용의 경중 및 문서의 종류에 따라 다음과 같이 길이가 결정된다고 결론내렸다. 즉 "簡"은 2尺4寸을 기준으로 1/2(1尺2寸), 1/3(8寸), 1/4(6寸) 등의 것으로 구분되고, "牘"은 5寸, 1尺, 1尺5寸, 2尺, 3尺 등 5의 배수에 따라 구분된다는 주장이었다.[5] 王國維의 이러한 설은 후대 연구자들에게 깊은 영향을 주었다. 특히 1960년대까지 출토된 簡牘은 대부분 文書類 簡牘이었고, 書籍類 簡牘은 극소수였다. 따라서 당시는 문헌 사료에 기반한 王國維의 주장을 반박할 수 있는 실물 자료가 극히 부족한 상황이기에 더욱 그러하였다. 그중에서도 居延漢簡에 포함된 3척(67.5cm) 길이의 詔令目錄簡이나 1959년 武威에서 출토된 2尺4寸(55.5~56cm) 儀禮簡의 출현은 문헌 기록의 신빙성을 더욱 높여주었다. 따라서 1960년대까지 簡牘의 길이 제도를 연구한 학자들은 기본적으로 王國維의 설을 계승하였다.

한편 陳夢家는 王國維의 설을 계승하는 한편, 武威 儀禮簡에 대한 실물 연구를 통해 漢代 經書類 간독의 길이 2尺4寸은 先秦시대 簡册의 길이에서 연원했음을 추론하였는데,[6] 이는 先秦시대 簡册의 길이가 일반적인 秦,漢簡에 비해 길다고 하는 인식의 형성에 큰 영향을 주었다. 이후 馬先醒, 高大倫 같은 학자들의 경우 秦,漢簡은 先秦시대와 달리 1尺(23cm)을 簡의 기본적인 길이로 하였는데, 漢武帝의 尊儒 이후 經書類 簡册의 길이가 2尺4寸으로 길어지게 되었다고 주장하였고,[7] 林沄은 漢代 간독의 길이는 그 내용에 따라 각각 달랐지만, 1尺簡을 기본으로 사용한 데 비해 戰國時代 簡牘의 길이는 상당히 길기 때문에, 戰國時代부터 後漢代에 이르기까지 簡의 길이는 점차적으로 짧아지며 제도화된 것이라고 보았다.[8]

---

[5] 王國維 著, 胡平生, 馬月華 校注, 『簡牘檢署考校注』, 上海古籍出版社, 2004, pp.14-58.

[6] 陳夢家, 「由實物所見漢代簡册制度」, 『漢簡綴述』, 中華書局, 1980, pp.293-294.(원본 『武威漢簡』, 文物出版社, 1964. 수록)

[7] 馬先醒, 「簡牘形制」, 『簡牘學報』 第7期, 1980, p.114. ; 高大倫, 「簡册制度中幾個問題的考辨」, 『文獻』 1984-4, pp.253-255.

[8] 林沄, 「古代的簡牘」, 『中國典籍與文化』 1994-1, p.43.

이상의 학자들은 대부분 고대 簡牘의 形制, 특히 길이와 관련해 일정한 제도가 있었다고 보았지만, 1970년대 이후 다양한 길이를 가진 각양각색의 簡牘들이 대량으로 출토되며 문헌사료에 기반한 王國維의 설을 부정하는 다양한 견해도 나오기 시작하였다. 李學勤과 劉洪은 발굴 간독의 실물로 보았을 때 같은 시기, 같은 성질, 같은 내용의 간독이라도 그 길이, 너비, 두께 등이 완전히 같지 않으므로 簡牘의 규격과 관련된 제도가 있었다고 보기는 어렵다고 주장한 반면,[9] 張顯成은 간독의 길이 제도에 고정 불변의 규정이 있었던 것은 아니지만 중요한 내용은 長簡에, 가벼운 내용은 短簡에 기록한다는 원칙이 있었고, 戰國時代 楚簡은 일반적으로 2尺의 簡을 사용한 반면, 秦漢代에는 1尺의 簡을 사용했다고 주장하였다.[10] 胡平生은 王國維의 설 중에서 簡册의 크기에 따라 해당 서적의 尊卑가 결정된다는 주장을 부각하여 遣册은 묘주의 신분에 따라 大小가 결정되고, 文書簡은 그 사안의 경중에 따라 大小가 결정되며, 서적류 簡도 길이의 길고 짧음에 따라 尊卑가 결정되는 제도가 있는 것으로 보았다.[11] 한편 趙超는 戰國時代부터 용도에 따라 서로 다른 길이의 簡을 사용했는데 이는 열람에 편리하도록 한 현실적인 목적 때문이었으며, 여기에서 출발해 점차 공식적인 제도 및 규정이 형성된 것으로 보았다.[12]

이처럼 簡牘 문서의 길이 제도에 대해서는 제도 자체의 존재 유무 및 戰國 簡牘과 秦漢 簡牘 문서의 대체적인 길이, 시대에 따라 簡牘 길이의 차이가 발생한 원인 등에 대해 다양한 연구가 이루어져 왔다. 지금까지 발굴된 각종

---

9   李學勤, 「新出簡帛與學術史」, 『簡帛佚籍與學術史』, 江西教育出版社, 2004, p.4. ; 劉洪, 「從東海尹灣漢墓新出土簡牘看我國古代書籍制度」, 『尹灣漢墓簡牘綜論』, 科學出版社, 1999, p.164.

10 張顯成, 『簡牘文獻學通論』, 中華書局, 2004, p.141.

11 胡平生, 「簡牘制度新探」, 『文物』 2000-3, pp.66-73.

12 趙超, 『簡牘帛書發現與研究』, 福建人民出版社, 2005, p.91.

簡牘의 실물을 통해 알 수 있다시피 모든 簡牘 문서가 완전히 용도별로 정확하게 규격화되어 만들어진 것이 아님은 분명하다. 하지만 윤재석 교수가 지적한 바와 같이 戰國時代부터 後漢代에 이르기까지 그 형태와 규격이 나름대로 통일되어 가는 일반적인 경향은 발견할 수 있고, 前漢 중기에 이르게 되면 일반적인 서적간의 길이가 1尺을 표준으로 삼게 되며, 민간에서도 이러한 표준을 대체적으로 준용하고 있었다는 것이 이 문제에 대한 학계의 일반적인 통념이라고 보인다.[13]

즉 前漢代에 들어와 簡牘 문서의 길이에 대해 느슨한 형태이기는 하지만 국가 차원의 일정한 제도화가 이루어졌다는 것인데, 필자 역시 이러한 견해에 기본적으로는 동의한다. 하지만 簡牘 실물 자료의 시대별, 용도별, 종류별 길이를 확인해 보면 簡牘 문서의 길이 제도를 살펴볼 때, 보다 중요하게 고려해야 할 요소가 있는 것으로 보인다. 이 부분에 대해 살펴보도록 하자.

簡牘 문서는 일단 書籍類 간독과 文書類 간독으로 양분할 수 있다. 編聯을 기본으로 하는 書籍類 간독과 달리 文書類 간독은 編聯된 것이 많기는 하지만 낱장으로 사용되는 簡牘 문서도 존재하기 때문이다. 書籍類 간독의 경우 다시 經書類, 諸子類, 일반서적류로 나누어볼 수 있다. 이러한 분류는 문헌사료의 기록과 같이 儒家 경전은 2尺4寸, 〈孝經〉은 1尺2寸, 〈論語〉 8寸 등 簡牘 서적의 길이 차이가 실제로 존재했는지 살펴보는데 유용하다. 文書類 간독은 문헌사료에 2尺4寸 혹은 3尺으로 만들어졌다고 하는 律令類와 일반 행정문서 간독, 遣冊을 중심으로 한 喪葬類 문서로 나누어 살펴볼 수 있다. 먼저 書籍類 簡牘 문서의 길이부터 시대별로 살펴보도록 하자.[14]

---

13 尹在碩,「韓國·中國·日本 출토 論語木簡의 비교 연구」,『동양사학연구』114, 2011, pp.22-24.

14 실물 簡牘 문서의 길이를 분류하여 정리한 기존 연구에서는 簡牘 문서를 시대 구분 없이 古書類, 文書類, 喪葬類로 3분하고, 古書類는 六藝, 諸子, 詩賦, 兵書, 數術,

표 1 **書籍類 簡牘 문서의 길이**

시대	구분	간독명	길이	비고
戰國 (楚)	經書類	上博楚簡〈周易〉〈逸詩〉	2尺	
		上博楚簡〈采風曲目〉	2尺4寸	詩賦류 서적
	諸子類	郭店楚簡〈老子〉〈太一生水〉 등	1尺2寸~1尺4寸	
		上博楚簡〈從政〉 등	1尺7寸~1尺9寸	
		長臺關楚簡〈墨子〉	2尺	
		上博楚簡〈緇衣〉〈孔子詩論〉 등	2尺~2尺5寸	經書類와 유사
	일반서적	郭店楚簡〈語叢〉	7~8寸	
		慈利楚簡	2尺	
		九店楚簡〈日書〉	2尺1寸, 3尺	
		包山楚簡〈卜筮祭禱〉	3尺	
秦	일반서적	睡虎地秦簡〈爲吏之道〉	1尺2寸	
		王家臺秦簡〈政事之常〉	1尺5寸	
		北大秦簡〈算書〉〈田書〉 등	1尺~1尺3寸	
		北大秦簡〈日書雜抄〉	1尺7寸	
		放馬灘秦簡〈日書〉	1尺, 1尺2寸	
		睡虎地秦簡〈日書〉	1尺, 1尺1寸	
		周家臺秦簡〈藥方〉	1尺	
漢	經書類	雙古堆漢簡〈詩經〉〈周易〉	1尺1寸	文帝期 서적
		磨咀子漢簡〈儀禮〉〈喪服〉 등	2尺2寸~2尺4寸	
		八角廊漢簡〈論語〉	7寸	
	諸子類	雙古堆漢簡〈儒家者言〉	5寸	
		銀雀山漢簡〈晏子〉〈孫子兵法〉 등	1尺2寸	
		張家山漢簡〈莊子〉〈蓋廬〉	1尺3寸	
	일반서적	張家山漢簡〈日書〉	8寸, 1尺5寸	
		張家山漢簡〈引書〉〈脈書〉	1尺3寸, 1尺5寸	
		磨咀子漢簡〈日書〉	1尺	
		尹灣漢簡〈日書〉	1尺	
		尹灣漢簡〈神烏賦〉	1尺	
		孔家坡漢簡〈日書〉	1尺5寸	
		馬王堆漢簡 方技類	1尺	

언뜻 보면 戰國時代부터 漢代에 이르기까지 각종 서적류 간독이 일관성 없이 다양한 크기로 제작된 것처럼 보이지만 나름대로 일정한 규율을 찾을 수 있다. 일단 戰國時代 楚簡의 경우 7寸부터 3尺에 이르는 다양한 크기로 각종 서적이 제작되었으며, 사실상 經書類나 諸子類, 일반서적류의 구분 체계가 정립되지 않은 시기이기 때문에 서적의 종류 구분이 별 의미를 가지지 못한다. 따라서 이 시대 서적류 간독 문서의 경우 서적의 종류에 따른 크기의 구별이 있었던 것 같지 않다는 점과 秦漢簡에 비해 상당히 긴 서적간들이 다수 제작되었다는 점을 그 특징으로 지적할 수 있다. 秦漢簡의 경우 일반적으로 1尺~1尺2寸 정도의 서적간이 제작되었고, 1尺5寸 이상 되는 서적간이 經書類 간독을 제외하고 거의 보이지 않는다는 점을 통해, 戰國 楚簡에 비해 서적간의 길이가 상당히 짧아졌으며, 일정한 규격화가 이루어지고 있었음을 짐작할 수 있다. 또한 前漢 文帝시기의 간독으로 보이는 阜陽雙古堆漢簡 周易이나 詩經 등 經書類 서적간의 길이가 일반 서적과 크게 차이가 나지 않음에 비해, 武威 磨咀子漢簡 儀禮簡 등 經書類 서적간이 2尺4寸으로 길어졌음을 볼 때 이러한 변화가 前漢 武帝의 尊儒 이후 일어난 현상이라는 기존 연구의 주장에 신빙성이 있음을 알 수 있다.[15]

중요한 점은 秦漢代에 들어온 이후에도 1尺부터 1尺5寸의 다양한 크기를 가진 서적간이 제작되었지만 이러한 크기의 차이는 서적의 종류가 아닌 해

方技, 律令, 曆譜로 세분하였지만(程鵬萬,「簡牘帛書格式硏究」, 吉林大學 博士學位論文, 2006, pp.49-60. 참조.), 律令이나 曆譜를 經書, 諸子類 서적과 동일선상에서 비교하기는 곤란할 뿐만 아니라, 시대를 구분하는 것이 시대의 변화에 따라 簡牘 길이 제도의 변화 여부를 보여주기에 적합하다고 판단해 위 연구의 표를 재구성해 수록하였다.

15 馬先醒,「簡牘形制」,『簡牘學報』第7期, 1980, p.114. ; 高大倫,「簡册制度中幾個問題的考辨」,『文獻』1984-4, pp.253-255. ; 程鵬萬,「簡牘帛書格式硏究」, 吉林大學 博士學位論文, 2006, p.50.

당 묘장에 의해 구분되고 있다는 점이다. 즉 秦漢代에 1尺~1尺2寸 정도를 기준으로 한 簡牘 문서 길이의 일정한 제도화가 이루어졌지만, 이는 簡牘 문서의 완전한 획일화를 의미하는 것이 아니라 어느 정도의 융통성이 인정되는 제도화였음을 의미한다. 이러한 특징은 위 서적간이 대부분 무덤에서 출토된 부장용 간독인 것과도 관련있는 듯하다. 즉 부장을 목적으로 제작된 書籍簡의 경우 일반적으로 허용되는 簡牘 길이 제도를 따르지 않아도 무방했을 것이다.

또한 戰國時代부터 漢代에 이르기까지 5寸에서 8寸에 이르는, 1尺이 채

표 2 文書類 簡牘 문서의 길이

시대	구분	간독명	길이	비고
戰國 (楚)	律令類	青川秦木牘〈田律〉	2尺	
	喪葬문서	曾侯乙墓簡	3尺1寸~3尺3寸	遣冊 長簡
		長臺關楚簡	3尺	
		天星觀楚簡	2尺8寸~3尺1寸	
		包山楚簡	2尺~3尺	
		望山楚簡	2尺8寸	
		馬山楚簡	5寸	遣冊 單簡
		曹家崗楚簡, 楊家灣楚簡, 五里牌楚簡	6寸	
		仰天湖楚簡	1尺	
秦	律令類	睡虎地秦簡〈秦律十八種〉 등	1尺2寸	
		龍崗秦簡〈禁苑律〉	1尺2寸	
		嶽麓秦簡 律令類	1尺2寸~1尺3寸	
	행정문서	里耶秦簡	1尺	
	喪葬문서	揚家山秦簡〈日書〉	1尺	
漢	律令類	磨咀子漢簡〈王杖詔書令〉	1尺	
		張家山漢簡〈二年律令〉	1尺3寸	
	행정문서	居延漢簡	1尺~1尺2寸	
	喪葬문서	高臺漢簡	6寸, 1尺	
		羅泊灣漢簡	1尺1寸, 1尺6寸	
		張家山漢簡	1尺1寸	
		馬王堆漢簡	1尺~1尺2寸	
		香港中文大學文物館藏漢簡	9寸	

되지 않는 짧은 규격의 서적간도 계속해서 제작되고 있었는데, 그 내용이 주로 〈論語〉를 비롯한 儒家 관련 격언집이거나 휴대를 목적으로 만들어진 日書임을 볼 때, 휴대상의 편의를 목적으로 한 실용적 성격의 짧은 서적간은 시대를 불문하고 계속해서 존재했음을 보여준다.

    文書類 간독 문서의 길이 역시 書籍類 간독 문서의 길이와 비슷한 양상을 보인다. 일반적으로 戰國時代 簡들이 秦漢代 簡에 비해 상당히 길게 만들어졌음을 알 수 있다. 특히 喪葬 文書簡의 경우 3尺 이상의 長簡이 書籍類나 기타 문서류 간에 비해 상당히 많은데 이는 簡의 길이로 死者의 존귀함을 돋보이도록 하였기 때문일 것이다. 이에 비해 같은 戰國時代 楚簡 喪葬用 文書簡인데도 1尺이 채 되지 않는 遣册 간독이 있으며, 이런 간독이 출토된 지역은 주로 대형 묘장이 아닌 중소형 묘장임을 볼 때, 簡牘의 길이가 길수록 사용자의 신분이 높고 해당 서적, 문서의 중요성을 나타낸다고 한 王國維, 胡平生의 견해는 대체로 수용이 가능하다.[16] 하지만 이는 모든 경우에 통용되는 것은 아니다. 〈論語〉簡과 같이 휴대성 제고라는 특수한 목적으로 제작된 簡牘 문서는 해당 문서 내용의 중요성이나 문서 소장자의 신분과는 관계 없이 상당히 짧은 簡牘으로 제작되었기 때문이다.[17]

    戰國簡의 경우 2尺簡이 표준이라는 견해도 있지만, 이상에서 살펴본 書籍類 및 文書類 간독의 규격을 볼 때 "표준간"이라는 것이 戰國時代에 존재했는지 불분명하다. 이에 비해 秦漢簡은 1尺簡을 표준으로 하는 簡牘 문서의 길이 제도가 일단은 존재한 것으로 볼 수 있다. 특히 무덤의 부장용 간독이 아닌 里耶秦簡이나 居延漢簡 등 실제 사용된 행정문서 간독의 길이가 대부분 1尺임을 볼 때 이러한 簡牘 문서 길이의 제도화를 엿볼 수 있다. 특히 최근에 공

---

16   胡平生,「簡牘制度新探」,『文物』2000-3, pp.66-73.

17   尹在碩,「韓國·中國·日本 출토 論語木簡의 비교 연구」,『동양사학연구』114, 2011, pp.28-29.

개된 다음의 秦代 律令조문은 이러한 簡牘 문서 규격의 제도화가 漢 이전인 秦代에 이미 이루어졌음을 보여주는 듯하다.

●諸上對、請、奏者, 其事不同者, 勿令同編及勿連屬 ㄴ, 事別編之. 有請, 必物一牒, …… **尺二寸牘一行毋過廿六字**. ·**尺牘一行毋過廿二字**. …… 御史上議: **御牘尺二寸** ㄴ, **官券牒尺六寸**. ·制曰: **更尺一寸牘牒**. ·卒令丙四[18]

위 秦代 令文은 비록 중앙의 황제에게 상신되는 對, 請, 奏 문서에 제한된 규정이기는 하지만 簡牘 문서의 규격화라는 중요한 내용을 담고 있다. 특히 간독 문서의 길이와 관련해 1尺2寸, 1尺簡의 글자수 규정을 언급하며, 1尺2寸의 御牘과 1尺6寸의 官券牒을 모두 1尺1寸의 길이로 할 것을 지시하고 있다. 御牘과 官券牒은 일반 문서와 구별되는 특수 문서이므로 당연히 일반 문서와는 그 길이 제도가 달랐을 것이고, 이들 문서간의 길이를 1尺1寸으로 한다는 것은,[19] 일반 문서 간독의 길이 표준이 1尺이었음을 말하는 것으로 생각해도 좋을 것이다.

그렇다면 秦漢代 사용된 문서 중 1尺2寸에서 1尺6寸에 이르는 簡牘, 즉 당시의 일반적인 규격에서 벗어난 簡牘 서적이나 문서는 어떻게 이해해야 할까? 이들 簡牘의 경우 대부분 묘장에서 출토된 간독임을 볼 때, 이들은 해당 묘장의 묘주가 생전에 사용한 서적이나 문서라기보다 부장용으로 제작된 것

---

18 陳松長 主編, 『嶽麓書院藏秦簡(伍)』, 上海辭書出版社, 2017, pp.105-108. 112-122簡.

19 居延漢簡의 元康5年詔書册 등 漢代 詔書 簡牘의 길이가 대체적으로 일반 행정문서간보다 조금 더 긴 것이나, 漢의 皇帝가 匈奴 單于에게 보낸 외교 문서의 길이가 1尺1寸이었다는 제도(『史記』卷110 匈奴列傳, p.2899)의 역사적 연원도 이 秦 律令에서 찾을 수 있을 것이다.

이었을 수 있고, 생전에 사용했다고 하더라도 업무상의 참고를 위한 개인 소장용으로 제작, 사용된 것이기 때문에 그 규격에 어느 정도 자유도가 부여된 것으로 볼 수 있다.[20] 秦漢代의 대표적인 律令簡인 睡虎地秦簡, 嶽麓秦簡, 張家山漢簡의 길이는 대체로 1尺2寸에서 1尺3寸 정도인데, 이는 律令簡이 2尺4寸의 길이로 제작되었다는 문헌사료의 기록[21]과 맞지 않을뿐더러 당시 일반적인 簡의 길이였던 1尺과도 약간의 차이가 있다. 그리고 이들 律令문서의 길이는 함께 출토된 非律令類 簡牘 문서의 길이와 대체로 비슷한 것을 보면 해당 묘장의 墓主 혹은 喪主가 일반적인 簡牘 문서의 규격에 크게 구애받지 않고 비슷한 길이로 함께 제작한 것임을 알 수 있다. 따라서 簡牘 문서 길이의 제도화 여부와 관련해 실물 簡牘을 살펴볼 경우 해당 간독 문서가 실제 官府 등에서 사용된 것인지, 아니면 누군가가 부장용 혹은 개인 소장용으로 특별히 제작한 것인지를 구분해서 살펴보아야 비교적 정확한 결론을 내릴 수 있을 것이다.

Ⅲ 簡牘 문서의 너비 제도

지금까지 이루어진 簡牘 문서의 규격에 대한 연구는 대부분 그 길이에

---

20 이 문제를 고찰한 高大倫 역시 이러한 가능성을 제기한 바 있다. 高大倫,「簡册制度中幾個問題的考辨」,『文獻』1984-4, p.254. 참조.

21 『史記』集解注와『鹽鐵論』에 律은 3尺 혹은 2尺4寸의 간독을 사용해 만든다는 기록이 있는데, 여기서의 3尺은 周尺을 가리키는 것으로 秦漢尺으로는 2尺4寸에 해당된다는 것이 일반적인 견해이다.(程鵬萬,「簡牘帛書格式研究」, 吉林大學 博士學位論文, 2006, p.55.)

대해 집중적으로 이루어졌으며, 簡牘 문서의 '너비 제도'에 대해서는 연구가 많지 않다. 하지만 우리가 고대의 竹木簡을 "簡"과 "牘"으로 구분하는 것은 그 너비에 의해 이루어지는 것이므로, 길이 제도만큼 너비 제도 역시 중요하다고 볼 수 있다.

일반적으로 중국의 "簡牘"은 "簡"과 "牘"으로 양분되며, '竹簡', '木簡', '木牘' 등을 합칭한 용어로 알려져 있다.[22] 또한 "簡"은 1행이 서사된 가느다란 형태의 竹木簡을 가리키며, "牘"은 2행 이상이 서사된 비교적 넓은 판면을 가진 木牘을 가리키는 것으로 알려져 있다. 하지만 이는 오늘날의 일반적인 개념일 뿐 簡牘 문서가 사용된 당시의 "簡"과 "牘"이 어떻게 구분되었는지, 그리고 오늘날의 "簡"과 "牘"을 가리키는 당시의 정확한 명칭이 무엇이었는지는 불분명한 점이 있다.

문헌사료에는 당시의 簡牘 문서를 그 너비 및 형태에 따라 구분하는 여러 명칭이 확인된다. "簡은 대나무[竹]로 만들고, 牘은 나무[木]로 만든다"는 관념적 구분법이 이미 오래전부터 전해져 온 것처럼 簡과 牘을 그 재질에 따라 구분한 듯한 기록이 문헌사료 주석에 보이지만,[23] 顏師古의 또 다른 주석에 "竹簡"이라는 명칭이 등장함을 볼 때, 원래부터 비교적 좁고 긴 형태의 竹質, 木質 서사재료를 통틀어 "簡"이라고 칭했음을 알 수 있다.[24] "簡"과 같은

22　지금까지 발굴된 竹簡은 대부분 가느다란 형태의 簡임을 볼 때 "竹牘"은 극소량만 제작된 것으로 보인다. 지금까지의 중국 고고 발굴 簡牘 중 竹牘은 包山2號楚墓, 王家臺15號秦墓, 鳳凰山168號漢墓에서 각각 1건씩의 竹牘이 출토되었음이 보고되었고, 발굴 簡牘은 아니지만 北大秦簡 중 4매의 竹牘이 포함된 것으로 알려져 있다.(윤재석 편저, 『중국목간총람(상)』, 주류성, 2022, p.92, p.174, p.405 ; 윤재석 편저, 『중국목간총람(하)』, 주류성, 2022, p.361. 참조)

23　『漢書』卷40 張陳王周傳 p.2056 "獄吏乃書牘背視之" 顏師古注 "牘, 木簡, 以書辭也."

24　『漢書』卷6 武帝本紀 p.161 "著之於篇" 顏師古注 "篇謂竹簡也."

형태의 서사재료를 칭하는 말로 문헌사료 뿐만 아니라 고고 簡牘자료에도 종종 등장하는 것은 "札"과 "牒"이 있다. 『論衡』 量知篇에는 "截竹爲筒, 破以爲牒"이라고 하여 대나무를 일정 간격으로 가로로 절단한 후 세로로 가늘게 쪼갠 것이 "牒"이라고 설명하고 있으며, 『說文』에서는 "簡은 牒이다"라고 하여 "簡"과 "牒"을 사실상 동일시하고 있다. 한편 『漢書』 司馬相如傳에 인용된 顔師古注에서는 "札, 木簡之薄小者也"라고 하여 비교적 가느다란 형태의 木簡을 "札"이라고 하였다.[25] 문헌사료의 기록을 종합하면 "牒"과 "札"은 簡과 같은 가느다란 형태의 서사재료라는 공통점이 있지만, "牒"은 竹簡, "札"은 木簡을 가리키는 것으로 생각할 수도 있다. 하지만 실제 簡牘 문서를 보면 "牒"과 "札"이 재질에 따른 명칭의 구분이라고는 생각할 수 없다. 실제로는 木簡이 대부분을 차지하는 里耶秦簡 중 "牒書"라는 용어가 종종 사용되는 것을 보면 바로 그러한 점을 알 수 있다. 필자는 "牒"과 "札"의 구분은, "牒書"라는 용어는 종종 보이지만 "札書"라는 용어는 보이지 않는다는 점을 통해 볼 때, 編聯의 여부에 있는 것으로 생각한다. 敦煌漢簡이나 居延漢簡 중 單行으로 서사할 수 있는 木簡 재료를 "札"이라고 칭한다는 점을 통해 이를 확인할 수 있다.[26]

"簡牘"중 "牘"은 簡보다 조금 넓은 직사각형의 얇은 판을 가리킨다.[27] 儀禮나 說文解字의 기록을 보면 "牘"과 비슷한 의미로 "方" 혹은 "版(板)"의 용어도 사용되었음을 알 수 있다. 簡보다는 조금 넓지만 일반적인 牘보다는 좁아 2행으로 서사할 수 있는 서사재료를 일컫는 말로는 "兩行"이 보인다. 이 "兩行"

---

25 『漢書』 卷57上 司馬相如傳 p.2533 "上令尙書給筆札." 顔師古注 "札, 木簡之薄小者也"

26 『居延漢簡釋文合校』(文物出版社, 1987) p.229, 138.7, 183.2簡 "安漢隧札二百兩行五十繩十丈五月輸" 위 簡文은 札이 2行簡인 "兩行"과 구분되는 單行의 서사 재료로 사용되었음을 분명히 보여준다.

27 『春秋左氏傳』 "小事簡牘而已" 孔穎達疏 "牘乃方版, 版廣于簡, 可以幷容數行."

은 敦煌이나 居延출토 漢簡에서 실물 간독의 일종을 가리키는 말로 종종 사용되고 있기 때문에 簡牘 실물의 명칭으로 확정할 수 있다. 牘의 일종으로 다면체로 나무를 깎아 여러 면에 서사하는 특수한 형태의 簡牘으로는 "觚"가 있다. 현재까지 출토된 觚는 3면부터 7면에 이르는 것까지 형태가 다양하며, 길이 역시 1尺부터 2尺 사이의 다양한 규격으로 만들어졌다. 대부분의 觚는 習字용이나 문서의 초안 작성용으로 사용되지만, 급하게 만들어 사용할 수 있다는 장점이 있어 매우 긴급한 문서를 전달할 때도 사용되었다.[28] 특수한 형태의 觚를 제외하고 簡보다 폭이 넓은 簡牘 자료로는 그 순서대로 "兩行", "牘", "板"/"方"을 꼽을 수 있다.

지금까지 출토된 실물 簡牘 자료를 종합해보면 簡의 경우 너비는 竹簡인 경우 0.5~0.9cm, 木簡인 경우 0.8~1.1cm 정도의 크기인 것이 일반적이다. 牘이나 板은 서사되는 행의 다소에 따라 크기가 천차만별이지만 일반적인 牘은 3~6cm 정도이며, 板이나 方에 속하는 것으로 보이는 10cm 이상의 넓은 簡牘 문서도 존재한다. 簡牘의 너비에 일정한 규정과 제도가 있었는지에 대해서는 그렇게 많은 연구가 이루어지지 않았지만, 최근에 공개된 秦代 律令을 보면 秦代에 이미 簡牘의 너비와 두께에 대해 굉장히 세밀한 규정을 하고 있었음을 알 수 있다.

●諸上對、請、奏者, 其事不同者, 勿令同編及勿連屬 ∟, 事別編之. ①有請, 必物一牒, …… 其一事而過百牒者 ∟, 別之, 毋過百牒而爲一編, …… ②**用牘者**, 一牘毋過五行, 五行者, 牘廣一寸九分寸八, 四行者, 牘廣一寸泰半寸, · 三行者, 牘廣一寸半寸. 皆謹調謹〈護〉好浮書之, 尺二寸牘一行毋過卅六字. · 尺牘一行毋過卅二字. …… ③ · **用疏者**, 如故. 不從令及牘廣不中過十分寸一, 皆貲二

---

28 程鵬萬,「簡牘帛書格式研究」, 吉林大學 博士學位論文, 2006, p.14.

甲.²⁹ (嶽麓秦簡5 112~119簡)

請: 自今以來, 諸縣官上對·請書者, 牘厚毋下十分寸一￢, 二行牒厚毋下十五分寸一, 厚過程者, 毋得各過其厚之半. 爲程, 牘牒各一￢. 不從令者, 貲一甲￢. 御史上議: 御牘尺二寸￢, 官券牒尺六寸. ·制曰: 更尺一寸牘牒. ·卒令丙四³⁰ (嶽麓秦簡5 120~122簡)

위 嶽麓秦簡(5)의 112~119간은 對, 請, 奏 문서를 상신할 때 사안별로 編聯해서 올리지만, 100牒까지만 하나의 卷册으로 編聯하고 100牒이 넘어가는 것은 분리해 編聯할 것을 규정하고 있다. 여기에서 언급한 "牒"은 簡文 전체의 文意에 따르면 單行 혹은 2行으로 서사할 수 있을 정도의 너비를 가진 簡을 말한다. 牘을 사용하는 경우 5행까지 서사할 수 있는데, 5行牘의 경우 1과 8/9寸(4.3~4.4cm), 4行牘의 경우 1과 2/3寸(3.8~3.9), 3行牘의 경우 1과 1/2寸(3.4~3.5cm)의 너비로 만들어야 하며, 해당 牘의 너비가 규정보다 1/10寸(2.3mm) 크거나 작은 경우 貲2甲의 벌금형에 처하도록 규정하고 있다. 아래 사진의 5行牘은 里耶秦簡 행정문서의 실물로서 약 4cm 정도의 너비로 만들어졌다. 이것은 중앙으로 상신되는 對, 請, 奏 문서가 아니었기 때문에 위 규정을 정확하게 지켜 만들 필요는 없었지만, 위 규정의 근사치 너비를 가지고 있던 것은 당시 거의 모든 행정문서가 표준간에 가깝게 만들어지고 있었던 것을 보여준다.

즉 嶽麓秦簡(5)의 이러한 규정은 비록 중앙으로 상신되는 對, 請, 奏 문서에 한정된 규정이기는 하지만, 적어도 秦 통일 이후에는 簡牘 문서의 규격(길

---

29 陳松長 主編, 『嶽麓書院藏秦簡(伍)』, 上海辭書出版社, 2017, pp.105-107. 112-119簡.

30 陳松長 主編, 『嶽麓書院藏秦簡(伍)』, 上海辭書出版社, 2017, pp.107-108. 120-122簡.

이, 두께, 너비)과 글자 수에 대한 엄격한 규정이
국가적으로 마련되었음을 확인시켜주며, 이들 문
서 외에 지방 官府에서 일반적으로 사용한 簡牘
문서의 경우 이러한 규격을 완벽하게 지킬 수는
없었겠지만, 이러한 일반 문서 역시 위 규격에 준
한 簡牘 문서를 사용했을 것으로 추정된다.

 문제는 위 규정에서 牘의 서사 행수를 3행부
터 5행까지로 제한하고 있다는 점이다. 앞서 언급
한 바와 같이 일반적으로 "簡牘"이라고 할 때 "簡"
은 1행이 서사된 것으로, "牘"은 2행 이상이 서
사된 것으로 보지만, 위에서 인용한 嶽麓秦簡(5)
112~119簡에서는 簡牘 문서를 그 너비에 따라
"牒"과 "牘"으로 구분하고, "牒"은 1행, 2행의 문자
가 서사된 것, "牘"은 3행, 4행, 5행의 문자가 서사
된 것으로 규정하고 있다. 문제는 6행 이상의 문
자가 서사된 簡牘 문서의 명칭과 그 규격이 명확
하게 규정되지 않았다는 점이다. 里耶秦簡의 실물
자료를 보면 6행 이상의 牘이 다수 보이므로, 6행
이상의 牘을 만들지 않았을리는 없다.

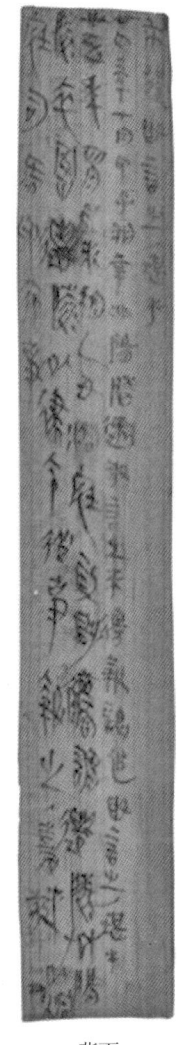

正面 背面

그림 1 **里耶秦簡 9-3簡**

 이 문제를 살펴보기 위해서는 위 令文의 구
조를 명확하게 할 필요가 있다. 嶽麓秦簡(5)의
112~119간에서 簡牘 문서의 너비에 대한 부분은
밑줄로 표시한 세 부분으로 구분된다. ①부분에
서는 1行牒과 2行牒의 編聯 한도를 100牒으로 규정하고 있으며, ②부분은 앞
에서 살펴본 3行牘, 4行牘, 5行牘의 너비 규정이다. 문제는 ③부분인데, ②부
분 시작을 "用牘者"로 한 것과 대응되게 "用疏者"로 시작하고 있다. 언뜻 생각

하면 1행, 2행의 簡牘 문서는 "牒", 3~5행의 문서는 "牘"으로 불렸고, 6행 이상의 문서를 "疏"로 규정한 것처럼 보인다. 하지만 簡牘 상에 나타난 "疏"의 의미를 종합적으로 살펴보면, "疏"라는 것이 簡牘 실물의 명칭이라고 보이지는 않는다.

"疏"는 秦漢代 簡牘 자료에서는 일반적으로 조목을 나누어 서사하는 글의 서사 방식을 가리키는 의미로 사용되었다. 里耶秦簡에는 "疏書"라는 문구가 종종 등장하는데 이는 주로 作徒簿와 같이 다수의 조목별 서사가 필요한 簿籍類 문서에서 찾아볼 수 있다.

> 八月乙酉, 庫守悍敢言之: **疏書**作徒薄(簿)牒北(背)上, 敢言之. 逐手
> 乙酉旦, 隸臣負解行廷. (背)
> 廿九年八月乙酉, 庫守悍作徒薄(簿): 受司空城旦四人、丈城旦一人、舂五人、
> 受倉隸臣一人.
> ·凡十一人
> 城旦二人繕甲□□
> 城旦一人治輪□□
> 城旦一人約車: 登. (第一欄)
> 丈城旦一人約車: 缶.
> 隸臣一人門: 負劇.
> 舂三人級: 姱、□、娃. (第二欄)
> 廿廿年上之.(第三欄) (正)[31]

이 문서는 秦始皇 29년 8월 乙酉日, 遷陵縣 소속 관부 중 하나인 庫의 책임자가 縣廷에 제출한 作徒簿이다. 里耶秦簡 정리자들은 "疏書" 즉 조목별 서

31　陳偉 主編, 『里耶秦簡牘校釋(第一卷)』, 武漢大學出版社, 2012, p.203. 8-673+8-973簡.

사가 되어 있는 부분을 〈正面〉으로 보았지만 실제 簡文의 내용을 보면 "作徒 簿를 牘의 뒷면에 疏書한다"는 내용이 쓰여진 쪽이 〈正面〉이며, 疏書의 방식 으로 쓰여진 부분이 〈背面〉임을 알 수 있다. 석문으로 보기에는 이 疏書 부분 이 6행 이상인 것처럼 보이지만, 단을 두 개로 나누어 서사했기 때문에³² 실 제로는 4행의 牘이 된다. 이처럼 "疏"는 簡牘 실물의 명칭으로 사용된 경우를 거의 찾아볼 수 없고, 3행 이상의 조목별 서사를 가리키는 용어로 사용되었기 때문에 嶽麓秦簡(伍) 112~119간의 "疏"만 특별히 6행 이상의 牘을 가리키는 용어로 사용되었다고 생각할 수는 없다.

그렇다면 위 嶽麓秦簡(伍) 112~119간 ③부분의 "用疏者"는 어떻게 이해 해야 할까? 이 令文은 지방에서 중앙으로 상신되는 對, 請, 奏 문서에 한정된 규정이므로 모든 簡牘 문서를 대상으로 한 것이 아님을 주의해야 한다. 즉 對, 請, 奏 문서의 경우 牘이라고 하더라도 5행까지만 서사하는 것으로 제한을 두 었지만, 이 규정에 대한 예외 규정으로 조목별로 서사하는 "疏" 문서의 경우 6 행 이상이 되어도 괜찮다고 하는 것을 ③부분의 "用疏者, 如故"의 의미로 보아 야 할 것이다. 일반적인 서술이 들어가는 牘은 5행까지로 제한해 牘의 너비가 지나치게 비대해지는 것을 제한하였지만, 조목을 나누어 각종 통계를 서사해 야 하는 "疏" 문서는 그러한 제한을 적용하지 않아야만 전체 통계를 한눈에 파 악할 수 있기 때문에 이러한 예외 규정을 둔 것으로 이해할 수 있을 것이다.

---

32 (第3欄) 부분은 이 문서가 용도 폐기된 후 작성된 것으로 보이는 習書의 흔적이다. 따라서 이 簡의 作徒簿 본문은 第1欄과 第2欄 두 개의 단으로 나뉘어 서사되었다.

Ⅳ 맺음말

이 글에서는 簡牘 문서의 길이를 중심으로 한 簡牘의 규격이 언제부터 제도화되었는지를 정리하는 한편 簡牘 형태와 너비에 따른 명칭 구분에 대해 고찰하였다. 본문의 내용을 정리하면 다음과 같다.

첫째, 戰國時代 楚簡의 경우 2尺簡이 표준간이라는 주장도 있지만, 다양한 길이로 만들어진 楚簡을 보면 戰國時代에는 簡牘 길이의 표준이라는 것이 존재하지 않았을 가능성이 크며, 秦漢代에 들어와 1尺을 표준으로 하는 길이 제도가 만들어진 것으로 보인다. 하지만 부장용이나 개인 소장용으로 만들어지는 簡牘 문서는 이러한 표준 규격을 따르지 않아도 되었기 때문에 秦漢代 簡牘 문서의 길이에 대해서는 느슨한 정도의 규격화가 이루어진 것으로 볼 수 있다.

둘째, 簡牘의 길이가 길수록 사용자의 신분이 높고 해당 서적, 문서의 중요성을 나타낸다고 한 기존의 견해는 대체로 수용할 수 있지만, 〈論語〉簡과 같이 휴대성 제고라는 특수한 목적으로 제작된 簡牘 문서는 해당 문서 내용의 중요성이나 문서 소장자의 신분과는 관계 없이 상당히 짧은 簡牘으로 제작되었으며, 이런 현상은 戰國時代부터 漢代까지 시대를 불문하고 계속해서 이어지고 있었다.

셋째, 최근 공개된 嶽麓秦簡(5) 112~119簡에 의하면 簡牘 문서 길이, 너비, 두께의 규격화는 秦代부터 이루어진 것으로 보인다. 또한 嶽麓秦簡(5) 112~119簡은 簡牘 문서를 그 너비에 따라 "牒"(1~2행), "牘"(3~5행), "疏"(6행 이상)로 구분하는 듯하지만, "疏"의 경우 기존 簡牘에서 나타난 용례를 통해 볼 때 簡牘 문서의 명칭이 아닌 조목별로 서사하는 방식을 가리키는 용어이므로, 6행 이상이 서사된 簡牘을 "疏"로 칭한 것은 아니다. 嶽麓秦簡의 令文은 對, 請, 奏 문서에 사용되는 牘은 5행까지로 제한해 牘의 너비가 지나치게 비대해지는 것을 제한하였지만, 조목을 나누어 각종 통계를 서사해야 하는 疏書 방식의 문서는 5행 이상으로 서술하는 것을 허용하는 조문으로 해석할 수 있다.

참고문헌

尹在碩, 「韓國·中國·日本 출토 論語木簡의 비교 연구」, 『동양사학연구』 114, 2011.

윤재석 편저, 『중국목간총람(상)(하)』, 주류성, 2022.

高大倫, 「簡册制度中幾個問題的考辨」, 『文獻』 1984-4.

劉洪, 「從東海尹灣漢墓新出土簡牘看我國古代書籍制度」, 『尹灣漢墓簡牘綜論』, 科學出版社, 1999.

李學勤, 「新出簡帛與學術史」, 『簡帛佚籍與學術史』, 江西敎育出版社, 2004.

林沄, 「古代的簡牘」, 『中國典籍與文化』 1994-1.

馬先醒, 「簡牘形制」, 『簡牘學報』 第7期, 1980.

王國維 著, 胡平生, 馬月華 校注, 『簡牘檢署考校注』, 上海古籍出版社, 2004.

張顯成, 『簡牘文獻學通論』, 中華書局, 2004.

錢存訓, 『書于竹帛 - 中國古代的文字記錄』, 上海書店出版社, 2004.

程鵬萬, 「簡牘帛書格式硏究」, 吉林大學 博士學位論文, 2006.

趙超, 『簡牘帛書發現與硏究』, 福建人民出版社, 2005.

陳夢家, 「由實物所見漢代簡册制度」, 『武威漢簡』, 文物出版社, 1964.

胡平生, 「簡牘制度新探」, 『文物』 2000-3.

#06

출토 문자자료로 본 일본어 표기방법과 부호

•

이누카이 다카시(犬飼隆)

(일본어학자)

고노로쿠로(河野六郎)는 "일본의 한자 사용은 한반도의 실험을 전제로 한다"고 지적했다.[1] 이 선견지명이 실증되고 있다. 일본어를 한자로 표기하는 방법이 성립하게 된 것은 중국 대륙에서 한반도로 전해져 개발된 것이 일본으로 전해져 개발되었다고 생각해야 한다. 이를 실증하는 자료는 중국 대륙·한반도·일본열도의 출토자료에 쓰이거나 새겨진 글씨이다. 이 글에서는 오늘날까지 일본의 연구가 도달한 수준에 대해 그 개략을 소개하도록 하겠다.

---

1 河野六郎,「古事記に於ける漢字使用」,『古事記大成第三卷言語文字篇』, 平凡社, 1957.

I 대륙에서 출발해서, 반도를 경유하여, 열도로 도착

일본어를 표기한 가장 오래된 출토 문자자료는 5세기의 철검 또는 거울에 새겨진 명문이다. 이러한 글의 문체는 한문으로 되어 있으며, 그 안에 일본의 고유명사를 한자음을 빌려 표기한 한자 음차 표기가 있다.

이러한 표기 방법은 일본에서 개발한 것이 아니다. 고대 동아시아에 보급되어 있었던 표기법인데 중국의 용어로는 '대음(対音)'(일본 연구자의 대부분은 '가차(假借)'의 범주에 포함되는 것으로 인식하고 있다)이라고 한다. 예를 들어 위서동이전(魏書東夷傳) 왜인조(倭人條)에 적혀 있는 '히미고(卑弥呼)' 등의 이름도 이에 속한다. 그 방법을 동아시아 각지의 나라와 민족이 도입한 것이다. 글을 쓴 자, 즉 서사자에 대해서도 5세기 일본의 금석문은 구마모토(熊本)현의 에다후나야마(江田船山) 고훈에서 출토한 대도(大刀) 명문 말미에 '서자 장안(書者張安)'이라고 새겨져 있는 점 등을 증거로 도래인이 썼다고 일본 연구자들은 보고 있다. 이 '장안'은 이름으로 보아 중국계 사람으로 보이며 대륙에서 혹은 한반도를 경유하여 건너온 것으로 추정된다.

그러나 이들의 5세기 명문 표기법을 자세히 관찰해 보면 중국 중원(中原)과 달리 한반도와 공통된 점이 많이 인정된다.

예를 들어 사이타마(埼玉)현의 이나리야마(稲荷山) 고훈에서 출토된 철검 명문의 対音 '獲加多支鹵'는 유략(雄略) 천황의 이름 '와카타케루'에 해당하는 것으로 추정된다(그림 1). 그중 '와카'를 표기하는데 사용한 '獲'의 자음 운미(韻尾)와 '加'의 두자음은 k이다. 즉 두 글자는 -kk-로 이어지게 되는데 이것을 매듭으로 하여 하나의 의미 단위를 표기하고 있음을 나타낸다. 후술할 인명 '乎獲居(오와케)'의 '獲居'도 마찬가지다. 일본 연구자들은 이를 만요가나(万葉仮名. 옮긴이: 한자의 음 또는 훈을 빌려서 일본어의 음을 표기한 문자)의 용법 중 하나로 분류해 연합가나(連合仮名)로 불러왔다. 그런데 이 표기법은 한반도에서 사용하고 있었던 하나의 고유명사를 한자 두 자로 차자 표기할 때의 관습과 일치한다. 5세기에 이러한 관습이 일본에 전해졌다고 보는 것이 합리적이다. 한반도의 용례를 소개하면 백제 능산리사지 목간의 인명 '今母'(두 글자가 -mm-로 이어짐)나 신라 성산산성 목간의 인명 '甘文'(위의 용례와 같음) 등에서 찾아볼 수 있다. 성산산성 목간의 마을 이름 '물리(勿利)'도 당시에 이미 중국 자음의 t입성이 r음화 되어 있었다고 볼 수 있다면 두 글자가 -rr-로 이어지고 있는 것으로 된다.

그리고 다섯 번째 글자 '鹵'는 卤와 같은 형태의 이체자로 쓰여 있는데, 이는 능산리사지에서 출토된 다른 목간의 인명 '疏加鹵'의 '鹵' 형태와 비슷하다(그림 1). 이 백제 목간의 '鹵'가

그림 1

이나리야마(稻荷山) 고훈 철검명과 같은 일본어의 음 'る(루)'를 표기한 것이라면 이 인명은 일본어 '스가루(나나니벌)'에 해당할 가능성이 있다. 『日本書紀』의 권14에는 유략천황의 측근 '스가루(須我屢)'가 누에를 모으라는 명령을 잘 못 이해해서 어린이를 모았기에 '치히사코베노 무라지(少子部連)'라는 성씨를 받게 되었다는 기록이 있다.

이 철검의 작성을 명령한 주체인 '乎獲居'는 '杖刀人'의 수령으로서 유략천황을 섬겼다고 명문 후반에 적혀 있다. 이 '○○人'은 고대 한반도에서 공적인 직책으로 사용했던 용어이다.[2] 고구려 광개토왕비(414)에 '수묘인(守墓

---

2   橋本繁, 「城山山城木簡と六世紀新羅の地方支配」, 工藤元男·李成市編, 『東アジア古代出土文字資料の研究』, 雄山閣, 2009.

人)'이 보이며, 6세기 신라 비문에는 봉평리비(524)의 '절서인(節書人)' 등 이에 해당되는 사례가 많다. 위의 에다후나야마 고훈의 대도 명문에도 '전조인(典曹人)'이 쓰여 있어 5세기 일본에서도 이 용어가 사용되었다는 것을 알 수 있다.

그리고 이 철검 명문의 서두에는 '辛亥年七月中記'가 적혀 있는데, 이 '中'의 용법은 한문 격식에 맞지 않다. 고전 중국어라면 '七月中'은 7월 1일부터 그믐날까지를 가리키지만 이 명문에서는 서기 471년의 6월도 아니고 8월도 아닌 '7월에 (적었다)'라는 뜻이다. 이와 같이 어느한 지점을 가리키는 '中'의 용법도 신라, 백제의 출토 자료에서 찾아볼 수 있다. 예를 들어 경주 월성 해자에서 출토된 7세기 전반기의 신라 목간에 '經中入用思'라는 어구가 있다. '경에 필요할 것으로 생각된다'라는 뜻으로 '中'은 '에'에 해당된다.[3]

II 목간에 쓰인 문장의 문체

이 글에서는 7, 8세기의 목간을 주요 대상으로 한다. 지금까지 출토된 목간 중에서 가장 오래된 일본 목간은 7세기 전반의 것이지만 수량이 아주 적다. 아직 발굴되지 않은 것이 아니라 작성될 기회가 많지 않았을 것으로 생각된다. 7세기 후반부터 출토 수가 증가하기 시작하고 7세기 말부터 폭발적으로 많아진다. 전국에 문서행정제도가 수립됨으로써 각 관공서에서 목간을 작성하게 된 사정을 반영하고 있다.

3　金永旭,「木簡に見られる古代韓國語表記」, 藤本幸夫編,『日韓漢文訓讀研究』, 勉誠出版, 2014.

문서행정 시스템뿐만 아니라 문서양식 정비에 있어서도 한반도의 선행 사례를 꾸준히 배웠을 것이다. 아래에 소개하는 바와 같이 그 영향을 바탕으로 일본 국내에서 시행을 거듭하여 개발한 문체가 8세기 초까지 일본에서 작성한 각종 문장의 문체의 주류가 되었던 것이다.

목간 대부분은 행정업무상 용건을 전달하는 데 목적을 두고 있다. 그 문체는 격식에 맞는 정격 한문이 아닌 이른바 변체 한문의 범주에 속한다. 관리들은 아마도 6세기 이후의 동아시아의 공통 행정문서 양식에 따라 썼다고 의식하고 있었을 것이다. 하지만 실제로는 그 어구의 글자 순서 또는 한자 의미 용법에 종종 모국어의 영향이 드러나면서 정격 한문에서 이탈한 곳도 보이고 있다. 그러나 서사자는 이에 대해 '잘못(訛)된 것'으로 생각하지 않았다.

이 '잘못된 것'은 행정업무용이 아닌 공식도가 높은 문장에도 나타난다. 예를 들어 호류지(法隆寺) 절의 금당약사불 광배명(金堂藥師佛 光背銘)의 기술 내용은 7세기 초에 일어난 사실에 관한 것이지만, 현재 남겨진 명문은 7세기 말에 法隆寺가 재건되었을 때에 새겨진 것이다. '조사약사불작(造寺藥師佛作)'이라는 어구가 보이는데 '造寺'는 한문 어순에 맞지만 '作'은 '약사불을 만든다(作)'로 읽을 수 있어 일본어 어순에 맞는 위치에 놓여 있다. 정격 한문은 아니지만 불상에 새겨진 명문이므로 잘못된 문장이 아니라 정식으로 인식되었던 셈이다. 이러한 인식은 서기 711~2년에 편찬된 『古事記』에까지 계승되었다.[4]

『日本書紀』권20의 민달(敏達) 천황 원년(572) 기사에 '烏羽之表'에 관한 기록이 있다. 고구려에서 보낸 국서를 야마토 카후치노 후히토(東西史)는 읽지 못했으나 그후에 후나씨(船氏)의 선조가 된 왕진이(王辰爾)가 검은 깃털에 먹으로 쓰인 것임을 알아채고 김을 대여 글씨를 천에 옮겨서 해독했다는 이야기다. 이 기록을 필자는 사관의 문서 능력은 오래전부터 전승되어 온 구식(舊

---

4 犬飼隆,「古事記と木簡」,『古事記年報六十』, 古事記学会, 2018.

式)이지만 王辰爾는 한문을 읽어내는 새로운 능력이 있었음을 상징적으로 말해주는 것으로 해석하고 있다. 6~8세기의 일본에서는 이러한 사태가 여러 차례 발생했을 것이다.[5] 문서 능력의 갱신에 노력하려고 해도 중국 중원과 직접 교류할 기회는 많지 않았다. 일의대수의 한반도에서 도입한 문서 양식이 주류로 된 것은 자연스러운 추세였다.

그리고 아마도 7세기 일본에서 변체 한문으로 쓴 행정 목간을 당시의 중국인이 읽어도 용건을 대략 이해할 수 있었을 것으로 필자는 생각한다. 현대에 비유하자면 영어 모국어 화자가 원래는 영어 화자가 아닌 사람이 말하거나 쓴 콩글리쉬와 같은 영어를 듣거나 읽을 때, 위화감을 가지면서도 내용을 이해한다. 위화감의 크기와 내용 이해의 어려움은 말하거나 쓰여진 글의 '잘못'된 정도 뿐만 아니라 그때의 상황이나 어느 정도로 자세한 정보가 필요한지 등의 조건에 따라 달라진다. 고대 문서 행정에 사용된 목간의 대부분은 매번 정해진 상황에서 익숙한 서식에 따라 전달하고자 하는 요점만 적고 있다. 한자는 표어(表語) 문자이기 때문에 일반적으로는 용무를 다 볼 수 있었던 것이다.

III 한자 · 한문과 일본어 구조와의 어긋

한자를 사용해서 일본어를 표기하려면 한문의 기반으로 되는 고전 중국어와 일본어의 언어적 구조 차이를 조정해야 한다. 내용을 일본어로 생각해도 그것을 문장으로 적으려면 한문체로 쓸 수 있고, 단어는 한자의 뜻을 빌려 표기할 수 있다. 고유명사는 대음(對音) 방식으로 표기할 수 있다. 이러한 표기

---

[5] 犬飼隆, 「『烏羽之表』事件の背景」, 『愛知県立大学文学部紀要国文学科篇』57, 2009.

방식에는 여러가지 제약이나 장애가 있을 수 있지만 이것은 개별적인 문제이다. 그러나 일본어 문장을 쓰려고 하면 어순, 동사의 활용 어미, 후치사류=조사·조동사류 등이 큰 문제가 된다. 일본어 어순에 따라 한자를 나열하면 한문체가 되지 않는다. 중국어 문법은 굴절이 없기에 활용 어미에 사용할 수 있는 한자는 없다. 조사·조동사 류에는 한문의 조자(助字)를 사용할 수 있다. 하지만 글자 수가 적다.

한반도의 금석문에는 당초에 후치사류 표기에 조자를 사용했다. 일본도 이것을 따라했다. 일본의 금석문이나 목간 자료에 '者'를 조사 '와(は)'(옮긴이: 한국어 은, 는에 해당) 표기에, '而'를 '테(て)'(옮긴이: 동사·형용사의 활용형의 하나. 어떠한 동작·작용이 행해짐을 나타냄.) 표기에 사용했으며 이러한 사례가 보편적으로 보인다. 또한 한반도의 변체 한문에는 문장 끝에 '지(之)'가 사용된 사례가 많다. 원래 동사 뒤에 두어 어조를 가다듬는 역할을 했는데 그것을 문장 종말을 나타내는 글자로 특화하여 사용한 것이다. 중국의 오랜 시기 이전의 한자음을 바탕으로 하는 음이 고유어의 종결 어미 '-다'와 비슷하다는 지적이 있지만,[6] 문장 끝의 명사류 아래에 붙는 사례도 있다. 자국어의 음과 상관없이 문장의 종결을 나타내는 데에 사용된 것이다. 이러한 용법도 아래에 서술한 바와 같이 일본에 전해졌다. 그러나 이러한 용법으로 사용하는 한자는 많지 않다. 후치사류를 자유롭게 표기하기 위해서는 음차 표기의 개발이 필요했던 것이다.

한자로 쓴 문장에 일본어가 노출되는 경우가 있다. 용건을 전달하는 것이 목적일 지라도 그에 따른 사정이나 관계자의 의사를 상세히 설명할 필요가 있으며, 요점을 적는 것만으로는 불충분할 때에 일본어가 노출된다. 그때 글쓴이가 어설피 한자·한문을 알고 있다면, 예를 들어 현대에 놓고 말하면 일본인

---

6 河野六郎, 앞의 책; 藤本幸夫, 「古代朝鮮の言語と文字文化」, 『日本の古代14 ことばと文字』, 中央公論社, 1988.

그림 2

이 'He is a security guard.'라는 말을 '히 이즈 아 가드만'(필자가 들은 실례)과 같은 문장으로 표현하게 된다. 일본어 표기를 검토하는 데에 있어서는 이러한 자료가 유용하다.

시가(滋賀)현의 모리노우치 유적에서 출토된 7세기 말의 목간이 좋은 예로 된다. 이 목간의 판독문은 "椋直傳之我持往稻者馬不得故我者反來之故是汝卜部 / 自舟人率而可行也其稻在處者衣知評平留五十戶旦波博士家"로 되어 있는데 그 글자 순서는 일본어 어순과 대략 일치하다. 한자 순서를 바꿔서 읽어야 할 곳은 '不得'(얻지 못해.), '可行'(가야 한다) 뿐이다. 조사 '와(は)', '테(て)'에는 '者', '而', 조동사 '못하다', '해야 한다'는 '不', '可'로서 표기하고 있다. 구라노 아다이(椋直)가 벼를 운송하려 하였으나 말을 얻지 못해 일단 돌아가서 우라베(卜部)에게 배로 에치(衣知) 고호리(評) 平留(헤루) 사토(五十戶)의 다니와(旦波) 후히토(博士) 집으로 가서 가져 가라고 전한 편지이다. 사정을 자세히 설명할 필요가 있으며 사항의 요점만 적는 것으로는 소용이 없었던 것이다.

그리고 이 목간의 표기에도 한반도와의 공통성이 확인된다. 서두의 '傳之'(츠타후. 전하다는 뜻.)의 '之'는 앞에서 서술한 종결 어미이며 훈독할 때에 읽지 않는다. 일본어 종결 어미 '후(ふ)'의 발음은 '之'의 음과 전혀 다르다. 또한 뒷면의 '可行也'와 '其稻在處' 사이에 약간의 공백이 있는데 이는 문장 전반과 후반의 단락이 나누어짐을 나타내고 있다(그림 2). 이와 같이 공백을 두는 용법은 한반도에 선행 사례가 있다. 신라의 임신서기석(552년 또는 612년)은 네 번째 줄 '行誓之' 뒤에 공백을 둠으로써 임신년에 맹세한 내용과 '別又先'에서부터 그 뒷부분의 신미(辛未)년에 맹세한 내용을 나누어 표기했다. 경주 월성해자에서 출토한 7세기 전반의 신라 목간 제3면에도 '牒垂賜敎在之 後事者命盡'과 같이 앞의 문장 끝 부분과 다음 문장의 앞머리 사이에 한 글자의 절반쯤 되는 크기의 공백이 의도적으로(그림 2) 비

워져 있다.[7]

모리노우치 유적의 목간은 신라어로도 읽을 수 있다고 지적되고 있다.[8] 그 견해에 필자는 찬성한다. 그리고 당시의 중국어 화자도 '椋', '卜部', '衣知', '平留', '旦波'가 고유명사임을 알면 대략 이해할 수 있었을 것으로 추측한다. '可行也'는 일본어의 '가야 한다'에 해당한다. 이 '也'는 한문의 조자로서 읽을 수 있고, 일본어 조동사 '베시(べし. 可. 해야한다는 뜻.)' 아래에 붙은 훈독하지 않는 종결 어미로도 읽을 수 있으며 조동사 '나리(なり. 也)'를 조자로서 쓴 표기로도 읽을 수 있다. 당시의 행정문서는 일반적으로 이러한 변체 한문체였다.

이 목간은 한문 조자로서 활용 어미나 조사·조동사를 표기하고 있으며 아직 만요가나(万葉仮名)에 의한 음차 표기는 되지 않았다. 그것은 후술하다시피 7세기에 전해진 훈주음종(訓主音從)의 표기법이 일본어 표기에 사용됨에 따라 8세기에 일반화되었을 것이다.

Ⅳ 와카(和歌)를 쓴 목간에 일본어 문형이 나타난다

일본어 문장을 그대로의 형태로 표기한 목간은 와카(和歌)를 쓴 것에 거의 한정된다. 표기 방법은 모두가 만요가나를 나열한 일자일음(一字一音) 식의 음차 표기법이다. 다만, 명사와 동사는 훈차 표기로 하고, 조사는 만요가나 자주 사용되는 조자로 음차 표기한 목간이 확실히 1매 있지만, 이에 대해

---

7 犬飼隆, 『木簡による日本語書記史【2011增訂版】』 제2장 2, 笠間書院, 2011.
8 金永旭, 「西河原森ノ內 遺跡址의 '椋直' 木簡에 對한 語學的 考察」, 『목간과 문자』 창간호, 한국목간학회, 2008.

서는 후술하도록 하겠다.

5, 7구를 반복하는 와카의 형식은 일본에 예로부터 있었던 것이 아니라 의식(儀式)이 있을 때에 노래하기 위해 6세기 후반 이후에 생긴 것이라고 필자는 생각하고 있다. 중국을 모방한 정치 구조가 도입되고 그 과정에서 의식 제도도 정비되었다. 의식에는 음악 연주가 포함되고 축하 주문으로서의 가창(歌唱)도 포함된다. 이러한 의식의 연주 종목에 일본어 노래가 포함되어 있었던 것이다.[9]

그러한 과정에 있어서 백제 기술자의 지원을 받았다.『日本書紀』권 19 흠명천황(欽明天皇) 15년(554) 조에 백제로부터 역박사(易博士), 역박사(曆博士), 의박사(醫博士), 채약사(採藥師)와 함께 4명의 악사(樂人)를 파견했다는 기록이 있다. 백제로부터 이러한 기술자들이 정기적으로 파견되었는데 이 사람들은 그 전해에 귀국한 의박사와 역박사(易博士), 역박사(曆博士)와 교체한 인원이었다. 이 때에 역(易), 역(曆), 의약과 함께 음악 전문가가 파견된 것은 의식 제도의 정비를 지도하기 위해서였다고 여겨진다. 이들의 전문은 수나라나 당나라의 행정제도 중 태상사(太常寺)에 속하는 각 관서가 관리했던 것에 해당한다. 태상사는 궁궐 의식과 관련된 여러 업무를 담당하는 관서이다. 백제 행정에 같은 제도가 있었을 것이다. 이들 가운데 능묘와 공물을 관장하는 교사서(郊祀署)와 소희서(廩犠署)의 관리에 해당하는 전문가가 없는 것은 황제, 왕과 신을 섬기는 자세가 중국, 백제, 일본이 서로 달랐기 때문일 것이다.

와카가 쓰여있는 가장 오래된 목간은 7세기 중엽의 것이다. 나니와궁(難波宮) 터에서 출토된 목간에 '皮留久佐乃皮斯米之刀斯□(하루쿠사노하지메노토시. 옮긴이: 봄 풀의 시작의 해…)'라는 와카가 적혀 있다(그림 3). 이 출토 사례는『만엽집(萬葉集)』에 수록된 와카에 기록된 작가(作歌) 연대가 7세기 전

그림 3

---

9 大飼隆,『儀式でうたうやまと歌』, 塙書房, 2017.

반에 시작된다는 것과 부합한다. 『만엽집』의 첫 번째 와카, 즉 웅략(雄略) 천황의 와카는 전승된 것이고 두 번째는 서명(舒明) 천황(재위 629~641년)의 '국견(國見)'의 노래이다. 그 내용은 가구야마(香具山) 정상에서 나라를 바라보고 좋은 나라라고 칭송하는 것인데 이것은 의식에서 부르는 찬가가 틀림 없다. 6세기 후반부터 진행되어 온 의식의 음악에 관한 정비가 7세기에 들어서서 자리를 잡으면서 연주의 한 종목으로서 부르는 일본어 노래가 작성되었다. 그것이 후세에 『만엽집』에 수록된 와카의 소재로 되었던 것이다. 그러한 노래를 만들어 다듬어 가는 과정에서 목간에 노래를 쓰게 되었다고 이해할 수 있다.

　　의식의 노래는 축하에 관한 주문이기에 발음을 알 수 있도록 적어야 한다. 하여 만요가나로 일자 일음 식으로 표기했다. 일본어의 음운은 자음과 모음으로 구성되어 있고 모음으로 발음이 끝나는 개음절(開音節) 구조이기에 이에 적합한 표기 방식이라고 할 수 있다. 이러한 표기 방식을 채택한 결과, 일본어 문장을 표현하는 것이 목적이 아니었으나 한자를 배열한 문장에 일본어 문장 구조가 그대로 드러나게 되었다. 서사 양식은 다라니경(陀羅尼經)을 따라한 것이라고 생각한다. 다만 운문(韻文) 표기에 대해서는 한반도의 향가체(鄕歌体)와의 연관성도 생각해 봐야 한다. 신라어나 백제어는 폐음절 구조였기 때문에 자국어의 노래 표기에 일자 일음식을 택하지 않았다고 필자는 생각하고 있지만 향후 한국의 연구 성과에 주목하고자 한다.

　　와카를 목간에 쓴 목적은 연습과 기록뿐만이 아니었다. 두 척(二尺) 가량의 큰 목재(일반 목간의 두배)의 한 면에만 가사를 한 줄로 쓴 목간이 여러 점 출토된 바 있다. 이는 의식에서 여러 사람에게 보이는 데에 적합한 형태이다. 크기 자체는 권위를 상징하고 표현한다. 군부(郡符) 목간이나 과소(過所) 목간에도 특히 큰 목재를 사용한 사례가 있다. 명령이나 관문을 지나는 이유를 현시하기 위해서이다. 『일본영이기(日本靈異記)』의 중권 제십연(第十緣)에 중앙으로부터 파견된 지방관인 국사(國司)의 소환 명령이 사척 크기의 목찰에 적혀 있었다는 설화가 있다. 명령은 사자인 병사가 구두로 알리고, 소환

그림 4

된 사람은 적힌 글을 읽은 것이 아니라 목찰의 크기에 놀라서 복종했다는 취지로 해석되고 있다.

또한 산문을 일자 일음식으로 표기한 목간이 현재 한 점 있다. 8세기 전반기의 벼와 딸기를 진상하는 내용이 적힌 꼬리표 목간인데, 진상 내용을 한줄로 적은 뒤에 그보다 작은 글씨로 두줄로 나누어서 '和岐弖麻宇須多加牟那波阿利 / 止毛々多牟比止奈志止麻宇須'가 쓰여 있다(그림 4). 어떤 사정이 있어서 관례대로라면 물품을 지참해야 하는 사자가 '따로 아뢰옵니다. '죽순은 있습니다만 운반할 사람이 없습니다'라고 아뢰옵니다.'라는 구두 표현을 한자로 표기한 것이다. 구두 표현의 말투를 그대로 드러내기 위해서 가사를 써서 표기하는 방법을 응용한 것이다. 앞서 언급한 신라의 임신서기석(壬申誓記石)의 문체도 변체 한문의 범주이긴 하지만, 새겨진 한자 순서는 신라 말의 어순과 대부분 일치하다. 맹세의 말도 일종의 기도이기 때문에 자국어의 어조를 알 수 있게 쓴 것이 아닐까?

V 훈주 음종(訓主音從) 표기의 일본 수용

한국 어학에서 말하는 훈주 음종(訓主音從)의 표기 방법(나중에 의자말음첨기(義字末音添記)로 되는 것)이 일본의 한자 가나가 섞인 문장의 원류가 됐다고 필자는 생각한다. 훈주 음종 표기는 6세기에는 성립했다. 먼저 앞서 언급한 '今毋'와 같이 하나의 고유명사를 한자 두 자로 음차 표기할 때, 앞 자의 운미와 뒷 자의 어두의 자음이 일치한 글자를 고르는 관습을 바탕으로 개발했을 것이다. 신라 성산산성 목간의 고유명사 중 몇몇 사례는 훈주 음종 표기법으로 쓰여 있다는 지적이 있다.[10] 예를 들어 인명 '文尸'은 '文'의 신라어 독음을 표기하기 위하여 '文'은 훈차 표기로 하고(훈주) 말미의 음 r는 '尸'로 음차 표기를 했다(음종)(그림 5). '文'을 음독하는 것을 배제하기 위한 조치일 것이다.

이러한 표기 방식이 일본에 전해졌음은 확실하다. 지바(千葉)현의 류가쿠지 고토마키가마터(龍角寺五斗蒔瓦窯跡)에서 출토한 7세기 후반기의 기와에 새겨진 고유명사에 이에 해당하는 사례가 확인된다. 예를 들어 '아카(赤加)'는 '아카하마'라고 하는 집단명을 시

그림 5

사하고 있지만, 일본어 '아카'(빨강)를 '赤'으로 표기하고(훈주) 훈독의 말음(末音) '카'를 만요가나 '加'로 표기하여(음종) '아카'라는 독음을 제시한 표기법이다(그림 5). '赤'를 음으로 읽거나 다른 훈(구레나이)으로 읽는 것을 배제한 조치일 것으로 보인다. '하마'를 생략한 것은 고유명사 표기는 한자 2~3자로 쓰는 관습에 의한 것으로 이해할 수 있다.

비슷한 사례가 다른 유적에서 출토된 문자자료에도 확인된다. 시기는 모두 8세기 전반기의 것이다. 미야기(宮城)현의 다가성(多賀城) 터에서 출토한 기와에 '上見冨'라고 새겨진 것이 있다. 지명 '가미(츠)토미타'를 표기한 것으로, '上'의 훈독 '가미'의 말유 '미'를 '見'의 훈을 빌려서(만요가나의 분류로 말

10　李丞宰, 「新羅木簡과 百濟木簡의 표기법」, 『진단학보』117, 2013.

하면 훈가나) 나타내고 있다. '토미타'는 '冨'로 표기하고 있는데 이것은 '타'를 생략한 것이다. 후쿠오카현 다자이후(太宰府) 터에서 출토된 부찰목간에는 '岡賀'라고 쓰인 사례가 있다. '岡'의 훈독은 '오카'인데 말음 '카'를 만요가나 '賀'를 첨부함으로써 명시하고 있다. 이 지명은 후세에 만요가나 두 자로 쓴 '遠賀'로 표기하게 되는데 그 독음은 글자 그대로 음독하여 '온가'로 되었다.

    이러한 표기법의 확실한 사례는 현재까지 도성 지역에서는 출토되지 않았다. 아래에 서술한 바와 같이 도성 지역에서도 사용했던 흔적이 있으나, 일본어의 개음절(開音節) 구조에 맞지 않아 일찍이 폐쇄되었을 것이다. 한반도의 언어는 자음 한 개로 이루어진 어말의 접미사를 음종 첨기(添記)하면 훈주의 글자가 나타내는 단어 본체와 밀착되어 인식되는데, 일본어는 개음절이기에 음종 한 글자를 첨기하면 다른 단어를 덧붙인 것처럼 보인다. '赤加'도 훈주 음종 표기인 줄 모르는 일본어 화자의 경우, '아카카'로 읽게 될 것이며 '아카'라고 읽는다고 인식해도 '加'를 여분으로 보게 될 것이다.

    8세기에 들어서서는 만요가나로 사용되는 글자가 고정화되고 한 글자가 각각 하나의 음절을 나타낸다는 의식이 확립된다. 좁은 의미의 훈주 음종은 한 단어를 두 글자로 표기하는 것이 규칙이기 때문에 '가치 있는 망각'의 대상이 되었다. 앞서 언급한 연합가나(連合仮名)도 마찬가지다. 예를 들어 7세기의 아스카노경(飛鳥京) 목간에 이세국(伊勢國)의 지명인 '아노'를 '安怒'로 표기한 사례가 있다. '安'의 운미와 '怒'의 어두의 자음이 −nn−로 이어져 연합가나로 된다. 서기 720년에 완성된 『日本書紀』의 만요가나에도 이 규칙이 준수되고 있지만, 『만엽집』에서는 규칙으로 채용되지 않았다. 협의의 훈주 음종 표기는 한반도로부터 전해진 후, 8세기의 도성 지역에서는 사용하지 않고 동쪽과 서쪽 지방에 그 용법이 남았다는 언어지리학적 이해가 성립된다.

    도성 지역에서도 이러한 표기법이 이루어졌다는 흔적을 보여주고 있는 것은 나라현의 아스카이케(飛鳥池)에서 출토된 7세기 후반의 꼬리표 목간이다. 이 목간에 보이는 '制代'는 물고기 이름 '고노시로'(전어)를 표기한 것이다.

'制'자는 '繫'자를 생략한 것이다. '制' 한 자만으로도 '고노시로'라고 읽을 수 있지만, '代'를 첨기하여 훈차 표기로서 '시로'의 음을 표기하고 있다. '制'자만으로는 다르게 읽을 가능성이 있으므로 음의 뒷부분인 '시로'를 명시하기 위해 '代'를 첨부했을 것이다. '고노시로'를 당시에는 일반적으로 '近代'로 표기했다.[11] '近代'의 경우, '近'은 음독 '곤'의 끝자리에 모음을 덧붙여서 개음절로 되게 하여 '고노'라는 발음을 나타내고 있다(만요가나의 분류로는 이합가나(二合仮名)). 음차 표기로 되는 '近代'의 첫 번째 글자를 훈독자 '制'로 바꾸면 '制代'로 된다.

훈주 음종 표기의 구조를 일반화하면, 하나의 자국어를 한자 두 글자로 표기하는 데에 있어서 첫 번째 글자가 단어의 본체를 나타내고, 두 번째 글자는 단어 발음의 말미를 나타낸다. 이런 방법으로서 단어의 독음을 하나로 한정하게 되는데, '制代'의 경우도 앞 글자가 표어 문자, 뒤 글자가 표음 문자로 사용되었다는 구조에 해당한다.

VI 한자와 가나가 섞인 문장의 원류

당과 일본과의 국교가 7세기 후반에 단절된 후 신라로의 유학승(留學僧) 파견이 성행했다. 이들이 가져온 표기 방법은 일본에서 사용되면서 8세기에는 다양하게 전개했다.

훈주 음종의 원리를 직접적으로 계승한 것이 선명체(宣命體) 표기이다. 한자의 훈을 빌려 명사·동사류를 표기하고(訓主) 만요가나를 활용 어미나 조

---

11 市大樹, 『飛鳥藤原木簡の研究』, 塙書房, 2010.

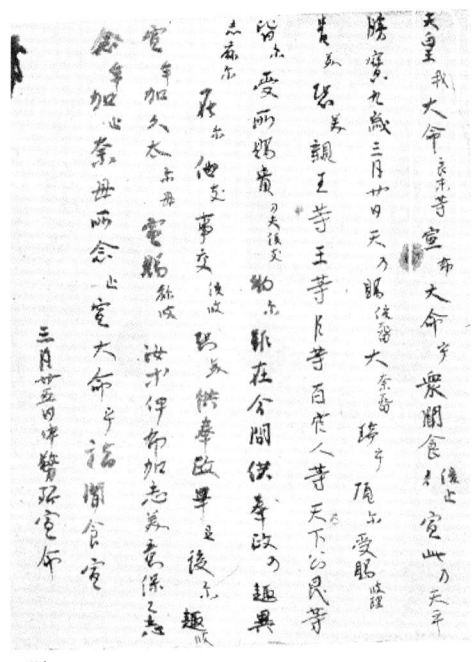
그림 6

사·조동사류 표기에 사용했다(音從). 예를 들어 현재 정창원에 남아 있는 덴표쇼호(天平勝寶) 9년(757)의 중무경(中務卿) 선명초안(宣命草案)의 서두는 '天皇我大命良未等宣布'라고 쓰여 있다(그림 6). 명사인 '스메라미고토(天皇)'와 '오호미고토(大命)', 동사인 '노리타마(후)'는 훈차 표기하고, 조사 '가(我)'와 '토(等)', 접미사 '라마(良未)'와 활용 어미 '후(布)'는 작은 글씨로 오른쪽 정렬로 해서 만요가나로 음차 표기하고 있다. 이것은 이른바 선명 소서체(宣命小書體)에 속한다. 동사 '노리타마후'의 종결 어미 '후'를 '布'로 음차 표기한 것은 바꿔서 생각해 보면 '宣'(훈주)의 훈독 '노리타마후'의 말음 '후'를 첨기(음종)함으로써 '노리타마히', '노리타마헤' 등으로 읽는 것을 배제한 조치로 이해할 수 있다.

선명체의 성립 시기는 후지와라궁(藤原宮) 터에서 출토된 '…止詔大□□乎諸聞食止詔…'라고 적힌 목간을 통해 7세기 말이나 8세기 초로 추정되고 있다. '…라고(止) 조칙을 내렸다(詔). 임금의 명(大(命?))을(乎) 모두(諸) 들으(聞食)라고(止) 조칙을 내렸다(詔)…'와 같이 읽을 수 있다. 여기에는 조사 '토'(라고), '오'(을)를 다른 글자와 같은 크기의 만요가나 '止', '乎'로 표기하고 있다. 이와 같이 처음에는 조사류만을 작은 글씨로 쓰지 않고 다른 글자와 같은 크기로 썼을 것으로 여겨졌다. 이것이 이른바 선명대서체(宣命大書體)이다.

선명소서체(宣命小書體)는 8세기에 성립되었다고 여겨져 왔으나 나라현의 아스카이케 유적에서 '世牟止言而 / 桔本止飛鳥寺'라고 적힌 목간이 출토되어 7세기 중에 대서체와 소서체의 병존 가능성에 대해 생각해 볼 필요가 생겼다(그림 7). 앞뒤의 문자가 결손되었지만 오른쪽 행은 '세무토이히테'로 읽을 수 있다. '言而'는 '言'의 훈독에 조사 '테'(而)를 붙여서 표기한 것이고 '世牟止'는 동사 '爲'의 미연형 '세', 조동사 '무', 조사 '토'를 만요가나로 일자 일음식으로 표기한 것이다. 宣命의 어조를 그대로 나타내기 위하여 와카 표기와 같은 방식으로 썼을 것이다. 왼쪽 행의 작은 '止'가 조사 '토'에 해당한다면 오른쪽 행과 같은 조사를 작은 글자로 쓴 것으로 된다. 주석을 달 때에 한자를 작은 글씨로 쓰는 서사 방식은 7세기 말에 이미 일본에 존재했다.

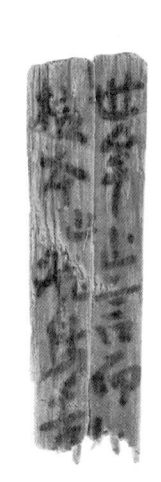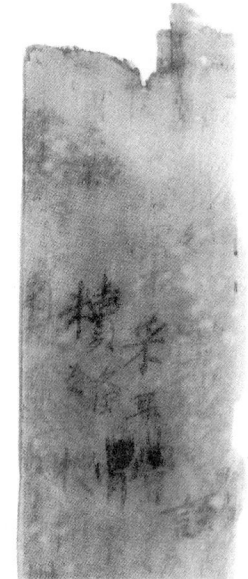

그림 7

예를 들어 시가현의 키타오츠(北大津) 유적에서 출토한 자서(字書) 목간은 '采'의 훈독이 '토루'라는 것을 나타내기 위하여 '取'를 작은 글자로 써서 표기('取'의 훈독도 '토루')했으며 '精'의 이체자의 훈독 '구하시'를 작은 글자의 만요가나 '久皮之'로 표기했다(그림 7). 왼쪽 행의 작은 글씨 '止'는 이러한 표기법을 적용한 것으로 볼 수 있다.

다만 이것으로 문제가 해결됐다고는 할 수 없다. 왼쪽 행의 '桔'는 '橘'의 속자이다. '橘寺'에 대해 썼을 가능성이 있다. 그러나 이 줄의 글자는 '桔本과(止. 옮긴이:토(止)는 한국어 격 조사 와/과에 해당) 飛鳥寺'로 읽어야 한다고 확정 지을 수는 없다. 당시의 문법을 보면 병렬을 나타내는 조사 '토'(와/과)의 용법에는 'A와 B'의 형태뿐만 아니라 'A와 B와', 'AB와'도 있다. '桔本'의 해석에 관한 문제와 함께 작은 글씨로 쓴 '止'가 조사 '토'인지 아닌지에 대해서도 아직 검토할 여지가 남아 있다.

『만엽집』의 편찬은 8세기 후반에 시작되었다. 수록된 대부분의 와카에 채용된 표기 방법도 일종의 선명대서체라고 할 수 있다. 예를 들어 권2의 150번째 와카 제6~10구는 '吾恋君玉有者手尓巻持而衣有者脱時毛無'라고 적혀 있다. 이 구절은 '내가 사랑하는 그대, 구슬이었으면 손에 둘러 감았고 옷이었으면 벗을 때도 없이'라는 뜻이다. 조사 '바', '테'를 표기하는 데에 사용된 '者', '而'는 조자이지만, 앞서 서술한 바와 같이 8세기에는 훈가나처럼 사용했다. 조사 '니'(에), '모'(도)는 만요가나 '尓', '毛'로 표기하고 있다. 표어 용법의 글자에 표음 용법의 글자를 첨가함으로써 일본어 독음을 한정하는 원리는 훈주음종과 다름없다. 『만엽집』에는 일자 일음식으로 표기한 와카도 꽤 많이 들어있다. 이러한 와카는 읊은 시대가 비교적 새로워도 표기는 7세기의 방법을 계승하였다. 향연에서의 노래가 많으므로 당시 부르는 모습을 표현하기 위하여 편찬자가 이러한 표기법을 채택했을 것이다.

앞서 서술한 바와 같이 헤이조경(平城京)에서 출토된 목간에 가사를 훈주 음종의 표기법으로 표기한 사례가 있다. 740년대 말의 목간이다. '玉尓有波手尓麻伎母知而'라고 쓰여 있는데 이 구절은 '구슬이었으면 손에 둘러 감아'라는 뜻이다(그림 8). 상술한 『만엽집』의 와카와 같은 내용으로 이것은 사랑하는 여성에 대한 집착을 표현하는 상투어이다. 동사 '마키모치(麻伎母知'는 만요가나로 음차 표기한 것이지만, 명사나 동사 '玉'(구슬), '有'(있다), '手'(손)은 훈차 표기이고(훈주), 조사 '尓'(니), '波'(바)는 만요가나 표기(음종), 조사 '而'(테)는 조자로 표기한 것이다.

출토 문자자료에서 현재까지 확인할 수 있는 사례 중 확실한 예는 이 목간 뿐이지만, 이러한 표기 방법이 더욱 폭넓게 사용되었을 가능성이 높다. 정창원문서의 승려 정미(正美)의 서신에 '하루사메노 아하레(春佐米乃阿波礼)'(봄비(春雨)의 가련함)라는 어구가 적혀 있다. 와카의 일부일 것이다. 한자를 표어 문자로 사용함으로써 일본어 문장을 표기하려면 결국은 훈주 음종의 방법이 합리적이다. 그러한 인식이 8세기 중반에는 일반화되었을 것이다.

그림 8

한문을 훈독하기 위하여 찍은 부호, 즉 훈점(訓點)의 기입도 훈주 음종 표기를 응용한 것으로 생각된다. 정창원과 도다이지 절에 소장되어 있는 신라의 경전에 신라어 훈점이 새겨져 있다. 기입 방법 또는 음차 표기에 사용된 한자에 일본의 훈점 표기와 공통점이 있어, 이에 의해 일본의 훈점 기입이 시작되었다고 추정되고 있다.[12]

선명체의 소자(小字)나 훈점은 표음 표기임을 시각적으로 쉽게 알 수 있다. 9세기에는 가나가 성립되어 그것을 다른 글자체로 표시할 수 있게 되었다. 가타카나는 선명체 소자와 훈점에 사용된 약체자(略體字)의 후신이므로 후세까지 한문 훈독의 문체에 사용되었다.

VII 히라가나의 성립

히라가나는 만요가나의 행초서체를 한층 간략화하여 만든 것이다. 앞서 언급한 바와 같이 한 글자로 한 음절을 나타내는 의식이 확립되면서 자의(字義)가 '가치 있는 망각'의 대상이 되었고, 문자 체계로는 표어 문자에 속하지만 용법은 사실상 표음 문자로 되었다. 더욱이 자형이 행초서체 또는 이것을 간략화한 형태로 되면서 문자 체계도 표음 문자로 된 것이다.

그러나 글자체의 체계가 성립한 것만으로는 이것으로 일본어 문장을 쓸 수 있는 요건이 갖춰졌다고 볼 수 없다. 한자음으로 읽는 한자어는 가나로 쓸

12　南豊鉉,「韓国の借字表記法の発達と日本の訓点の起源について」, 藤本幸夫編,『日韓漢文訓読研究』, 勉誠出版, 2014; 小林芳規,「日本の訓点・訓読の源と古代韓国語の関係」, 藤本幸夫編,『日韓漢文訓読研究』, 勉誠出版, 2014.

수 없기 때문이다. 한글은 단음 문자이기에 고전 중국어 음운에도 대응할 수 있지만 가나는 음절 문자이다. 일본어 음절은 반드시 모음으로 끝나고 자음과 모음의 종류가 적다. 중국어의 자음 운미는, 예를 들어 t입성으로 끝나는 '末'을 '마츠(マツ)'로 음독해서 수용한 것과 같이 발음을 개음절화함으로써 가나 두 글자로 그 음을 표기했다. 다만 일본어에 없는 자음 모음의 차이는 구별해서 쓰지 못했다.

『토사 일기(土佐日記)』, 『고금화가집(古今和歌集)』을 비롯한 히라가나로 된 글의 문체는 사용 어휘에 한자음으로 읽는 한자어를 거의 포함하지 않는다. 예로부터 사용해 온 일본어와 한자어를 일본어로 번역한 단어로 이루어졌기 때문에 음절 문자인 히라가나로 전문을 쓸 수 있었던 것이다.

그 원류가 된 것은 제4절에서 서술한 가사(歌詞)나 구두 표현을 일자 일음식으로 쓴 일본어 문장 표기이다. 7, 8세기 와카의 일본어 문장은 한시(漢詩) 특히 육조시(六朝詩)의 영향을 많이 받았고 시적 표현을 일본어로 바꾼 것과 시구의 일본어 번역을 포함하고 있었다. 그러나 한시의 어휘로 사용된 한자어는 와카에 거의 사용하지 않았다.

또한 구두 표현을 적은 목간이 반영하고 있는 일본어는 당시의 관리의 말투이며, 그 문체는 한문 행정 문서의 일본어 독음과 일상 회화가 섞여 있었다. '(따로)아뢰옵니다.…라고 아뢰옵니다.'라는 문형에 그것이 나타나고 있다. 상신 문서의 양식은 '부(符)', '해(解)', '이(移)' 등으로 시작된다. 이 글자를 훈독하면 모두 '아뢰다'가 된다. 그리고 구두 표현으로는 일본어의 어순에 따라 '아뢰다'(일본어로는 모우스(申す))로 끝난다. '아뢰다. …라고 아뢰다'와 같이 발언 행위를 나타내는 동사를 발언 내용 앞뒤에 둔 문형은 헤이안 시대의 일본어 문장에서 문법화 되었다.[13]

---

13 犬飼隆, 「日本のことばと漢字との出会い」, 吉村武彦・吉川真司・川尻秋生編, 『シリーズ古代史をひらく 文字とことば』, 岩波書店, 2020.

또한 히라가나가 성립한 후, 와카를 목간에 쓰는 행위는 묵서토기(墨書土器)에도 계승되었다. 최근 일본 연구자들 사이에서 가사를 히라가나로 쓰거나 새긴 9세기 이후의 토기가 주목받고 있다.

히라가나가 문자 체계로서 확립되는 초기의 양상은 기존에는 종이에 적힌 문헌이나 후세의 필사본에 의해 추측되었으나 묵서토기는 이를 실증하는 자료로서 유용하다. 이른 시기의 묵서토기는 만요가나를 흘림체로 쓴 글자 형태가 섞인 상황을 보여준다. 야마나시(山梨)현의 게카치 유적에서 출토한 10세기 중엽의 술잔에 새겨진 가사는 히라가나 종류와 글자 형태가 13세기에 서사된 『토사 일기』(935경)의 말미와 비슷하다(그림 9). 한편 헤이안경(平安京) 니시산죠다이(西三條第) 터에서 출토된 9세기 후반의 묵서토기에는 '연면체(連綿體)'가 보여 추측했던 것보다 시기가 일렀다는 것이 밝혀졌다.

출토 사례의 대부분은 와카의 연습 또는 습자를 목적으로 쓴 것이지만, 와카의 아래 구절만을 접시 안쪽에 왼쪽 정렬로 쓰거나 새긴 토기가 여러 점

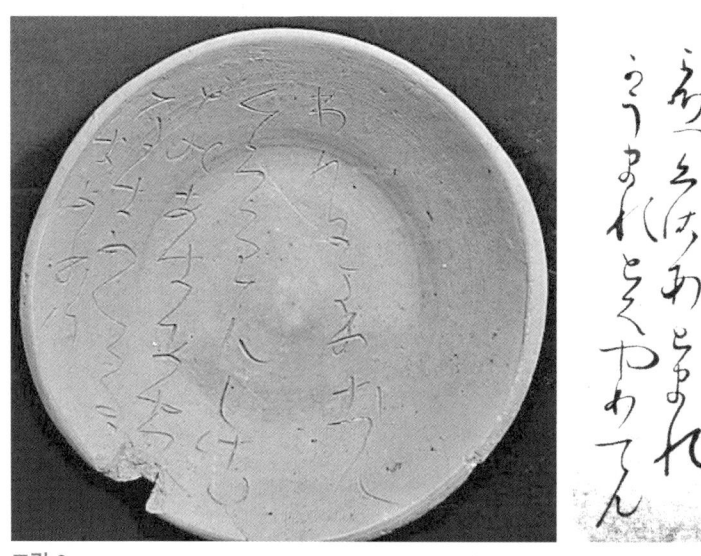

그림 9

있다. 이를 선물하여 교의를 맺는 관습이 존재했을 가능성이 있다.[14] 그렇다면 접시 안쪽의 오른쪽을 비워둔 것은 거기에 위의 구절을 쓰게 함으로써 교의(노래 주고받기)를 맺고자 한 당시 사람들의 인식을 반영하고 있다고 이해할 수 있다.

---

14 犬飼隆, 「土器に和歌を書き刻むこと―交際において内意を伝える作法―」, 『古代学研究所紀要』29, 明治大学日本古代学研究所, 2019.

참고문헌

犬飼隆, 「『烏羽之表』事件の背景」, 『愛知県立大学文学部紀要国文学科篇』57, 2009

犬飼隆, 『木簡による日本語書記史【2011増訂版】』, 笠間書院, 2011

犬飼隆, 『儀式でうたうやまと歌』, 塙書房, 2017

犬飼隆, 「古事記と木簡」, 『古事記年報六十』, 古事記学会, 2018

犬飼隆, 「土器に和歌を書き刻むこと－交際において内意を伝える作法－」, 『古代学研究所紀要』29, 明治大学日本古代学研究所, 2019

犬飼隆, 「日本のことばと漢字との出会い」, 吉村武彦・吉川真司・川尻秋生編, 『シリーズ 古代史をひらく文字とことば』, 岩波書店, 2020

金永旭, 「西河原森ノ內 遺跡址의 '椋直' 木簡에 對한 語學的 考察」, 『목간과 문자』창간호, 한국목간학회, 2008

金永旭, 「木簡に見られる古代韓国語表記」, 藤本幸夫編, 『日韓漢文訓読研究』, 勉誠出版, 2014

南豊鉉, 「韓国の借字表記法の発達と日本の訓点の起源について」, 藤本幸夫編, 『日韓漢文訓読研究』, 勉誠出版, 2014

藤本幸夫, 「古代朝鮮の言語と文字文化」, 『日本の古代14 ことばと文字』, 中央公論社, 1988

李丞宰, 「新羅木簡과 百濟木簡의 표기법」, 『진단학보』117, 2013

小林芳規, 「日本の訓点・訓読の源と古代韓国語の関係」, 藤本幸夫編, 『日韓漢文訓読研究』, 勉誠出版, 2014

市大樹, 『飛鳥藤原木簡の研究』, 塙書房, 2010

橋本繁, 「城山山城木簡と六世紀新羅の地方支配」, 工藤元男・李成市編, 『東アジア古代出土文字資料の研究』, 雄山閣, 2009

河野六郎, 「古事記に於ける漢字使用」, 『古事記大成第三巻言語文字篇』, 平凡社, 1957

그림 출처(게재순)

그림1 좌·그림2 좌·그림5 좌: 國立加耶文化財研究所, 『韓國木簡字典』, 2011.
그림1 우: 埼玉県教育委員会, 『稲荷山古墳出土鉄剣金象嵌銘槪報』, 1979.
그림2 우·그림3·그림7 우: 奈良文化財研究所飛鳥資料館, 『木簡黎明』, 2010.
그림4: 奈良文化財研究所 제공.
그림7 좌·그림8: 奈良文化財研究所, 「木簡庫」인터넷 공개 이미지.
그림5 우: 財団法人印旛郡市文化財センター, 『千葉県印旛郡栄町龍角寺五斗蒔瓦窯跡』, 1997.
그림6: 『国語史資料集—図録と概説—』, 国語学会, 1976.
그림9: 甲州市教育委員会, 『古代史しんぽじうむ「和歌刻書土器の発見」ケカチ遺跡と於曾郷』, 2017.

#07

일본 고대 목간의 비문자 표기에 관한 몇 가지 문제[1]

팡궈화(方國花)

(경북대 인문학술원 HK연구교수)

I 머리말

비문자(非文字)란 '문자가 아닌'이란 뜻으로 그림, 사진, 물체 등을 비문자 자료라고 한다. 한편 문자 자료에 대응해서 문자가 없는 자료를 비문자 자료라고 하는데 여기에는 유적, 유물 등이 포함된다.[2] 이 글에서는 이러한 용어와는 달리 문자 표기에 대응하는 용어, 즉 문자 표기에 해당하지 않는 기호·

1　이 글은 「일본 고대 목간의 비문자 표기에 관한 몇가지 문제」의 제목으로 『목간과 문자』28호(2022년 6월)에 게재된 논문이다.

2　佐藤信, 1999, 『古代の遺跡と文字資料』, 名著刊行会, 10-17쪽.

부호의 사용, 표기 방식, 서사 방식 등을 비문자 표기라고 한다. 목간·간독에는 이러한 비문자 표기가 많이 남아 있어 고대인이 문자 이외에 어떠한 보조 수단을 이용해 서사자와 독자 사이에서 소통했는지를 알 수 있다. 예를 들어 현재의 문장 부호로 이어지는 여러 부호의 사용, 숫자의 개찬을 방지하기 위한 각치(刻齒), 목간·간독 형태, 서사 방향(오른쪽에서 왼쪽으로, 또는 위에서 아래로 등), 묵서·주서(朱書)·각서(刻書) 등은 모두 문자표기 이외의 요소로 비문자 표기라고 할 수 있다.

같은 한자문화권에 속하며 목간·간독 문화를 공용하고 있는 동아시아 각국에 있어서는 문자 표기뿐만 아니라 비문자 표기에 있어서도 공통점이 많지만 차이점 또한 있다. "부호는 문자수용측의 언어적 차이와 장애를 뛰어넘을 수 있는, 문자보다 훨씬 보편적인 상징기호"[3]라고 지적되고 있듯이 비문자 표기는 문자 표기에 비해 전파·수용이 용이했을 것으로 추정된다. 이 글에서는 일본 고대 목간에 나타나는 비문자 표기의 사례를 소개하고 동아시아의 시각에서 그 기원에 대해 고찰함으로써 비문자 표기 방식의 전승 관계를 밝히고자 한다.

II 일본 목간에 보이는 비문자 표기

일본 고대 목간에 대해서는 그 대부분이 '목간고'(木簡庫. 아래에는 木簡庫로 표시)[4]라는 목간 데이터베이스에 수록되어 있어 간단하게 검색할 수 있

---

3 윤선태, 2008, 「新羅의 文字資料에 보이는 符號와 空白」, 『구결연구』21.
4 나라문화재연구소, 「木簡庫」(http://mokkanko.nabunken.go.jp/ja/)

다. 이 데이터베이스는 목간에 쓰인 글씨, 즉 판독문 검색 및 열람이 가능할 뿐더러 목간에 쓰인 부호나 기호를 비롯한 비문자 표기도 검색·열람이 가능하다. 이러한 비문자 표기에 관해서는 木簡庫의 범례에서 상세하게 설명하고 있다. 그중 비문자 표기에 관한 부분만을 추출하면 아래와 같다.[5]

표 1 木簡庫에 표시된 비문자 표기 일람표

기호	설명
\	줄바꾸기를 가리킴.
/	할서의 시작을 가리킴.
//	할서에 대한 할서(이중 할서)의 시작을 가리킴.
///	할서나 할서에 대한 할서(이중 할서)의 끝을 가리킴.
·	목간의 앞뒷면에 문자가 있는 경우, 그 구별을 나타냄.
○	문자가 쓰여 있지 않은 부분을 나타내나, 생략된 경우도 있음.
■	먹을 덧칠하여 지워버려 판독이 어려운 것.
【 】	위아래가 뒤바뀜.
{ }	목간의 나뭇결과 직각 방향으로 쓰여진 문자를 나타냄.
*A[×B]	문자 B의 위에 문자 A를 겹쳐써서 정정(訂正)함을 나타냄.
~	먹을 덧칠하여 지운 자획이 분명한 것을 나타냄. 먹을 덧칠하여 지운 자획의 뒤에 붙임.
「」	가필(加筆)을 나타냄.
『』	「」과 또 다른 가필(加筆)을 나타냄.
§	체크했음을 나타냄.
|	각선(刻線)을 나타냄.
※	묵선(墨線)을 나타냄.
◎	동그라미 또는 이중 동그라미를 나타냄.
▲	삼각의 기호를 나타냄.
◇	천공(穿孔)을 나타냄.
γ	부적(주술용부적에 쓰여진 범자(梵字)), 그림이 아닌 기호)를 나타냄.
ε	그림을 나타냄.

---

5 나라문화재연구소, 「木簡庫」(한국어판)에 게재된 범례에 의함(https://mokkanko.nabunken.go.jp/kr/?c=how_to_use#legend03)

| δ | 옥호(屋號, 가문의 호칭(문장(紋章))), 수결(手決)을 나타냄. |
| θ | 낙인(烙印). |

일본 목간에서 찾아볼 수 있는 비문자 표기로는 위의 표1에 수록된 것 외에 전도부(轉倒符)도 있다.[6] 이 글에서는 이러한 비문자 표기 중 주로 중국이나 한국의 목간에도 그 사용 사례가 확인되어 비교연구에 적합한 전도부, 合點, 삭제 부호, 중복 부호, 刻齒에 대해 살펴보고자 한다.

III 轉倒符

전도부는 도치부(倒置符)라고도 하는데, 글자 순서를 잘 못 적었을 때에 위아래의 글자 순서를 바꿔야 한다는 것을 표시하기 위한 부호이다. 일본 목간의 경우 木簡庫 메인화면에서 '轉倒符'를 검색하면 11점의 목간이 검색 결과로 나타난다. 그 중 이해하기 쉬운 예를 제시하면 아래와 같다.

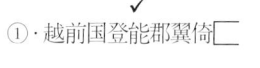
① ·越前国登能郡翼倚□
　·庸米六斗　和銅六年[7]　　　　　　　　　(103).23.3[8]

6　전도부에 관해서는 木簡庫에서 '轉倒符'로 검색하면 해당 용례가 표시된다.

7　奈良文化財研究所, 2010, 『平城宮木簡七』(奈良文化財研究所史料85) 수록 12752호 목간.

8　길이, 너비, 두께의 순서로 배열. 단위는 mm. 이하 같음.

② ·紀伊國日高部財郷□[戸上?]□矢田部盜占調塩
　·三斗　　天平字寶□[反?]年十月⁹　　　　　(206).22.4
　　　　　　✓

　이 두 목간은 모두 헤이조큐(平城宮) 터에서 출토된 8세기의 공진물 부찰목간, 즉 하찰목간이다. ①목간에는 '登能郡'의 '能' 오른쪽 위에 '✓'와 같은 부호가 기입되어 있고 ②목간은 '天平字寶'의 '寶' 오른쪽 위에 '✓'와 같은 부호가 기입되어 있다(표2-①②목간 사진 참조). ①목간의 '越前国登能郡翼倚'은 일본 고대 지명에 대해 상세한 기록을 남긴 『和名類聚抄』(源順, 931-938년)에 기재된 '能登国能郡与木郷'에 해당한다(越前国 登能郡은 718년에 羽咋, 鳳至, 珠洲 3군과 함께 能登国으로 되었다). 따라서 '能登郡'이 정확한 표현이며 ①목간의 '✓' 부호는 전도부를 가리킴을 알 수 있다. ②목간의 '天平字寶'도 연월에 관한 기록이 아래에 이어지기에 이는 연호 '天平寶字'를 잘 못 기입한 사례임을 알 수 있다. 다시 말하면 '✓' 부호는 글자 순서를 위의 글자와 바꿔서 읽어야 한다는 뜻을 나타내며 일본에서는 이를 전도부 또는 도치부라고 한다.

　일본 목간에 보이는 전도부의 기입 위치를 보면 일반적으로 ①, ②목간과 같이 수정해야 할 글자의 오른쪽 위에 기입되는 경우가 많으나 이와 다른 사례도 있다.

　　　　　　　　　　負瓜員百十六果
③ ·從意保御田進上瓜一駄
　　　　　　　　　又一荷納瓜員八十果

　　　　　丁□伎

9　奈良國立文化財研究所, 1966, 『平城宮木簡一』(奈良國立文化財研究所史料5) 수록 18호 목간. 추독 글자임을 나타내는 'ヵ'는 '?'로 변경해서 표시.

표 2   전도부 기입 목간

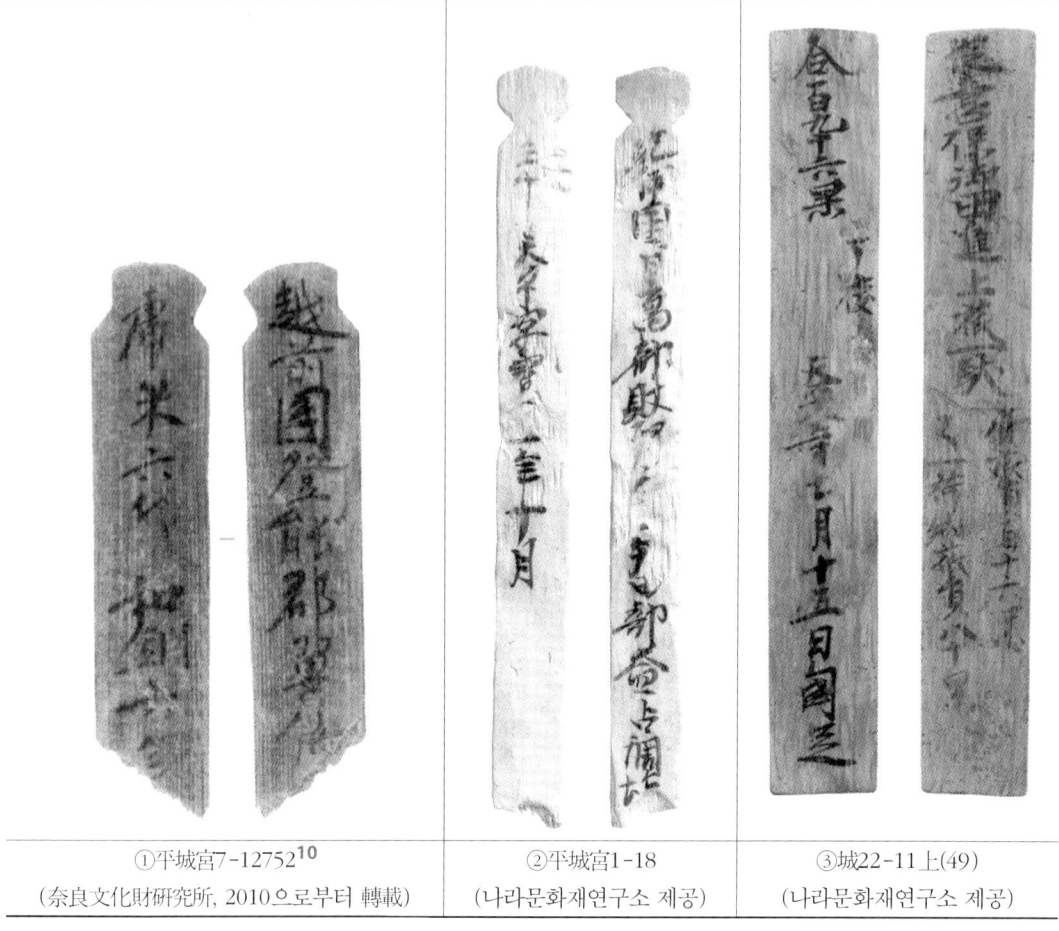

①平城宮7-12752[10] (奈良文化財研究所, 2010으로부터 轉載)	②平城宮1-18 (나라문화재연구소 제공)	③城22-11上(49) (나라문화재연구소 제공)
·合百九十六果	天平八年七月十五日国足[11]	173.25.3

10 출전은 짧고 알아보기 쉽게 표현하기 위하여 木簡庫의 표기를 따랐다. 이하 같음.

11 奈良國立文化財研究所, 1990, 『発掘調査出土木簡概報 : 平城宮発掘調査出土木簡概報22』, 11쪽 상단 49번 목간.

이 목간은 헤이조쿄(平城京) 터 左京三條二坊八坪 二條大路에서 출토된 목간으로 이 유적에서 출토된 목간은 니조오지 목간으로 불리우고 있다 (표2-③ 참조). 오호미타(意保御田. 야마토국(大和國) 토이치군(十市郡) 오후고(飯富郷). 현재의 나라현(奈良縣) 타하라쵸(田原町) 부근에 해당.)로부터 오이(瓜)[12]를 진상할 때에 송장(送狀)으로서 사용한 목간이다.[13] 天平八年(736) 7월 중순부터 8월 초 사이에 거의 매일 오이를 진상했다. 이 사실은 아래 표3을 보면 알 수 있다.

표3에 게재한 목간은 모두 위의 ③목간과 같은 유적, 같은 유구(SD5100)에서 출토된 것이며 기재된 내용도 유사하다. 판독문의 밑줄을 그은 날짜를 보면 天平八年 7월 중순에서 8월 초에 집중되어 있다. 특히 NO.2-4는 7월 23일, 24일, 25일로 이어져 있어 매일 오이를 진상했다는 것을 알 수 있다. 그런데 표3의 목간을 보면 운반 역할을 한 사람의 신분이 모두 '仕丁'(지쵸: 각 지방행정구획 里(50戶)로부터 도성으로 보낸 力役)로 적혀 있다. 또한 '仕丁'는 오이 수량 아랫부분, 연호 위에 기재되어 있다. 이러한 서식은 ③목간과 동일하다.

다시 ③목간을 보면 오이 수량 아래에 '丁□伎'로 판독되는 글자가 쓰여 있다. 판독 불명으로 되어 있는 '□'는 표2-③의 목간 사진을 자세히 관찰해 보면 우부방은 '士'가 틀림없다. 문제는 좌부변 부분인데 묵흔이 약간 희미하지만 인변 'イ'의 필획이 보인다. 하지만 첫 번째 필획 왼쪽 윗부분에도 묵흔이 보이는데 이것은 '✓'과 같은 형태로 되어 있어 목간 ①②의 전도부와 비슷하다. 필자는 이것도 전도부일 가능성이 크다고 생각한다. 즉 ③목간의 '□' 부분은 '仕' 왼쪽 위에 전도부가 추가된 것으로 볼 수 있다는 것이다. 그럼 기존

---

12 또는 오이과의 열매.
13 奈良文化財研究所, 2009, 『平城宮跡資料館 秋期特別展 地下の正倉院展 - 二條大路木簡の世界 - 第Ⅲ期展示木簡』(http://hdl.handle.net/11177/1721).

표 3 意保御田로부터의 瓜 진상 목간

No.	판독문[14]	출전	遺跡名	크기
1	・從意保御田進上瓜壱駄〈負瓜員壱伯伍拾顆〉・持越仕丁 天平八年七月十七日国足	城30-43上 (城22-11上(50))	平城京左京三條二坊八坪二條大路濠狀遺構(南)	202.26.3
2	・從意保御田進上瓜一駄 負瓜員二百顆・越仕丁 天平八年七月廿三日国足	城22-11上(51)	平城京左京三條二坊八坪二條大路濠狀遺構(南)	220.27.3
3	・意保御田 進上瓜子八十果 越仕丁・天平八年七月廿四日 国足	城22-11上(52)	平城京左京三條二坊八坪二條大路濠狀遺構(南)	204.25.4
4	・從意保御田進上瓜一荷 納瓜員九十五果・持越仕丁 天平八年七月廿五日国足	城22-11上(53)	平城京左京三條二坊八坪二條大路濠狀遺構(南)	224.30.3
5	・從意保御田進上瓜一荷 納員一百卌顆・持越仕丁 天平八年七月廿八日国足	城22-11上(54)	平城京左京三條二坊八坪二條大路濠狀遺構(南)	213.27.3
6	・從意保御田進上瓜一荷 納員百卅顆・持越仕丁 天平八年八月五日国足	城22-11下(55)	平城京左京三條二坊八坪二條大路濠狀遺構(南)	182.24.2

에 '丁□'로 판독한 글자는 '丁✓仕'로 읽을 수 있어 표3의 다른 오이 진상 목간과 같은 내용·서식으로 된다.

일반적으로 목간은 하급관리인 '刀筆之吏'에 의한 것으로서 종이와 달리 잘못된 부분이 있으면 그 부분만 서도(書刀)로 깎아내고 새롭게 쓰면 된다고 하지만 실제로는 이와 같은 정정부호가 남아 있어 잘 못 쓴 글씨는 무조건 모두 깎아낸 것이 아니었다는 것을 알 수 있다.

그런데 일본의 이러한 '✓' 형태의 부호에 관해서는 한국의 함안 성산산성 목간에도 보여 주목 받고 있다.

---

14 판독문은 기본적으로 木簡庫에 의해 표기를 했으나 일부 기호를 바꾼 것이 있다. '·'는 木簡庫에 따라 표시한 것으로 앞뒷면에 문자가 있을 경우, 그 구별을 나타낸다. 〈〉안의 문자는 할서를 나타낸다. 밑줄은 필자에 의한 것이다.

「竹尸弥牟✓于支枑一∨」¹⁵　　　　　　　　　186.25.8

　　이 '✓' 부호에 관해서는 함안 성산산성 목간의 최신 보고서가 되는 『韓國의 古代木簡Ⅱ』에서는 '전도부'로 소개되어 있다. 이 부호를 전도부로 보는 견해는 이성시에 의해 지적된 것이다.¹⁶ 하지만 최근에는 이러한 사례가 하나밖에 없고 문맥상으로도 倒置의 기능을 수행하는지를 확인할 수 없다며 뭔가를 확인하던 과정에 添記된 일종의 標點(check mark)으로 보는 견해가 제시되고 있다.¹⁷ 현 단계에서는 한반도의 고대 문자자료에서 확실하게 전도부로 볼 수 있는 사례를 찾아 볼 수 없다.

　　중국의 문자자료에는 전도부가 표기되어 있는 사례가 많다. 중국에서의 전도부 사용에 관해서는 東晉 시기의 민간 소설인 『搜神記』(干寶, 4세기 중엽) 권3에 흥미로운 기록이 있다.¹⁸

> 管輅至平原, 見顔超貌主夭亡。顔父乃求輅延命。輅曰：「子歸, 覓清酒一榼, 鹿脯一斤, 卯日, 刈麥地南大桑樹下, 有二人圍棋次, 但酌酒置脯, 飲盡更斟, 以盡爲度。若問汝, 汝但拜之, 勿言。必合有人救汝。」顔依言而往, 果見二人圍棋, 顔置脯斟酒於前。其人貪戲, 但飲酒食脯, 不顧。數巡, 北邊坐者忽見顔在, 叱曰：「何故在此？」顔惟拜之。南邊坐者語曰：「適來飲他酒脯, 寧無情乎？」北坐者曰：「文書已定。」南坐者曰：「借文書看之。」見超壽止可十九歲, 乃取筆挑上, 語曰：「救汝至九十年活。」顔拜而回。管語顔曰：「大助子, 且喜得增

15　국립가야문화재연구소, 2017, 『韓國의 古代木簡Ⅱ』, 233쪽 수록 김해1276호 목간.

16　이성시, 2000, 「한국목간연구의 현황과 함안성산산성 출토의 목간」, 『한국고대사연구』19.

17　윤선태, 2008, 앞의 논문.

18　干寶 撰(汪紹楹 校注), 1979, 『搜神記』, 中華書局.

壽。北邊坐人是北斗, 南邊坐人是南斗。南斗注生, 北斗主死。凡人受胎, 皆從南斗過北斗。所有祈求, 皆向北斗。」

이 이야기를 간단히 풀이하면 다음과 같다. 管輅라는 사람이 19세에 수명이 끊어질 운명으로 되어 있는 顔超의 부친의 간청에 의해 生과 死를 다스리는 신 南斗와 北斗에게 술과 사슴고기 말린 것을 권하도록 추천해서, 이 음식을 먹게된 생을 다스리는 神인 南斗가 19세를 90세로 바뀌게 해서 수명을 연장했다. 여기서 밑줄을 그은 부분이 전도부의 사용과 관계된다. 이 밑줄 부분은 원래 정해진 顔超의 수명 '十九'에 '取筆挑上'(붓을 가지고 위로 긋다) 하여 수명을 '九十'으로 연장했다는 뜻으로 전도부 사용의 사례로 보이고 있다.[19]

『搜神記』에 기록된 상기 내용과 비슷한 說話가 돈황문서(S.525. 句道興 撰. 당나라 시기)에도 보인다.[20]

南邊坐人曰:「暫借文書看之。」〔此年始十九, 易可改之〕。把筆顛倒句著, 語顔子曰:「你合壽年十九卽死, 今放你九十合終也。」〔自爾已來, 世間有行文書顛倒者, 卽乙復〕, 因斯而起。

이 문서에도 마찬가지로 붓[筆]으로 전도(顚倒) 기호를 추가함으로써 19세를 90세로 연장했다는 내용이 적혀 있다. 이상의 두 사례로부터 남북조 시기부터 당나라 시기에 걸쳐서 전도부가 널리 알려져 있었고 민간에서도 사용

19　이 사례에 대해서는 黃征, 2002, 『敦煌語言文字學研究』, 甘肅教育出版社, 23쪽; 古賀弘幸, 2008, 「訂正符の研究Ⅰ」, 『大東書道研究』16; 古賀弘幸, 2011, 「訂正符の研究Ⅱ」, 『大東書道研究』19에도 언급되어 있다.

20　潘重規, 1994, 『敦煌変文集新書』(下), 文津出版社, 1216쪽.

되었음을 알 수 있으며, 이러한 전도부의 용법이 일본에도 전해졌다고 볼 수 있다.[21]

다만 전도부의 형태에 관해서는 일본 고대 목간의 경우 '✓'와 같은 형태로 되어 있으나 위의 돈황문서에는 '自爾已來, 世間有行文書顚倒者, 卽乙復'(이후로부터 문서의 [상하 위치가]뒤바뀌었을(顚倒) 경우, '乙'로 바로잡는다(復))라고 적혀 있어 '乙'과 같은 형태가 사용되었음을 알 수 있다.[22] 이에 관해 東野治之는 '乙' 형태의 전도부는 漢簡 이래 남북조 시대의 필사본에 많이 사용되는데 唐代에 들어서서는 '✓'과 같은 형태로 된다고 지적하고 있다.[23] 하지만 당나라 시기 이후에는 모두 '✓' 표기를 사용한 것이 아니라 북송시기에도 '乙' 형태의 전도부가 사용되었다는 지적이 있어[24] '乙' 형태의 사용도 어느 정도 남아 있었던 것으로 봐야 한다.

그런데 일본 목간에 확인되는 전도부는 기본적으로 '✓'과 같은 형태로 쓰여 있으나 '✓' 형태가 모두 전도부로 사용된 것은 아니다. 아래의 石神遺跡에서 출토된 7세기 목간에 보이는 '✓' 부호는 체크했다는 뜻을 나타내는 合點[25]으로 보이고 있다.

---

21 한반도에도 전도부의 사용이 있을 것으로 예상되나 지금까지는 그러한 사례를 찾아내지 못했다.
22 '乙' 형태의 전도부 사용 예에 관해서는 黃征, 2002, 23쪽; 윤선태, 2008, 앞의 논문; 古賀弘幸, 2008, 앞의 논문; 古賀弘幸, 2011, 앞의 논문 등에 소개되어 있어 참고하기 바란다.
23 東野治之, 1994, 『書の古代史』, 岩波書店, 151-154쪽. '✓' 형태의 전도부에 관해서 東野씨를 비롯한 일본 연구자는 'レ'로 표시하고 있으나 이 글에서는 '✓'로 통일했다.
24 古賀弘幸, 2008, 앞의 논문.
25 合點이라는 용어가 타당한지에 관해서는 별도로 논의할 필요가 있으나 이 글에서

· ✓素留宜矢田部調各長四段四布□□六十一

· 荒皮一合六十九布也　　　　　　　　　　270.31.5

  이 목간은 스루가국(駿河國=素留宜)에 분포된 야타베[矢田部] 성씨 집단의 調(율령제 하의 조세의 일종) 공진에 관한 것이며 '✓' 부호는 合點으로 보이고 있다.[26] 이 '✓' 부호는 공진물이 되는 布, 荒皮의 납부 단계에 기입되었을 가능성이 있어 당시의 조세 납부 상황 및 행정 절차를 이해하는 데에 도움이 된다. 이 사례를 통해 '✓' 부호는 반드시 전도부로 쓰이는 것이 아니라 다른 뜻을 나타내는 경우도 있어 한가지 형태의 부호가 꼭 하나의 의미를 표시하는 것이 아니었음을 알 수 있다.

IV 合點

  위에서 소개한 石神遺跡에서 출토된 목간의 '✓' 부호는 대조·검증했다는 뜻을 나타내는 기호로 사용되었다. 일본에서는 이러한 기호를 合點이라고 하는데 일본의 고대 목간을 보면 합점은 주로 'ㄱ' 또는 '、', '‥'와 같은 형태의 부호가 사용되었다. 그중에 'ㄱ' 형태의 사용례가 제일 많다(표4-① 참조). 또한 두 가지 부호를 함께 사용한 사례도 있다(표4-② 참조).[27] 이러한 부호는

  는 주로 일본 목간의 비문자표기를 검토하고 있으므로 일단 일본에서 일반적으로 사용하는 용어를 사용하기로 한다.

26 (일본)木簡學會, 2007, 『木簡研究』29, 39-43쪽.
27 奈良國立文化財研究所, 1982, 『平城宮発掘調査出土木簡槪報15』, 24쪽 하단 141

주로 궁성문의 경호와 관련되는 문호(門號) 목간, 사람을 불러들이는 召喚 목간, 장부 목간 등에 사용되었다.

그런데 이러한 合點이 표기된 목간의 경우 합점만 있으면 이 합점이 어떤 의미를 나타내는지 확실하지 않다. 예를 들어 표4-① 목간의 경우, 'ㄱ' 부호는 문(西宮南門, 角門)을 경호하는 兵衛의 성씨에 기입되어 있는데 이 부호는 대조·확인의 뜻을 표시할 뿐 그 사람이 근무했다는 뜻을 나타내는지 문 수위 자리에 없었다는 뜻을 나타내는지, 또는 식량 지급이 되었는지의 여부에 대해서는 알 수 없다. 이에 대해 같은 문 이름, 즉 '西宮南門'의 兵衛 성씨를 적은 표4-③ 목간은 'ㄱ' 부호가 있는 인명 아래에 下番을 뜻하는 '下'자가 쓰여 있어 이 '茨田' 씨는 당시에 자리에 없었음을 알 수 있다.

후쿠시마현(福島縣) 이와키시에 있는 荒田目條里遺跡에서 출토된 郡司가 職田의 모심기를 하기 위하여 某里의 농민을 징발한 내용이 기록되어 있는 9세기 목간[28]의 합점은 다른 뜻을 나타낸다. 이 목간은 징발된 농민 이름 위에는 합점 '、'이 찍혀 있고 실제로 오지 않은 인명 위에는 '不'자가 적혀 있다.

이와 같이 같은 합점으로 불리지만 경우에 따라서 표시하는 뜻이 다르기에 해독 시 주의가 필요하다. 하지만 대조·검증의 기능을 갖고 있다는 점에서는 동일하다. 표4-③ 목간의 'ㄱ' 형태의 합점은 '없다'는 뜻을 나타내는데 이러한 형태의 부호는 정창원문서에서 삭제의 뜻으로도 사용된 사례가 있어[29] 삭제 부호와 통하는 면도 있다. 이는 체크할 때에 어디에 중점을 두는지에 따라서 의미가 달라지는 것으로 생각된다.

합점은 한국 목간에도 보인다. 안압지 167호 목간에 기재된 약재 이름 위

번 목간.

28   (일본)木簡學會, 2002,『木簡研究』24, 165쪽 (1)번 목간.

29   井上幸, 2016,「解移牒符案にみえる訂正方法とその記号について」, 栄原永遠男編, 『正倉院文書の歴史学·国語学的研究』, 和泉書院, 199-211쪽.

표 4 일본 고대 목간에 보이는 여러 合點

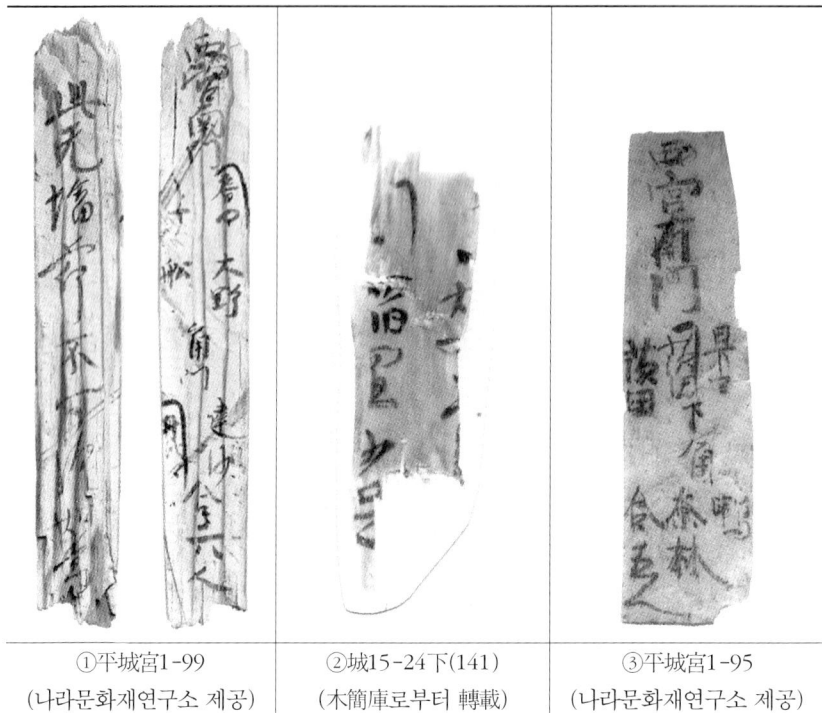

①平城宮1-99	②城15-24下(141)	③平城宮1-95
(나라문화재연구소 제공)	(木簡庫로부터 轉載)	(나라문화재연구소 제공)

에 '了' 형태의 합점이 있는데 이는 약재의 재확인을 위해 추가해서 쓴 것으로 추정되고 있다.[30]

---

[30] 윤선태, 2008, 앞의 논문. '了' 형태의 합점에 관해서는 정창원문서에도 많이 보인다. 'ㄱ' 부호와 병용된 사례도 있으나 같은 뜻으로 사용하고 있어 형태에 따라 의미를 달리했다고 볼 수 없다. 예를 들어 〈奉寫一切經經師帙上手実帳〉(정창원문서 續々修 제20帙 제2권 제2-4紙)에는 사경생이 서사한 경전명 위에 책임자가 점검을 한 흔적, 즉 합점이 朱書로 쓰여 있는데 '了', 'ㄱ', '·' 부호가 함께 사용되어 있어 형태를 구분해서 사용했다고 볼 수 없다. 다만 'ㄱ'는 '了' 부호 아래에 쓰여 있어 '了'의 간략 부호일 가능성이 크다. 이러한 형태적 차이에 관해서는 체크한 시기

또한 이러한 합점의 용례는 중국에서도 유사한 사례를 찾아볼 수 있다.³¹ 예를 들어 居延 漢簡에 'レ', 'ヽ' 형태의 체크 부호가 다수 확인된다('レ'형: EPT51:66, EPT52:93, EPT52:94, EPT52:141 등. 'ヽ'형: EPT51:67, EPT51:387 등.).³² 그중에는 '毋'자와 병용된 사례가 있어(예: EPT52:141) 대조·검증한 결과 물품이 있음을 나타내는 뜻으로 사용되었다는 것을 확인할 수 있다. 주마루오간에도 朱書로 선을 그어 장부의 수량을 체크한 부호가 보인다.³³

돈황문서의 경우『某寺勘經目』(p.3854)은 經目 즉 경전명 위에 점을 찍어 대조·검증했다는 뜻을 나타내고 있는데³⁴ 이는 위의 荒田目條里遺跡 출토 목간과 유사하다.『某寺便粟曆』(p.2680)은 'ㄱ' 부호로 대조·검증한 결과 삭제해야 한다는 뜻을 나타내는데³⁵ 이는 위의 헤이조큐 목간(표4-③)의 용법과 유사하다.

이와 같이 합점은 체크하고자 하는 목적에 의해 다른 뜻을 나타내고 있다. 합점을 가한 위치나 형태, 용법을 보았을 때 일본 목간의 합점 사용은 그 기원을 중국에서 찾아볼 수 있으며 한국 목간과의 용법도 유사하여 동아시아 각국의 기재 양식에 많은 공통점이 존재한다고 할 수 있다.

나 인물이 다를 가능성도 있다.

31 중국에서는 이러한 체크 부호를 '鉤校'라고 한다. 李均明·劉軍, 1999,『简牍文书学』, 廣西教育出版社, 78-88쪽에 상세한 논술이 있어 참조하기 바란다.

32 李迎春, 2016,『居延新简集釋(三)』, 甘肅文化出版社.

33 長沙簡牘博物館, 2008,『長沙走馬樓三國吳簡：竹簡(參)』, 文物出版社 수록 일련번호 6317, 7177, 7188 등 간독(凌文超, 2017, 「走馬樓吳簡中的簽署、省校和勾畫符號舉隅」,『中華文史論叢』125).

34 袁暉 등, 2002,『漢語標点符号流変史』, 湖北教育出版社, 93-94쪽.

35 袁暉 등, 2002, 앞의 책, 96쪽.

Ⅴ 삭제 부호

윗부분에서 'ㄱ' 부호가 삭제의 뜻을 나타내는 경우가 있다는 것에 대해 서술했는데 삭제 부호로서 제일 많이 사용된 것은 '○'와 'ㅣ' 부호이다. 또한 'ㄱ' 부호에 'ㄴ'을 추가하여 '○'와 같이 표현한 사례도 있다. 이러한 기호는 동아시아 각국의 문자자료에서 아주 흔히 찾아볼 수 있다.

먼저 삭제를 나타내는 'ㄱ' 부호에 대해 소개하자면 당나라 시기의 사본 『唐韻』에 표제어로 되는 한자에 'ㄱ' 부호를 첨부하고 그 아래에 '錯書'를 적은 사례가 있다.[36] '錯書'는 잘못된 글, 틀린 글이란 뜻으로 삭제의 뜻을 나타낸다. 이는 위에서 소개한 표4-③ 목간과 유사하며 정창원문서(〈東寺奉寫經所解〉續々修 第18帙 第6卷 第49紙)에 보이는 삭제 기호[37]와도 동일하다(표5 참조).

시기는 많이 거슬러 올라가지만 武威 漢簡에도 'ㄱ' 부호를 삭제의 뜻으로 사용한 사례가 있다(표6-①).[38] 이 무위 한간의 경우 'ㄱ' 아래에 'ㄴ'과 같은 부호를 추가하여 삭제하고자 하는 단어 전체를 둘러싸고 있다. 이와 비슷한 사례가 일본 목간에도 보인다(표6-②).[39]

---

36 孫愐撰, 『唐写本唐韵』, 清光緒三十四年(1908) 刊本(中國社科院圖書館藏), 30·42쪽.

37 표5-③의 'ㄱ' 부호는 해당 문서에 세 사람의 인명 위에 표해 있는데 인수 합계를 적은 부분이 18人에서 15인으로 수정되어 있어 세 곳의 'ㄱ' 부호는 모두 삭제의 뜻을 나타냄을 알 수 있다(井上幸, 2016, 앞의 논문). 또한 표5-③의 오른쪽 인명 '大原魚足' 위에는 '止'자가 다른 필체로 적혀 있는데 이것도 삭제를 뜻하는 것으로 생각된다.

38 張德芳主編·田河著, 2020, 『武威漢簡集釋』, 甘肅文化出版社, 6·236쪽. 아래에 이 간독에 관한 서술은 이 책에 의함. 표6-①의 이미지 출처도 이에 의함.

39 奈良文化財研究所, 2006, 『平城京木簡三―二條大路木簡―』 수록 4744호 목간. 아

표 5 중국과 일본의 'ㄱ' 삭제 부호 용례

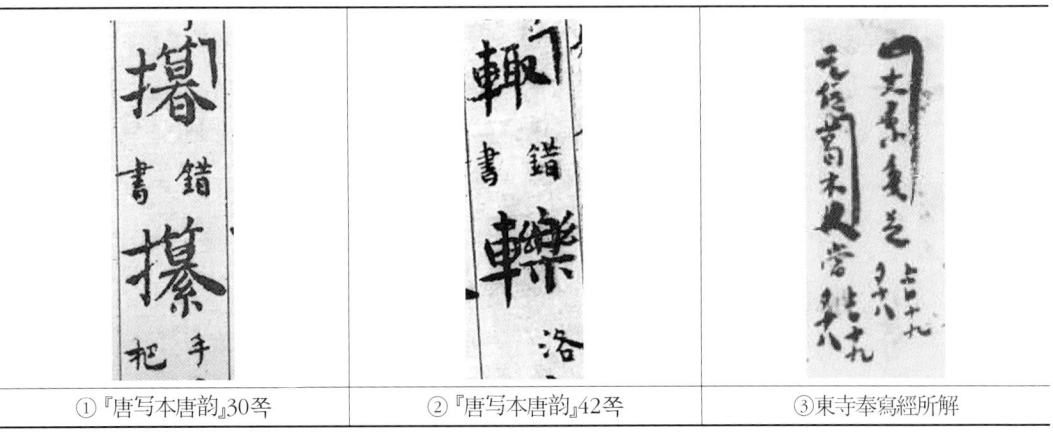

①『唐写本唐韵』30쪽　　②『唐写本唐韵』42쪽　　③東寺奉寫經所解

표 6 중국과 일본의 'ㄱ', 'ㄴ' 삭제 부호 사용례

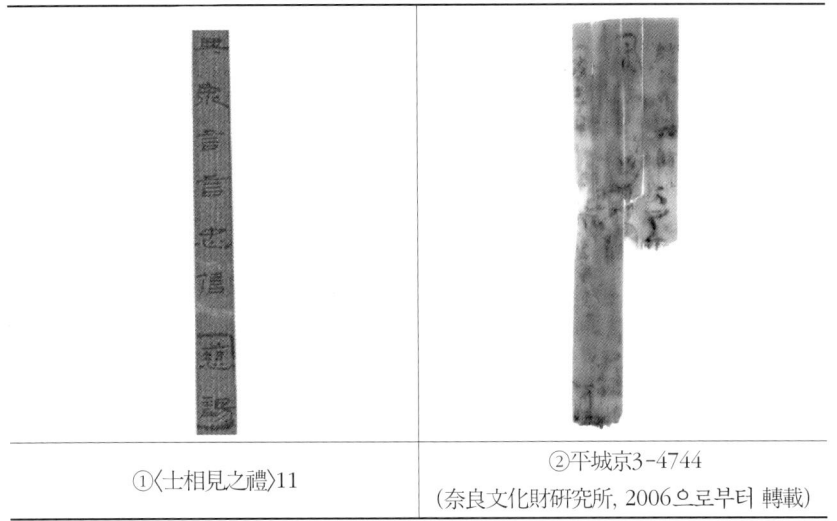

①〈士相見之禮〉11　　②平城京3-4744
(奈良文化財研究所, 2006으로부터 轉載)

표6-① 목간의 경우 '慈鍚' 두 글자 위에는 'ㄱ' 부호, 아래에는 'ㄴ' 부호가 있는데 이는 독자에 의해 추가된 삭제 부호로 여겨지고 있다. 표6-② 목간

래에 이 간독에 관한 서술은 이 보고서에 의함.

은 '煎鼠三烈' 네 글자 위에 '了'와 같은 부호, 아래에 'し'와 같은 부호가 가해짐으로써 긴 동그라미를 이루고 있는데 이것도 삭제의 뜻으로 보이고 있다.

일반적으로 목간의 경우 서도로 삭제할 부분을 깎아내면 된다고 한다. 실제로 한중일 각국에는 많은 목간 부스러기가 출토되어 불필요한 부분은 깎아냈음을 알 수 있다. 하지만 이러한 삭제 부호의 사용은 잘못된 부분을 연필로 글을 쓴 후 지우개로 지우듯 무조건 깎아내기만 한 것이 아니었다는 사실을 보여준다. 후지와라큐(藤原宮) 터에서 출토된 목간에는 세로로 한 줄을 긋거나 동그라미를 쳐서 삭제를 표한 곳, 합점이 남아 있는 한편 글씨를 깎아내려 했지만 깨끗이 깎지 못하여 묵흔이 남아있는 목간[40]이 있어 여러 부호를 병용함으로써 행정 처리를 한 흔적을 찾아볼 수 있다.

VI 중복 부호

중복 부호에 관해서는 殷商 시기의 갑골문에 이미 사용된 사례가 있고[41] 그 후에도 끊임없이 사용되고 있다. 일본 목간에도 중복 부호의 사용례가 많은데 형태는 주로 '〻' 및 이 부호의 행초서체로 볼수 있는 '〃', '丷' 형태가 사용되었다. 이것은 중국 간독에 보이는 '=' 또는 '∵', '〻'과 같은 형태의 중복 부호를 기원으로 한다. 한국 목간이나 신라촌락문서 등 종이 문서에도 중복 부호가 사용되었는데 그 형태는 일본의 목간과 유사하다.

---

40 奈良文化財研究所, 2019, 『藤原宮木簡四』, 八木書店 수록 1807호 목간.
41 袁暉 등, 2002, 앞의 책, 35-37쪽.

표 7 한중일의 중간선에 위치한 중복 부호 용례

    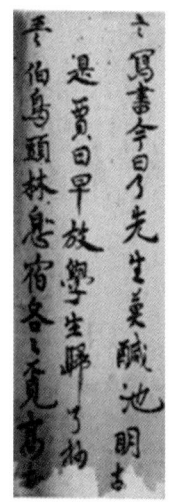

| ①藤原宮3-1078 (奈良文化財研究所, 2012 로부터 轉載) | ②平城宮2-2351 (나라문화재연구소 제공) | ③성산산성목간 | ④능산리목간 | ⑤『論語』鄭玄注寫本 (710) |

그런데 한가지 주목해야 할 점은 중복 부호의 위치이다. 7, 8세기의 일본 목간의 중복 부호는 모두 글자의 중앙선에 자로집고 있다. 즉 워드나 한글 파일의 기능으로 말하면 가운데 정렬로 된다. 또한 중복 부호와 다른 글자와의 간격이 동등한 사례가 많다.

표7-① 목간은 후지와라큐 터에서 출토된 7세기 말-8세기 초의 목간인데 문서 목간에 자주 사용되는 '두려워서'를 나타내는 '恐恐'의 두 번째 글자가 중복 부호로 쓰여 있다. 이 목간에서 중복 부호는 상하 글자와의 간격이 비슷하며 중간선에 맞춰 쓰여 있다. 표7-② 목간, 즉 헤이조큐 터에서 출토된 8세기 목간도 마찬가지이다. '在在女'라고 하는 여성 인명이 적혀 있는데 두 번째 '在'자가 중복 부호로 되어 있다. 중복 부호의 위치는 가운데 정렬로 되어 있

으며 상하 문자와의 간격 역시 같다.

한반도의 사례를 보면 표7-③ 목간은 함안 성산산성에서 출토된 신라 목간인데 촌명 '次次支村'의 두 번째 '次'자가 중복 부호로 쓰여있다.[42] 팔거산성에서 출토된 7세기 초의 신라 목간(7호 목간)에도 중복 부호 사용례가 확인된다.[43] 표7-④ 목간은 부여 능산리사지에서 출토된 백제 목간인데 이 목간에도 중복 부호가 사용되어 있다.[44] 그 형태는 일본 목간의 중복 부호와 상당히 비슷하다. 백제 목간의 경우 부여 쌍북리유적에서 출토된 구구단 목간[45]에도 같은 숫자가 중복된 곳에는 중복 부호가 사용되었는데 그 형태나 위치는 위의 후지와라 목간(표7-①)과 유사하다. 이뿐만 아니라 종이 문서로서는 신라촌락문서에도 '下々煙' 등과 같이 중복 부호 사용이 확인된다.[46]

중국의 중복 부호 사용에 관해서는 앞서 언급했다시피 갑골문에 그 용례가 확인되며 그 후의 금문, 간독, 종이문서 등 다양한 자료에 수없이 확인된다. 다만 남북조 시기까지는 중복 부호가 모두 반복하고자 하는 한자의 오른쪽 아

---

[42] 국립가야문화재연구소, 2017, 앞의 보고서 수록 가야1600호 목간. 이 보고서에 "'々'는 중복 부호"라는 주기가 적혀있다(73쪽). 표7-③의 이미지 출처도 이에 의함.

[43] 남태광·전경효, 2021, 「대구 팔거산성 출토 추정 집수지와 목간」, 『대구 팔거산성 발굴조사 성과와 의미』 ; 전경효, 2022, 「대구 팔거산성 출토 목간 소개」, 『신출토 문자자료의 향연』(한국목간학회 제37회 정기발표회 자료집).

[44] 국립창원문화재연구소, 2006, 『韓國의 古代木簡[개정판]』, 예맥출판사 수록 301호 목간. 표7-④의 이미지 출처는 이에 의함.

[45] 정훈진, 2016, 「부여 쌍북리 백제유적 출토 목간의 성격」, 『목간과 문자』 16; 윤선태, 2016, 「百濟의 '九九段' 木簡과 術數學」, 『木簡과 文字』 17 등에 상세한 서술이 있음으로 참조 바람.

[46] 국립중앙박물관, 2011, 『문자, 그 이후 한국고대문자전』, 80-87쪽.

래에 위치한다. 즉 오른쪽 정렬로 되어있다. 예를 들어 거연 한간,[47] 湖南省 郴州市 蘇仙橋三國吳簡[48] 등 간독자료에 보이는 중복 부호는 모두 오른쪽 정렬로 되어 있으며 남북조 시대의 투루판문서의 중복 부호도 오른쪽 정렬로 되어있다.[49] 하지만 7세기 이후의 당나라 시기의 문서를 보면 한국과 일본의 사례와 같이 가운데 정렬로 옮겨진다. 예를 들어 〈麴氏高昌延壽九年(632)六月十日康在得隨藏衣物疏〉, 〈唐龍朔二、三年(662, 663)西州都督府案卷爲安穭哥邐祿部落事〉, 〈『論語』鄭玄注寫本〉(710) 등 당나라 시기의 투루판문서에 보이는 중복 부호는 모두 가운데 정렬에 해당한다.[50] 〈『論語』鄭玄注寫本〉의 일부가 표7-⑤인데 다섯 글자씩 되풀이되는, 즉 五言詩를 나타내는 '五五', '各各'의 두 번째 글자가 모두 중복 부호로 쓰여 있으며 문자열 가운데에 위치한다. 이는 12세의 논어 공부를 하는 卜天壽라고 하는 어린이가 쓴 글인데 글공부를 하는 어린이마저 중복 부호를 가운데에 썼다는 것은 그 당시의 서사문화를 여실히 보여준다고 할 수 있다.

　　이러한 사례로부터 일본의 중복 부호 기재 방식은 한반도, 특히 백제의 영향을 추정해 볼 수 있다. 중국 당나라 시기, 한반도 신라·백제, 7, 8세기 일본에 같은 서사 방식이 확인되어 동아시아 서사 문화의 동일성을 엿볼 수 있는 흥미로운 사례이다.

47　簡牘整理小組編, 2015, 『居延漢簡(貳)』, 中央研究院歷史語言研究所 수록 157.26호 목간; 簡牘整理小組編, 2017, 『居延漢簡(肆)』, 中央研究院歷史語言研究所 수록 484.30 목간 등 다수.

48　鄭曙斌·張春龍, 2013, 『湖南出土簡牘選編』, 嶽麓書社 수록 정리번호 V-3번 목간.

49　예를 들어 長沙簡牘博物館, 2014, 『翰墨留香丝路溢彩--吐鲁番出土文书精粹展』 수록 투루판문서 〈闞氏高昌永康十二年(477)閏月十四日張祖買奴券〉, 〈古寫本『詩經』〉(5, 6세기)에 보이는 중복 부호는 오른쪽 정렬로 되어 있다.

50　長沙簡牘博物館, 2014, 앞의 책에 수록되어 있음.

VII 刻齒

다음은 중국 간독에 자주 보이는 刻齒에 대해 살펴보도록 하겠다. 중국 간독의 각치에 관해서는 籾山明의 연구 이래 많은 주목을 받고 있다.[51] 한반도와 일본 목간의 사례는 별로 주목되지 않고 있다가 최근에 한국 목간에도 각치로 볼 수 있는 사례가 있다는 견해가 김병준에 의해 제시되고 있다.[52]

일본 목간의 경우 50여만 점의 목간이 출토되었지만 중국 간독과 같이 확실히 각치라고 할 수 있는 사례는 없다고 한다. 하지만 '女和早四斗'라고 적혀있는 후쿠시마현 荒田目條里遺跡에서 출토된 種子札로 불리고 있는 목간에는 글씨를 적은 면의 좌변에 4개의 홈이 파여있어 각치로 볼 수 있다고 생각한다(그림1).[53] 이 4개의 홈은 목간에 묵서된 '四斗'와 대응되어 중국 간독의 각치 기능과 마찬가지로 숫자 개찬 방지를 위한 것으로 추정된다. 그런데 해당 유적에서 출토된 목간 중에는 이외에도 種子札이 있으나 상기 목간에만 묵서 숫자와 대응되는 홈, 즉 각치가 파여 있다. 이 목간에만 각치 가공이 되어

---

[51] 籾山明, 1995, 「刻齒簡牘初探―漢簡形態論のために―」, 『木簡研究』17; 胡平生, 1996, 「简牍刻齿可释读」, 『中国文物报』; 胡平生, 2009, 「木简券书破别形式述略」, 『简牍学研究』2009年第2辑; 张俊民, 2012, 「悬泉置出土刻齿简牍概说」, 『简帛』7; 大川俊隆·籾山明·張春龍, 2013, 「里耶秦漢中の刻齒簡と『數』中の未解読簡」, 『大阪産業大学論集』人文·社会科学編18 등.

[52] 국립창원문화재연구소, 2006, 앞의 책 수록 207호 안압지 출토 목간 좌우 측면에 보이는 톱니와 같은 것을 각치로 보고 있다(김병준, 2020, 「목간 속 비문자 속성의 이해: 부호, 각치, 서명」, 경북대학교 인문학술원 전문가초청특강 자료).

[53] (일본)木簡學會, 1995, 『木簡研究』17, 101쪽에 게재된 (18)번 목간이 각치로 볼 가능성이 있다고 한다(102쪽).

있는 것은 아마도 種子札은 기본적으로 1石(斛)을 단위로 하는데[54] 이 목간은 수량이 다르므로 개찬될 가능성이 있어 이를 방지하기 위한 것으로 생각된다.

또한 井上藥師堂遺跡에서 출토한 쌀이 귀한 봄이나 여름에 벼를 빌려주고 가을에 이자와 함께 회수하는 出擧制에 관련된 목간에도 '〈'형의 홈이 보인다.[55] '〈'형 또는 '〉'형 홈은 끈을 매기 위한 장치로 하찰목간이나 부찰목간에 자주 보이나 이러한 홈은 목간의 상단 또는 하단에 파여 있다. 예를 들어 그림1의 위쪽 양측에 보이는 홈은 끈을 매기 위한 홈이다. 하지만 이 出擧 목간의 경우 목간의 중간 위치, 즉 빌려준 벼의 수량을 적은 곳('黑人赤加倍十'와 '竹野万皮引本五' 사이)에 크게 파여 있다.

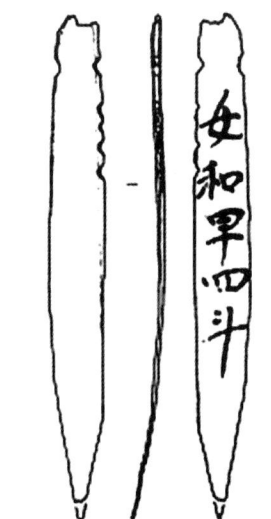

그림 1　荒田目條里遺跡 출토 種子札
『木簡研究』17,100쪽으로부터 轉載

```
                        黒人赤加倍十         竹野万皮引本五
                        山部田母之本廿
□〔寅?〕年白日椋稲遺人    日方□□〔ツ呉?〕之倍十
                        木田支万羽之本五                    446.45.7
```

이 판독문에 보이는 '本'자는 빌려준 본래의 벼 수량을 말하며 '倍'자는 '본래 벼+이자 벼'를 가리킨다. 이 목간에 적힌 벼 수량을 모두 합하면 十+五+

54　平川南, 2003, 『古代地方木簡の研究』, 吉川弘文館, 433-475쪽.

55　(일본)木簡學會, 2000, 『木簡研究』22, 275쪽, (2)번 목간. 이 목간의 판독문 및 해설은 이에 의함. 다만 원 판목문에 있는 추독을 나타내는 'ヵ'는 한국 독자를 위해 '?'로 변경해 두었다.

卄+十+五=五十으로 된다. 그런데 籾山明의 연구에 의하면 漢簡에 보이는 숫자 五十은 '↘' 형태로 되어 있으며 간독 왼쪽에 홈이 파여 있다.56 숫자 十은 ')' 형태로 된다. 한간의 이러한 사례를 비추어 보았을 때 井上藥師堂遺跡에서 출토한 이 목간의 홈도 각치로 볼 여지가 있다고 생각한다.57

VIII 맺음말

일본 목간에 보이는 비문자 표기는 이 글에서 주로 소개한 사례 외에도 아주 많다(표1 참조). 그 중 문장의 말미를 나타내는 '之'나 '也' 뒤에 공백을 두어 문장의 종료를 나타내는 공백의 용법도 주목되고 있다.58 이와 같은 비문자 표기는 문자표기보다도 더 광범위하고 신속하게 전파되었을 가능성이 있다고 본다.

이 글에서 주로 다룬 전도부, 합점, 삭제 부호, 중복 부호, 각치 등 비문자 표기 사용법을 보았을 때 동아시아 각국에 공통점이 많으며 일본 목간에 보이는 전도부, 합점 등 비문자 표기는 중국 한대 이전의 간독 자료를 비롯한 문자 자료에서 기원을 찾을 수 있었다

비문자 표기에는 서사자의 서사 습관이 여실히 드러나고 있어 넓은 의미

---

56 籾山明, 1995, 앞의 논문.
57 平川南, 2003, 앞의 책에서는 이 홈이 목간 내용과 관련 있는 것인지 이차적으로 가공된 것인지 확실하지 않다고 한다(386쪽).
58 犬飼隆, 2011, 『木簡による日本語書記史[2011增訂版]』, 笠間書院; 윤선태, 2008, 앞의 논문.

에서의 서사방식의 전승 관계를 밝힐 수 있다. 중복 부호 사용 예로부터 알 수 있듯이 부호의 형태뿐만 아니라 기재된 위치, 크기 등도 중요하여 이러한 요소를 종합적으로 검토함으로써 시대적·지역적 관련성을 찾아볼 수 있으며 동아시아의 기록문화를 더한층 깊이 있게 해명할 수 있게 된다.

전도부, 합점, 삭제 부호, 중복 부호, 각치 등 비문자 표기를 기능별로 분류하자면 전도부와 삭제 부호는 교정 부호 또는 訂正 부호라고도 할 수 있다. 이러한 부호가 어느 시점에 어떤 사람에 의해 이루어졌는지를 검토함으로써 문서행정의 흐름을 밝힐 수도 있어 향후 비문자 표기에 대해 더욱 폭넓게 연구해나가고자 한다.

참고문헌

犬飼隆, 2011, 『木簡による日本語書記史[2011増訂版]』, 笠間書院
古賀弘幸, 2008, 「訂正符の研究Ⅰ」, 『大東書道研究』16
_____, 2011, 「訂正符の研究Ⅱ」, 『大東書道研究』19
김병준, 2020, 「목간 속 비문자 속성의 이해: 부호, 각치, 서명」, 경북대학교 인문학술원 전문가초청특강 자료
남태광·전경효, 2021, 「대구 팔거산성 출토 추정 집수지와 목간」, 『대구 팔거산성 발굴조사 성과와 의미』
凌文超, 2017, 「走馬樓吳簡中的簽署、省校和勾畫符號舉隅」, 『中華文史論叢』125
東野治之, 1994, 『書の古代史』, 岩波書店
大川俊隆·籾山明·張春龍, 2013, 「里耶秦漢中の刻歯簡と『數』中の未解読簡」, 『大阪産業大学論集』人文·社会科学編18
李均明·劉軍, 1999, 『简牍文书学』, 廣西教育出版社
李迎春, 2016, 『居延新简集释(三)』, 甘肅文化出版社
木簡學會, 1995, 『木簡研究』17
_____, 2000, 『木簡研究』22
_____, 2002, 『木簡研究』24
_____, 2007, 『木簡研究』29
潘重規, 1994, 『敦煌変文集新書』(下), 文津出版社
籾山明, 1995, 「刻歯簡牘初探―漢簡形態論のために―」, 『木簡研究』17
佐藤信, 1999, 『古代の遺跡と文字資料』, 名著刊行会
井上幸, 2016, 「解移牒符案にみえる訂正方法とその記号について」, 栄原永遠男編, 『正倉院文書の歴史学·国語学的研究』, 和泉書院
윤선태, 2008, 「新羅의 文子資料에 보이는 符號와 空白」, 『구결연구』21

_____, 2016, 「百濟의 '九九段' 木簡과 術數學」, 『木簡과 文字』17

이성시, 2000, 「한국목간연구의 현황과 함안성산산성 출토의 목간」, 『한국고대사연구』 19

袁暉 등, 2002, 『漢語標点符号流変史』, 湖北教育出版社

張俊民, 2012, 「悬泉置出土刻齿简牍概说」, 『简帛』7

전경효, 2022, 「대구 팔거산성 출토 목간 소개」, 『신출토 문자자료의 향연』(한국목간학회 제37회 정기발표회 자료집)

정훈진, 2016, 「부여 쌍북리 백제유적 출토 목간의 성격」, 『목간과 문자』 16

平川南, 2003, 『古代地方木簡の研究』, 吉川弘文館

胡平生, 1996, 「简牍刻齿可释读」, 『中国文物报』

_____, 2009, 「木简券书破别形式述略」, 『简牍学研究』2009年第2輯

黃征, 2002, 『敦煌語言文字學研究』, 甘肅教育出版社

국립가야문화재연구소, 2017, 『韓國의 古代木簡Ⅱ』

국립중앙박물관, 2011, 『문자, 그 이후 한국고대문자전』

국립창원문화재연구소, 2006, 『韓國의 古代木簡[개정판]』, 예맥출판사

簡牘整理小組編, 2015, 『居延漢簡(貳)』, 中央研究院歷史語言研究所

_____, 2017, 『居延漢簡(肆)』, 中央研究院歷史語言研究所

干寶 撰(汪紹楹 校注), 1979, 『搜神記』, 中華書局

孫愐撰, 『唐写本唐韵』, 清光緒三十四年(1908) 刊本(中國社科院圖書館藏)

張德芳主編·田河著, 2020, 『武威漢簡集釋』, 甘肅文化出版社

長沙簡牘博物館, 2008, 『長沙走馬樓三國吳簡:竹簡(參)』, 文物出版社

_____, 2014, 『翰墨留香丝路溢彩--吐魯番出土文书精粹展』

鄭曙斌·張春龍, 2013, 『湖南出土簡牘選編』, 嶽麓書社

奈良國立文化財研究所, 1966, 『平城宮木簡一』(奈良國立文化財研究所史料5)

_____, 1982, 『平城宮発掘調査出土木簡概報15』

_____, 1990, 『平城宮発掘調査出土木簡概報22』

奈良文化財研究所, 2006, 『平城京木簡三―二條大路木簡一』

_____, 2010, 『平城宮木簡七』(奈良文化財研究所史料85)

_____, 2012, 『藤原宮木簡三』(奈良文化財研究所史料88)

_____, 2019, 『藤原宮木簡四』, 八木書店

나라문화재연구소, 「木簡庫」(http://mokkanko.nabunken.go.jp/ja/)

奈良文化財研究所, 2009, 『平城宮跡資料館 秋期特別展 地下の正倉院展 – 二條大路木簡の世界 – 第Ⅲ期展示木簡』(http://hdl.handle.net/11177/1721)

#08

헤이안 문학에서 본 히라가나와 종이의 관계성 고찰

•

오수문
(경북대 인문학술원 HK교수)

I 머리말

이 글에서는 헤이안 문학에서 언급되는 『종이』를 통하여, 그 당시 종이의 사용법과 히라가나와의 관계성에 대해 고찰하고자 한다.

일본뿐만 아니라 문화의 발달에는 문자의 발달이 필수적이다. 일본으로 한자가 전래된 후, 오늘날에 이르기까지 일본에서는 한자가 사용되어 왔으며, 또한 독자적인 발전을 이루어 온 가나(仮名)의 존재가 있다. 이러한 문자문화를 지탱해 온 것이 기록 매체이다.

종이가 채륜(蔡倫)에 의해 제조된 것은 105년쯤이다.[1] 현대인이 사용하

---

1 최근에는 채륜 이전에 만들어진 종이가 발견되었으며 이들의 종이의 기원이 채륜

는 종이와 거의 같은 제지법(製紙法)으로 만들어졌다. 그 제지법이 일본에 전해진 것은 610년에 담징(曇徵)이 일본에 건너간 이후라고 한다. 시기적으로는 아스카 시대이며 불교가 대륙, 조선에서 수입되었을 때쯤이다. 당시는 대화개신(大化の改新)으로 인해 진행되었던 율령국가로의 전환 작업, 호적의 작성 등, 중앙집권이 진행되는 속에서 문물의 흡수가 시급한 과제로, 종이의 수요는 높아지고 있었다고 생각된다. 이러한 상황 속에서 불교국가로서 사원의 건립 등이 진행되며 유학을 다녀온 스님들이 가지고 온 경전의 사경이 국가사업의 일환으로 실시되면서 종이의 수요는 더욱더 높아졌다.

나라 시대는 불교가 활기를 얻은 시대이며 종이의 주된 사용자는 스님으로 대부분의 종이는 사경용으로 사용되었다. 이러한 종이의 수요 확대는 도읍지의 관영 제지공장에서 각 나라로 제지 기술의 전파를 촉진시켰다.

헤이안 시대에 접어들면서 히라가나를 사용한 헤이안 가나 문학이 여성들의 손에서 만들어졌고 그로 인해 다양한 작품들이 탄생되었다. 여성 작가들은 그 섬세한 감각으로 종이의 질까지 신경을 써서 많은 문학작품을 남겼다. 나라시대의 역사서나 시집과는 달리 이야기(物語) 형식의 작품들, 그리고 집필자의 순수한 감정을 보여주는 일기문학이 만들어졌으며 문자문화가 새로운 단계에 접어든 것을 보여준다. 이런 새로운 작품들은 한자라는 매체를 사용하지 못했던 여성들이 히라가나를 획득할 수 있었기 때문에 가능했던 것이다. 그런 여성들이 바라본 사회가 헤이안 문학에 기록되어 있다.

헤이안 문학을 분석한 연구는 창작된 지 이미 1000년의 시간을 거친 만큼 현재에 이르기까지 셀 수 없을 정도로 많이 존재한다. 현대에도 그 연구는 지속적으로 이루어지고 있으며 2021년도에만「音読してみる平安文学のカタチ」「平安文学と月」「『源氏物語』の内なる平安文学史」「平安文学の中の天

것보다도 200년 이른 것으로 보아 채륜이 서사를 위해 종이를 개량·발전시켰다는 것이 정설이다.

変」[2] 등의 연구가 있다.

이러한 연구 상황 속에서 이 글에서는 헤이안 문학 속에서 그려지는 『종이』에 주목하고 종이가 어떻게 사용되었는지 종이를 어떻게 생각하고 있었는지, 종이의 수요, 그리고 히라가나와의 관계성을 고찰하려고 한다.

II 문자의 변용

나라 시대에 쓰여진, 통상 상대(上代)문학으로 불리는 『古事記』『日本書紀』『風土記』『懷風藻』 등은 역사서, 보고서, 한시집으로 이들 문서는 기본적으로 한문, 또는 만요가나(万葉仮名)로 기술되었다. 한자의 습득이 쉽지 않았던 것은 한자를 습득하기 위해 사용된 논어 목간, 천자문 목간 등을 보면 쉽게 추측할 수 있다. 이러한 상황 속에서는 한자를 사용할 수 있었던 것은 하급 관인(官人) 이상의 지위를 가지는 자, 또는 하급 관인을 목표로 하는 자에 한정되었을 것이다. 전국의 군(郡)에서 운반되어 온 하찰(荷札) 목간을 보더라도 하급이라고는 하나 율령 제도에 속한 관리이기 때문에 쓸 수 있는 것이며 말단의 촌락에서 생간에 종사하는 마을 주민이 쓰고 읽기가 되는 것은 아니었다. 이시카와현 가모유적(石川県加茂遺跡)에서 발견된 방시찰(牓示札) 목간에는 내용을 구두로 알리라고 기재되어 있으며, 이를 통해 일반인들은 읽어내

---

[2] 加藤浩司(2021)「音読してみる平安文学のカタチ」,『ことばの研究』13号。笹川博司(2021)「平安文学と月」,『大阪大谷大学 STEAM Lab 紀要』1巻、田坂憲二(2021)「『源氏物語』の内なる平安文学史」,『国語と国文学』98巻、作花一志(2021)「平安文学の中の天変」,『天文教育』35巻 등이 있다.

지 못했음을 알 수 있다. 일본에는 고유의 문자가 없고[3] 나라 시대 이전에는 한자라는 남의 문화를 빌려 사용하고 있었기에, 귀족이나 관리, 유식자의 한정된 일부 사람들 밖에 이해하지 못했다.

그러한 문자문화는 격리된 세계 속에서 시간이 흘러 헤이안 시대가 되어 만요가나는 초서체인 초가나(草仮名)와 히라가나로 기술하는 방식으로 변화되어 갔다. 그것은 문자문화의 발전이며 한자의 일본어로의 적응이었다고 할 수 있다.

히라가나가 성립된 그 당시에는 불교의 경전을 훈독(訓読)하기 위하여 가타카나가 고안되었지만,[4] 히라가나, 가타카나라는 새로운 문자문화의 성립은 헤이안 시대 국문학을 발전시키는 계기가 되었다.

정확한 히라가나의 사용개시 시기는 아직까지 판명된 바가 없지만, 최고로 오래된 히라가나라고 하는 것은「讃岐国解藤原有年申文」[5]이다. 867년에 작성된 공식문서이며 초서체인 가나, 히라가나가 상용되어 있다. 후지와라 아리토시(藤原有年)가 작성한 문서이며 부임지인 사누키국(讃岐国)에서 헤이

---

3 神代文字가 존재했다고 주장하는 사람도 있지만 神道 관계자 중 일부에서 주장된 것이며 일반적으로 부정된다.
   日本史広辞典編集委員会(1997)『日本史広辞典』山川出版, p.1145.

4 「片仮名は吉備真備(六九三~七七五)の作、平仮名は弘法大師空海(七七四~八三五)の作と言われて来たが、今世紀始め頃から近代的な方法による国語学の研究が発達し、その結果、これらの考えは何れも根拠のないものであることが明になった。そして、片仮名は、吉備真備の奈良時代には未だ存在せず、平安時代の初期九世紀初頭に至って初めて現れたこと、作者は特定の個人ではないことなどが判明した。そしてその創案の動機は、漢文に記入された訓嚋の中で発生したことが確実になった。」
   築島裕(1997)「片仮名の歴史的研究」,『日本學士院紀要』日本学士院, p.227.

5 東京国立博物館 画像検索 https://webarchives.tnm.jp/imgsearch/show/C0008421 (検索日:2021.11.18)

안교로 보낸 신청서이다. 관위는 正五位下이고 하급귀족이며 헤이안 시대 초기에 이미 귀족이 공문서에 히라가나를 사용한 흔적이라고 할 수 있다. 또한 813년부터 867년까지 살았던 후지와라 요시미(藤原良相)의 저택에서 히라가나가 그려진 토기가 발견되었다. 누구에 의해 쓰여진 것이라는 정확한 판단은 할 수 없지만, 후지와라 요시미는 고위 귀족이며 그 저택 터에서 히라가나가 기술된 토기가 출토되었다는 것은 히라가나가 헤이안 초기 단계에서 관위의 계급 차이에 상관없이 사용되었을 가능성을 보여준다. 또한 후지와라 요시미의 저택 터 부근에서는 나니와즈의 노래(難波津の歌)의 완체 문장이 기재된 목간도 발굴되었다.[6] 이러한 목간은 귀족의 의식에 사용되었을 가능성도 있지만, 나니와즈의 노래의 성질, 9세기 후반이라는 시기. 고위의 귀족 저택 근처에서의 발견이라는 것을 생각하면 저택에 근무한 자가 히라가나를 연습하였을 가능성도 완전히 배제하기는 어렵다.

　　히라가나가 만요가나에서 파생되는 단계일 때는 현재의 히라가나와는 달랐으며, 하나의 가나가 하나의 글자체에 해당하는 것은 아니었다. 헤이안 시대에 생긴 히라가나는 한자를 자모(字母)로 하여 성립하고 있으며 자모가 된 한자의 수만큼 이체자가 존재한다. 그것은 가나 하나하나에 복수의 글자체가 존재하였음을 의미한다. 게다가 같은 자모에서 파생된 히라가나라 하더라도 초서가 되는 정도에 따라 글씨체의 형태가 변형되어 이체자로 취급해야 하는 것도 있었다. 그러나「平仮名体系がその成立初期、後世に見えるほど多くの字体を持っていなかったのは周知のことである」[7]라고 하였듯이 히라가나가 생겨난 헤이안 시대 초기에는 그 뒤로 이어지는 시대의 히라가나만큼 그

6　「「難波津の歌」全文記した木簡初出土 平仮名の完成形に近い字も確認」産経新聞https://www.sankei.com/article/20151126-UBZHAHSHOBM3BAXU4H-ME5AFHFU/(検索日:2021.10,4)

7　矢田勉(2012)『国語文字・表記史の研究』汲古書院、p.343.

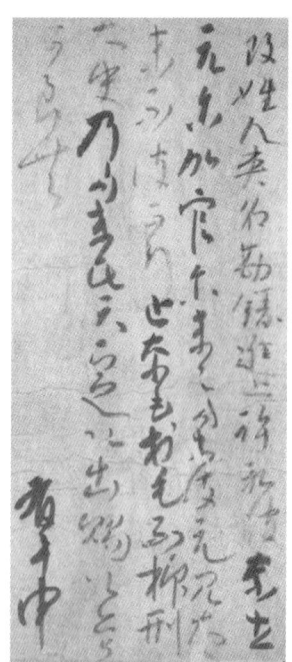

讚岐国解藤原有年申文
東京国立博物館　所蔵

다양성이 풍부하였던 것은 아니었다.

이렇게 하나의 가나에 대해 글씨체가 복수로 존재하였지만 동음인 가나의 이체자를 기술하는 사람이 완전히 구별하여 사용할 수 있었을까에 대한 의문이 남는다.

발음이 같은 가나가 다수 존재하면 기억해야 하는 사람에게는 단지 부담에 지나지 않는다. 그런 경우 개인의 취향으로 글씨체를 하나 선택하고 그것만을 기술하면 아무 문제가 없는 것처럼 보인다. 그것은 하나의 가나에 대해 하나의 글씨체가 있으면 일본어로서는 충분히 성립되었다는 것을 의미한다.

그럼에도 불구하고 히라가나의 사용이 증가되었다는 것은 구별하는 것으로 표현을 고정시키고자 하는 의식이 있었다고 보여진다. 단어를 쓰면서 성립시키기 위해서는 필요한 동음의 가나의 이체자 사용이 존재하였다고 보아야 할 것이다. 이것은 현대에도 있을 수 있는 것으로, 한어명사(漢語名詞)를 문장 속에 표기하는 것이 아니라 하나의 단어로서 가나로 표현하면 무수의 동음이의어가 떠오르지만 그것을 방지하고자 하는 의도에서, 어떤 특정 단어를 표기하는 경우, 동음의 가나 속에서 사용해야 하는 특정의 가나가 존재하였다고 생각한다. 그러나 그것도 모든 발음에 이체자의 다양화가 이루어진 것은 아니며, 여러 글씨체가 사용된 가나는 한정되어 있었다. 더욱이 기술 표기로서 특정 히라가나를 사용하는 것에 대해 완전한 규칙성을 가지고 있었던 것도 아니며, 철저히 관리되었던 것도 아니었다. 어디까지나 사용은 의무가 아니고 임의였다고 생각된다. 히라가나가 성립된 후, 편의상 사용하였던 여러 이체자 표기도 너무 증가해버리게 되면 오히려 폐해가 되었을 것이다. 그러나 한자를 습득하는 것보다는 비교적으로 쉽지 않았을까 생각된다.

히라가나가 성립된 당초에는 어디까지나 사적인 내용의 문장을 기술할 때에만 이용되어, 편지나 와카(和歌) 등에 사용되는 것이 일반적이며 사람들의 눈에 띄는 일이 그다지 없었다. 그러나 어느새 자신의 마음을 나타낼 수 있는 방법이라 하여 귀족 여성들 사이에서 퍼져 나갔다. 여성들 사이에서 퍼져 나가는 계기가 된 것은 여성 작가가 남긴 헤이안 가나 문학의 영향이 크다. 이렇게 하여 한자는 「男手」로, 반대로 히라가나는 「女手」라 불리며 여성의 문자라는 인식이 서서히 형성되어 갔다. 다만 남성은 기본적으로 한문에 쓰는 것이 보통이었지만 와카를 기술할 때에는 남성도 히라가나를 사용하였다는 것이 통설이다. 이렇게 문장의 독해, 집필이 여성에까지 가능해진 것은 남성 귀족들만이 사용하였던 종이의 수요를 늘리는 결과로 이어졌을 것이다.

　문자가 변용되어 가는 과정은 2 방향의 경향이 있었다고 생각된다. 하나는 그때까지 사용된 문자의 양식을 늘리는 경향이며, 또 하나는 줄이는 경향을 말한다. 일본에서는 한자가 전해져 그것을 받아들임으로써 공용의 문자로 하였지만, 그 사용방법을 변화시킨 것은 만요가나이다. 이것은 기본적으로는 한자이며 문자의 범용화가 이루어진 것에 불과하다. 그다음 단계에서 일어난 것이 한자의 간소화이다. 이 과정에서는 한자에서의 탈각이 진행되며 문자로서 성립되지만 히라가나가 증가하는 현상은 최종 형태에 이르기까지의 시행착오의 결과라고 할 수 있다. 또한 헤이안시대에는 한문, 만요가나, 한자 가나 혼합문이 혼재되어 있으며 가나가 늘어난 만큼 동시기에 존재하는 상대적인 문자수도 늘어났다. 한편 문자 양식을 줄이는 경향으로서는 한자 가나 혼합문이 완전히 문자문화로서 자리매김한 시점에서 그때까지 사용되었던 만요가나가 소실된 것이다. 만요가나는 어디까지나 빌린 글씨체(借字)로서 이용되어 온 것이며 이용방법의 응용에 지나지 않아 일본인에 특화된 가나 문자가 창출됨에 따라 실생활에서 그 모습을 감춘다. 이것은 요컨대 만요가나가 일본 내에서 유지되어야 할 필요성과 특이성을 가지지 못했다는 것을 의미한다. 즉 계승되어야 하는 문화적인 가치, 정보를 갖추고 있지 않고, 만요가나 자체가 한문으로는 완벽하게 표현하지 못하는 것을 표현하는 일시적인 대용품에 지나지 않았다는 것이다.

III 헤이안문학에 나타나는 종이 형식

헤이안 시대의 문학은 한자에서 가나로의 문자 변화가 나타난 상황 속에서 생겨났다. 헤이안 시대 초기의 작품으로는 현대에도 읽히는 가장 오래된 이야기인 다케토리 이야기(竹取物語), 신데렐라의 일본판 이야기인 오치쿠보 이야기(落窪物語), 귀족 사회를 그린 이야기인 우즈호 이야기(宇津保物語) 등이 쓰여졌으며 와카를 소재로 한 노래 이야기로서는 이세 이야기(伊勢物語), 야마토 이야기(大和物語) 등이 있다. 그리고 일본에서 가장 오래된 일기문학이라고 하는 기노쓰라유키(紀貫之)의 도사 일기(土佐日記) 또한 역시 헤이안 시대에 만들어졌다. 도사 일기 이외의 작품은 저자 불명으로 성립 시기도 헤이안 시대 초기가 아닌가 추정하는 정도로 명확하지 않다. 이렇게 가나 문자의 등장으로 인하여 다양한 종류의 헤이안 문학이 생기게 된 것이다. 그 중에서도 도사 일기는 「平仮名で書かれたことが、後続の平安女流作家の平仮名文を生み出すのに大きな力をもったこと、したがって貫之が平仮名文の普及に重大な働きを為した」[8]라는 것이 주지의 사실이다.

헤이안 중기가 되면 세이쇼나곤(清少納言)의 수필인 마쿠라노소시(枕草

---

8 小林芳規(1961)「平安時代の平仮名文の表記様式[1]」、『国語学』44号、国語学会、p.62.

子)나, 무라사키시키부(紫式部)의 장편 소설인 겐지 이야기(源氏物語) 등 헤이안 문학을 대표하는 작품들이 등장한다. 또한 가게로 일기(蜻蛉日記), 무라사키시키부 일기(紫式部日記), 이즈미시키부 일기(和泉式部日記), 사라시나 일기(更級日記) 등, 여러 일기문학이 여성에 의해 가나 문자로 남겨졌다. 이들은 헤이안 가나 문학으로도 불리며, 히라가나의 발달이 없었다면 존재하지 않았을 것이다.

그 한 시대 전인 나라 시대를 대표하는 고사기(古事記)는 국내용으로 쓰인 사서이며, 일본서기(日本書紀)가 일본이라는 국가형태를 대외적으로 알리기 위해 집필된 사서라는 정치색이 강한 것에 비해 헤이안 시대에는 순수한 문학작품이 많이 배출되었

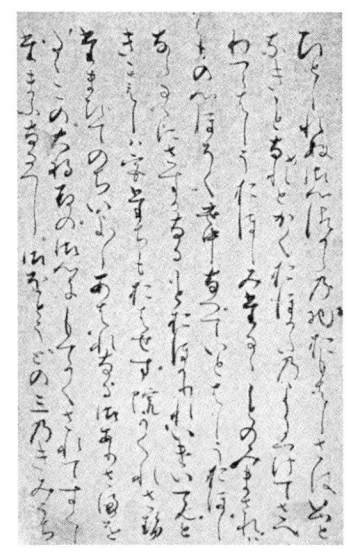

川瀨一馬 『日本書誌学用語辞典』 p. 2

다. 문학이란 언어를 사용한 예술작품을 나타내지만 이런 기록물의 다양화가 나타내는 것은 새로운 독자, 집필자의 증가, 그리고 그것을 가능하게 하는 종이량의 증가라는 수요와 공급의 관계성의 변화라고 할 수 있다.

물론 헤이안 중기의 작품을 집필한 사람은 從五位下 이상의 귀족이나 그 가족이며 종이를 만질 수 있는 환경에 있던 사람들이다. 다만, 겐지 이야기의 작가인 무라사키시키부의 관위는 正五位下으로 하급귀족의 딸이었지만 아버지는 후지와가 북가(藤原北家)의 후손의 가계이며 천황의 교육까지 맡은 인물이다. 그 뒤 후지와라 미치나가(藤原道長)가 무라사키시키부를 주목하고 이치조 천황(一條天皇)의 황후인 중궁 쇼시(中宮彰子)의 뇨보(女房: 궁녀)로 만들었다. 또한 마쿠라노소시의 작가인 세이쇼나곤은 저명한 가인이었던 기요하라 모토쓰케(清原元輔)의 딸이며 중궁 데이시(中宮定子)의 뇨보이다. 그녀들은 당시 일본에서의 최고의 생활수준을 직접 보고 살았으며 종이에 접할 기회도 보통 하급 귀족과는 비교가 되지 않을 정도로 많았을 것이다. 실제로

무라사키시키부의 경우, 후지와라 미치나가가 주목하기 전의 겐지 이야기는 책 두께가 얇고, 종이가 생길때마다 조금씩 기록하였을 정도이며, 아는 사람 사이에서 동인지와 같은 것이었다고 한다.[9] 이것은 헤이안 중기에는 종이가 귀중했다고는 하나 하급귀족이 취미 생활을 하는 정도로는 종이를 쓸 수 있었다는 것을 의미한다.

그럼, 여기서 헤이안 문학 속에서 종이가 어떻게 나타나는지 헤이안 시대를 대표하는 작품을 통하여 당시 종이에 대한 인식을 확인하고자 한다. 당시 귀족문화가 상세히 그려진 이야기로는 다케토리 이야기(新編日本古典文学全集), 오치쿠보 이야기(新編日本古典文学全集), 겐지 이야기(新編日本古典文学全集), 작가의 눈으로 당시 사회를 바라본 수필이나 일기로서는 마쿠라노소시(日本古典集成), 사라시나 일기(新編日本古典文学全集)를 살펴본다.

종이가 등장하는 것은 다케토리 이야기에서는 2회, 겐지 이야기에서는 108회, 마쿠라노소시에서는 48회, 사라시나 일기에서는 2회, 오치쿠보 이야기에서는 15회였다. 사용 방식은 작품에 상관없이 주로 편지로 사용하고 있다. 또한 작품을 보면 紙燭, 懷紙, 障子, 扇, 色紙, 包紙, 紙冠, 生産地, 紙質, 敷紙, 香, 冊(책), 反故등 종이의 사용방법에서 그 형태 및 특성에 대한 묘사까지 다양한 내용으로 등장하고 있다. 그중에는 좀(紙魚)에 대한 언급도 있으며 당시에도 현재와 같은 고민이 존재한 것 같다. 귀족 사이에서는 종이가 선물로서 사용되었고 귀중한 것이었던 것은 틀림없으나 생활 속에 침투되어 생활의 일부분이었다고 봐도 좋을 것이다.

작품 속에서는 종이가 다양한 형태로 사용되고 있지만 그중에서도 종이의 종류에 대한 언급이 많이 보이며 특히 종이의 산지에 대해 중요시하고 있

---

9 NHK「100分de名著 源氏物語」第1回 2012年4月4日放送 上智大学文学部教授 三田村雅子
https://www.bilibili.com/video/BV15x411E7hn/ 参照 6分40秒~7分20秒辺り

표 1

작품 (종이의 등장회수) 연도	종이에 관한 내용(종이의 사용방법 등으로 발췌)	종이의 사용법
竹取物語(2) 9세기말~10세기초	人に紙もたせて、苦しき心地にからうじてかき給ふ。	手紙
源氏物語(108) 1008년	近き御厨子なるいろいろの紙なるふみどもをひき出でゝ	手紙
	火ともしたるすき影さうじの紙より漏りたる	障子紙
	御たゝう紙にいたうあらぬまに書きかへ給ひて、	懐紙
	紙燭さしてまゐれ	蝋燭
	紫の紙に書い給へる墨つきのいとこ	色
	陸奥国紙の厚肥えたるに、匂ひばかりは深う染めたまへり。	性質
	赤き紙の映るばかり色深きに、木高き森のかたを塗りかへしたり	色
	「この帯を得ざらましかば」と思す。その色の紙に包みて	包紙
	濃き青鈍の紙なる文つけて	色
	紫の鈍める紙	色
	さては阿弥陀経、唐の紙はもろくて	性質
	高麗の胡桃色の紙	色・生産地
	空色の紙のくもらはしきに書いたまへり	手紙・色
	うるはしき紙屋紙、陸奥国紙などのふくだめるに、古言どもの目馴れたる	生産地
	きたなげなう書きて、唐の色紙かうばしき香に	性質
	ことことしからぬ紙やはべる。御局の硯	紙質
	御厨子に寄りて、紙一巻、御硯の蓋に取りをろして	一冊
	この紙屋の色紙の色あひはなやかなるに	性質
	紙魚といふ虫の住みかになりて	害虫
枕草子(48) 1001년	紙張りたる扇、ひろごりながらあり、陸奥紙の畳紙の細やかなるが、花か紅かすこし匂ひたるも	香・생산지・ 懐紙・扇
	香の紙のいみじう染めたる匂ひ、いとをかし。	香
	物語・集など書き写すに、本に墨つけぬ。よき造紙などは、いみじう心して書けど、かならずこそ、きたなげになるめれ	紙質
	法師陰陽師の、紙冠して被きたる。	紙冠
	早朝、蔵人所の紙屋紙ひき重ねて	生産地
	陸奥紙、ただのもよき、得たる	性質
	わざと御使して賜はせたりし、唐の紙の赤みたるに	性質

작품 (종이의 등장회수) 연도	종이에 관한 내용(종이의 사용방법 등으로 발취)	종이의 사용법
枕草子(48) 1001년	紙などのなめげならぬも、とり忘れたる旅にて、紫なる蓮の花びらに書きて参らす。	性質
	この紙を冊子に造りなど、持てさわぐに、	1冊
	心殊に、紙よりはじめて、つくろはせたまへるを	行為
更科日記 (2) 1059년	川上の方より黄なる物流れ来て、物につきてとどまりたるを見れば、反故なり。とり上げて見れば、黄なる紙に、丹して濃くうるはしく書かれたり。あやしくて見れば、来年なるべき国どもを、除目のごと、みな書きて、この国来年あくべきにも、守なして、また添へて二人をなしたり。	反故
落窪物語(15) 10세기 말	いろいろの餅、薄き濃き入れて、紙隔てて焼米入れて	敷紙
	「さよさよ」と言ひて、紙に取り分けて、炭取に入れて	包紙

다. 겐지 이야기에서는 108회 종이가 작품 중에 등장하지만, 산지별로는 미치노쿠지(陸奧紙)가 10회, 가미야지(紙屋紙) 3회, 당의 종이(唐紙)11회, 고려(高麗)의 종이가 3회 등장한다. 겐지 이야기는 1008년의 작품으로 당은 이미 멸망하였음에도 당의 종이가 많이 등장하고 있다. 이것은 「大陸の唐から輸入された紙は麻紙として珍重されたから、これを模造するために特別な技術を要し、中央の図書寮の工場だけで製造されたのかも知れない」[10]라 하는 것으로 일본 국내에서 생산된 모조품인 것 같다. 혹은 그 당시 일본인은 당이 멸망하고 왕조가 바뀌고 난 후에도 막연하게 당나라라고 하였던 사실이나 외국은 모두 당나라라고 하였던 것에서 유래되었을지도 모른다.

다음으로 미치노쿠지는 단지(檀紙: 참빗살나무의 껍질로 만든 두껍고 쭈글쭈글한 일본 종이의 하나)를 말하며, 남성은 단지라고 표현하고 여성은 미치노쿠지라고 표현하였다. 무라사키시키부도 세이쇼나곤도 향이 좋고, 두꺼우며 하얀 미치노쿠지를 좋아한 것 같다. 고려의 종이는 수입해서 사용하고

---

10 町田誠之(1972)「正倉院の紙」,『紙ノ技協誌』第26巻第1号、紙パルプ技術協会, p.7.

있었던 것으로 보인다. 「高麗紙는 '아름다운 흰빛에 결이 있는 매끄러움(潔白緊滑)', '두터움과 흰빛(厚逾五銖錢 白如截肪切玉)', '흰빛과 질김(色白如綾 堅靭如帛)'과 같은 특성 때문에, 당시 문인들에게 호평을 받아 宋나라 수도나 항구뿐만 아니라, 長江 유역의 蠻族에게까지 널리 유통되었다」[11]라고 하는 것처럼 아시아에서는 넓게 유통되고 있었던 것 같다. 다양한 색깔, 지질의 종이가 등장하고 있지만, 그 사용법으로는 문자를 쓰는 것이 일반적이며 종이가 가지는 성질을 이용하여 작품의 예술성을 표현하거나 등장인물의 심리 묘사를 시도하기도 한다.

마쿠라노소시에서도 48회 종이에 대한 기술이 등장하지만 그중에서도 미치노쿠지가 6회, 당나라의 종이가 1회이다. 역시 여기에서도 당나라 종이라고 하고 있지만 겐지 이야기와 같은 이유일 것이다. 당시의 귀족은 종이로서 양질의 미치노쿠지를 선호하였다. 또한 마쿠라노소시에 「物語・集など書き写すに、本に墨つけぬ。よき造紙などは、いみじう心して書けど、かならずこそ、きたなげになるめれ」[12]라고 기재된 부분은 이야기를 옮겨 쓰는 행위가 빈번하게 이루어진 것을 암시하고 있을 뿐만 아니라, 종이의 질에도 까다로웠음을 나타내고 있다. 다음으로 「紙などのなめげならぬも、とり忘れたる旅にて」는 실례가 되지 않을 정도의 종이를 들고 있지 않는 여행이라는 의미지만, 헤이안 중기에는 종이 자체가 귀중품이었다는 것은 틀림없지만 종이의 종류에 등급이 존재하고 내용을 전달할 수만 있다면 되는 것이 아니었음을 나타내고 있다.

사라시나 일기에서는 종이에 대한 언급이 2회 밖에 없지만, 하나는 호고(反故: 잘못 쓰거나 해서 못 쓰는 종이)에 대한 것이다. 내용은 여행 중 들었던 후지가와 전설의 내용이며 강 상류에서 노란 호고가 내려왔는데, 들여다보

---

11 朴宗基(2011)「고려시대 종이 생산과 所 生産體制」,『한국학논총』35卷, p.50.

12 丸岡桂・松下大三郎編(1909)『国文大観』9、明文社、p.55.

니 익년에 변경되는 국사(国司)의 이름이 기재되어 있었다. 잘 말려서 보관해 놓았더니 다음 해에 정말 그 이름의 국사로 바뀌었다는 내용이다. 스가와라 다카스에노무스메(菅原孝標女)가 살았던 당시는 도읍지에서 이야기(物語: 소설)가 유행하고 있었으며, 이야기 문학에 동경하던 스가와라 다카스에노무스메가 요년기에 지방에서 도읍지로 돌아가는 여행길에서 들은 이야기를 사라시나 일기에 기술하였을 것이다. 전설에 종이가 나오는 것으로 보아 그 지방에 사는 서민들도 호고, 즉 종이가 무엇인지는 알고 있었던 것 같다.

  헤이안 시대 중기의 종이 취급에 대하여 무라사키시키부 일기에 다음과 같은 기술이 있다. 「このごろ反古もみな破り焼きうしなひ、雛などの屋づくりにこの春しはべりにし後、人の文もはべらず、紙にはわざと書かじと思ひはべるぞ、いとやつれたる」[13]라는 내용인데, 이것은 최근에는 필요 없게 된 종이는 모두 찢거나 소각시키거나, 인형놀이를 하는데 집을 만들거나 하여 이 봄에 다 써버리고 난 후에는, 아무도 편지를 보내주지 않으니, 새로운 종이에는 일부로 쓰지 말아야겠다고 생각하는 내용이다. 가미야인(紙屋院)의 종이 재생 작업이 활발해진 것은 헤이안 시대 말기의 일이라고는 하나, 호고를 태우거나 종이를 접어서 놀이 도구로 만들어버리는 것은 그만큼 종이를 손쉽게 쓸 수 있었다는 의미일 것이다. 무라사키시키부 일기는 무라사키시키부가 후지와라 미치나가한테 주목받은 뒤인 1008년부터 1010년 사이의 일기인 이상, 종이의 공급은 풍부하였다고 생각되며 상기의 내용이 보통 하급귀족이 가지는 종이에 대한 가치관과는 차이가 날 수도 있다. 그러나 히라가나가 헤이안 문학을 통해서 발전되어 가는 속에서 당시 여성 귀족의 종이에 대한 취급방법의 일면을 보여주고 있다.

---

13 「紫式部日記」University of Virginia Library Electronic Text
  http://jti.lib.virginia.edu/japanese/murasaki/nikki/MurMura.html（検索日:2021.11.20）

Ⅳ 히라가나와 종이와 목간

겐지 이야기, 마쿠라노소시, 무라사키시키부 일기 등이 쓰여진 헤이안 중기 문자의 사용은 만요가나나 초가나, 히라가나가 아직도 혼재되고 있으며, 이 시기는 만요가나로부터 히라가나로 가는 과도기의 시대이다. 히라가나는 헤이안 시대 속에서 무라사키시키부를 비롯하여 세이쇼나곤, 스가와라 다카스에노무스메 등, 많은 여성의 女手로서 사용되며 문학으로 승화하게 됨으로써 사적인 용도뿐만 아니라 문자로서의 시민권을 얻었다고 할 수 있다. 그 이유로는 당시 인기가 있었던 겐지 이야기나 마쿠라노소시 등 여성 작가의 가나 문학을 사본(写本)하여 많은 사람들에게 읽혀진 것이 크다고 할 수 있다. 현재 최고로 오래된 겐지 이야기의 사본으로 생각되는 것은 헤이안 시대 말기에 쓰여진 후지와라 사다이에가 남긴 것이지만 그는 최종적으로 正二位라는 고위의 구교(公卿: 正三位 이상의 정치에 관여하는 귀족)이면서도 본인이 직접 사본하였다. 그러나 지위가 높은 사람 중에는 대필을 부탁한 자도 있었을 것이다. 그렇다면 단순히 「옮긴다」라는 작업에 그치지 않고, 보다 문학적으로도 읽기 쉽고 아름답게 쓴다는 것도 중요하였을 것이다.

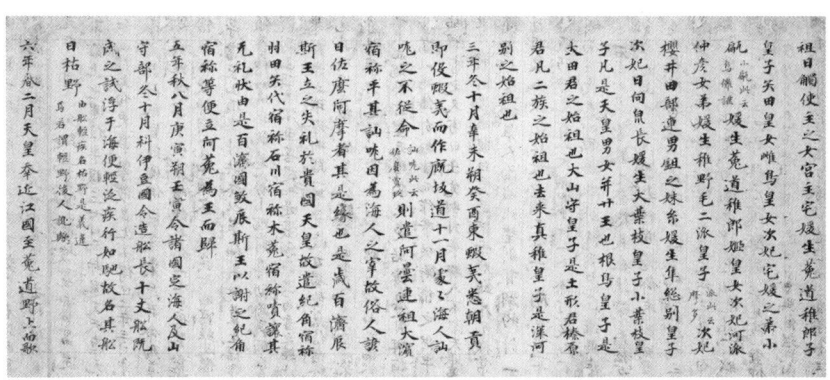

奈良国立博物館蔵 国宝 平安時代・9世紀 現存最古写本

후지와라 사다이에가 남긴 사본의 겐지 이야기「梅枝」에는 히카루겐지 (光源氏)의 이야기로서 머리말에「よろづのこと、昔には劣りざまに、浅くなりゆく世の末なれど、仮名のみなむ、今の世はいと際なくなりたる。古き跡は、定まれるやうにはあれど、広き心ゆたかならず、一筋に通ひてなむありける。妙にをかしきことは、外よりてこそ書き出づる人びとありけれど、女手を心に入れて習ひし盛りに、こともなき手本多く集へたりしなかに」[14]라고 언급하고 있다. 사회에 실망하고 불만을 가지고 있는 히카루겐지 사상 속에서도 히라가나에 대해서만은 헤이안 시대최대의 발명이라고 하고 있다. 이것은 작품 속에서 히카루겐지가 말한 내용이지만 작가인 무라사키시키부의 생각으로 봐도 무방할 것이다. 여성이 글씨를 쓸 수 없었던 억압에서의 해방을 기뻐하는 것으로도 보인다. 또한 상대문학을 말하는 것으로 보이지만, 헤이안 시대에 들어가면 나타나는 섬세한 붓놀림에 대하여, 그 이전의 개성이 없는 힘찬 붓놀림이 싫다고 하고 있다. 확실히 상대문학인 고사기나 일본서기를 보면, 깨끗하게 정리된 느낌을 주어 현대인의 입장으로 보면 보기 쉬우나, 개성이라는 부분에서는 부족하다고 할 수도 있다. 마지막으로 최근에는 히카루겐지의 시각을 만족시키는 히라가나를 쓸 수 있는 사람이 나타난 것을 기뻐하고 있지만, 이것 역시, 무라사키시키부의 생각이 아닐까 생각한다. 상기 내용을 보면 헤이안 시대 중기는 히라가나가 문자문화의 주체가 되었음을 알 수 있다. 히라가나에 대해 귀족들이 그러한 사고를 가지지 않았더라도 당시 겐지 이야기의 영향력을 생각하면 귀족들의 사고를 바꾸어놓았을 수도 있다.

그리고 종이면의 사용법에 대해 언급한 부분도 있다. 겐지 이야기에「紫の紙の、年経にければ灰おくれ古めいたるに、手はさすがに文字強う、中さだの筋にて、上下等しく書いたまへり。見るかひなううち置きたまふ。」[15]라고

---

14 丸岡桂・松下大三郎編(1909)『国文大観』1, 明文社, p.581.

15 丸岡桂・松下大三郎編(1909)『国文大観』1, 明文社, p.134.

하여, 경년열화되어 색깔이 바뀐 종이를 싫어하며 선이 굵게 쓰여진 한시대 이전의 뒤떨어진 표기법, 행의 상하를 정확하게 맞춰서 쓰는 서법을 보는 것을 참을 수 없어서 종이를 내려두었다고 한다. 글씨체에 관해서는 위에서도 같은 내용의 언급

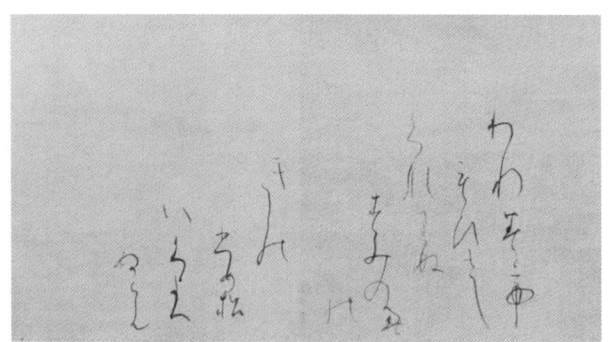

『継色紙』 九州国立博物館蔵 重要文化財

이 있었지만, 되풀이하여 상대문학의 서법을 비판하고 있다. 헤이안 중기에는 이미 종이면의 사용법, 붓의 사용법, 문자의 형태에 미술성을 부여하였으며 상대 문학과 같은 서법은 이미 과거의 것으로 시대에 뒤처진 느낌이었을 것이다. 또한 겐지 이야기에는「紙屋の色紙の色あはひはなやかなるに、乱れたる草の歌を、筆にまかせて乱れ書きたまへる、見どころ限りなし」[16]라는 부분이 있는데, 이것은 가미야인의 색지의 색깔은 화려하고 초가나의 와카를 지라시가키(散らし書き: 글귀를 띄엄띄엄 흩뜨려 쓰는 일)로 쓴 것이 주목해야 되는 부분이 끝도 없다는 소리로, 지라시가키를 극찬하고 있다. 이것은 앞에서 언급한 상대문학과의 대비라고 할 수 있다. 내용 중「乱れ書き」는 지라시가키를 나타내지만 대표적인 것에 쓰기시키시(継色紙), 순쇼안시키시(寸松庵色紙), 마수시키시(升色紙)가 있다. 왼쪽 사진은 쓰기시키시이지만 종이를 커다란 화반처럼 사용하고 여백처리, 행의 높낮이, 간격, 경사 등, 예술성이 아주 높다. 이 작품은 10세기 중반에서 11세기 초기 것으로 겐지 이야기와의 시대배경과도 일치한다. 또한 이러한 지라시가키는 10세기 후반에는 일상 편지에도 사용

---

16 丸岡桂・松下大三郎編(1909)『国文大観』1、明文社、p.583.

位	氏名	貴族数	資人/貴族	家族/貴族	町/貴族	人/町	平均人/町
従一位(太政大臣)	藤原公季	1	280	6	4	72	
従一位(関白左大臣)	藤原頼通	1	280	6	4	72	
正二位(右大臣)	藤原実資	1	280	6	4	72	72
正二位(内大臣)	藤原教通	1	280	6	4	72	
正二位(大納言)	藤原斉信	1	160	6	2	83	
正二位(権大納言)	藤原行成	1	160	6	2	83	
正二位(権大納言)	藤原頼宗	1	160	6	2	83	
正二位(権大納言)	藤原能信	1	160	6	2	83	
正二位(前権大納言)	源 俊賢	1	80	6	2	43	
正二位(権中納言)	藤原長家	1	90	6	2	48	
正二位(権中納言)	藤原兼隆	1	90	6	2	48	
正二位(権中納言)	藤原実成	1	90	6	2	48	
従二位(権中納言)	源 道方	1	90	6	2	48	
正二位(権中納言)	藤原朝経	1	90	6	2	48	46
正二位(権中納言)	源 師房	1	90	6	2	48	
正二位(前中納言)	藤原兼家	1	80	6	2	43	
正三位(参議)	藤原経通	1	60	6	2	33	
正三位(参議)	藤原資平	1	60	6	2	33	
正三位(参議)	藤原通任	1	60	6	2	33	
正三位(参議)	藤原兼経	1	60	6	2	33	
正三位(参議)	藤原定頼	1	60	6	2	33	
正三位(参議)	藤原広業	1	60	6	2	33	
従三位(非参議)	藤原惟憲	1	60	6	2	33	
従三位(非参議)	藤原道雅	1	60	6	2	33	
正四位	源 朝任	1	40	6	2	23	
正四位	藤原公成	1	40	6	2	23	
正五位		81	25				
従五位		149	20	6	1	28	28
六位以下		1000	6				

1027年　貴族人口
桑原雅夫氏가 작성한 표를 인용

되고 있었다고 한다.[17] 귀족사회에서는 일상생활 속에서 이렇게 종이를 사용할 수 있었다는 이야기로, 무라사키 시키부에 대해서 언급하였던 하급귀족이면서도 취미 생활에 종이를 사용할 수 있었던 것으로 미루어보아 사실일 것이다.

그렇다면 헤이안 중기, 귀족이라고 불리는 사람들은 어느 정도 존재하였는가. 구와바라 마사오(桑原雅夫) 씨의 연구[18]에 따르면 1027년시 헤이안교에는 従五位下 보다 높은 귀족은 256명 정도 존재하였다고 한다. 또한 가족 구성을 명확하게 하기 어려운 부분도 있어, 모든 귀족 가정의 구성원을 대략 6명으로 가정하였다. 이렇게 보면, 헤이안교에 살았던 귀족의 세대 인원수의 총수는 대략 1536명이 된다. 여기에 황족을 더해야 하지만, 「平安時代初期には150名程度とも言われる皇族・三位以上の高級貴族」[19]이라고 한다. 물론 왼쪽의 표는 헤이안 중기 것으로 시대적으로 다소 맞지 않는 부분이 있으나 三位 이상의 귀족이 대량으로 늘어

17　森岡隆(2006)『図説かなの成り立ち事典』教育出版、pp.226-227.

18　桑原雅夫・井料美帆(2017)「平安京の交通流に関する一考察」、『土木計画学研究・論文集』第34巻、p.504.

19　京都府埋蔵文化財調査研究センター(2011)『昔むかし···―京都府の遺跡をよむ―』京都府埋蔵文化財調査研究センター、p.93.

났다고는 생각하기 어려우므로, 그대로 계산을 하여 150명에서 三位 이상인 24명을 빼면 126명이 된다. 이것을 1536명에 더한 약 1662명이 종이를 자유로이 만질 수 있었던 대략적인 인구라고 할 수 있다. 다만, 히라가나가 女手가 되기 이전에는 남성이 주된 종이의 소비자로, 1000명을 분모로 본다면, 남녀의 비율은 거의 정확하게 반이 남성이었다고 가정할 수 있으므로, 1000명에도 미치지 않은 831명의 남성이 종이의 소비자였다고 할 수 있다. 그러나 상기에서 기술하였듯이, 헤이안 중기에는 헤이안 문학이 번성함으로써, 히라가나가 女手로 불리게 되어, 여성도 종이 소비의 상당수를 부담하게 되었다. 그렇다면 단순계산으로 1662명 모두가 종이의 소비자가 될 수 있었다는 것이다. 이것은 단순하게 종이의 사용자가 수백 명 증가했다는 의미가 아니다. 당시의 귀족사회에서 사용되었던 종이는 일본국 전체에서 생산되는 종이의 많은 부분을 차지하고 있었으며, 즉 국가전체의 종이 수요가 급격히 늘어난 것을 의미한다.

쇼소인문서(正倉院文書)의 샤쿄간시게(寫經勘紙解) 737년 3월 13일에 따르면 나라시대 초기의 종이 생산지는 미마사카(美作)、고시(越)、이즈모(出雲)、하리마(幡磨)、미노(美濃)이다.[20]

735년에는 5개국이 종이를 생산하고 있었다는 이야기이지만, 쇼소인문서 즈쇼료게(図書寮解)의 774년 기록에는 종이 생산국이 이가(伊賀), 미카와(參河), 가이(甲斐), 가즈사(上総), 무사시(武蔵), 오미(近江), 미노(美濃), 시나노(信濃), 고즈케(上野), 시모쓰케(下野), 에치젠(越前), 엣츄(越中), 이치고(越後), 사도(佐渡), 다지마(但馬), 단고(丹後), 하리마(播磨), 비젠(備前), 나가토(長門). 기이(紀伊), 아와(阿波)로 약 20년만에 생산국은 큰폭으로 늘어

---

20   大日本古文書(編年文書)2卷、p.26.

났다.[21] 또한 11세기에 성립되었다고 하는 루이주산다이가쿠(類聚三代格)에는 식사 제공이라는 내용이 있으며「造国料紙丁〈大国六十人 上国五十人 中国四十人 下国三十人〉造筆丁〈国別二人〉造墨丁〈国別一人〉」[22]라고 한다. 나라의 크기별로 종이의 생산자가 몇 명 종사하고 있었는지 알 수 있는 내용이다. 상기에서 언급하였듯이 헤이안 중기는 여성의 문필활동이 활발해진 시대이며 종이의 수요가 높아졌다. 그렇다면 루이주산다이가쿠의 기술은 774년 쇼소인 문서 즈쇼료게의 21개국 보다도 더욱 많은 나라에서 종이를 생산하고 있었기 때문에 나라별이 아니라 상기와 같이 기술하였다고 보여진다. 틀림없이 생산량은 과거 어느 시기보다도 증가하였을 것이다.

마지막으로 목간에 대해 언급한다. 다케토리 이야기, 겐지 이야기, 무라사키시키부 일기, 사라시나 일기, 마쿠라노소시, 도사 일기, 가게로 일기, 이세 이야기 등 작품 속에 목찰, 札은 한번도 기술되어 있지 않다. 유일, 마크라노소시에 한 군데 기술되어 있지만, 마쿠라노소시에는「頸綱に白き札つきて、鎖の緒、組の長きなどつけて、曳きありくも」라고 나와 있으며 고양이 목에다가 하얀 나무의 목찰을 달았다는 내용이다. 이것은 목간이라고 할 수 없다. 가장 오래된 이야기인 다케토리 이야기가 스여진 것은 9세기 말쯤이지만, 그 이후 작품에 목간은 일제히 나오지 않는다. 무라사키시키부, 세이쇼나곤, 스가와라 다카스에노무스메는 결코 지위가 높은 귀족이 아니다. 그러한 그녀들조차도 목간을 접하는 일은 없었던 것이다. 헤이안 중기 가나 문학의 독자는 상위, 하위에 상관없이 귀족이지만, 헤이안 중기에는 그들이 목간을 볼 일이 없었던 것 같다.

헤이안 중기 귀족에게 종이가 생활의 일부가 된 것은 위에서 살펴보았다,

---

21 大日本古文書(編年文書) pp.580-581.
22 日本古代史史料テキストデータ https://kodaishi-text-by-takuro.jimdofree.com(検索日:2021.4.21.)

그렇다면, 하급 관리 사이에서는 어땠을까. 그것을 추측할 수 있는 것으로 니가타현 나가오카시 시마자키(新潟県長岡市島崎)에 있는 하치만바야시 관아 유적(八幡林官衙遺跡)에서 출토된 봉함목간(封緘木簡)이 있다. 「□〔上ヵ〕郡殿門」「上大領殿門」「□□□□郡殿」[23] 등이다. 도착이 「郡殿門」「上大領殿門」「郡殿」으로 되어 있으며, 도읍지에서 떨어진 지방의 하급관리가 군사(郡司)에게 문서를 보낸 것이다. 이들이 만들어진 정확한 연대는 알 수 없지만, 8세기 전반의 것으로 생각된다. 물론 니가타현은 쇼소인문서 샤쿄간시게 737년 3월 13일에 있던 고시(越), 774년의 즈쇼료게에도 생산지로서 이름이 있으니 당해 지역에서는 이른 시기부터 종이가 생산되었던 것은 틀림없는 사실이며, 생산지라는 지역적인 이점이 있었을 수도 있다. 이것은 8세기쯤에는 이미 관리의 행정적인 종이의 사용이 단계적으로 시작되어 있었던 것으로 보인다.

헤이안 시대에 발견되는 목간은 「点数の割に題箋軸が多いことなども従来の時代観に適合的な現象と言える」[24]라고 하듯이, 하급 관리가 귀족처럼 종이를 개인적으로 사용할 수는 없어도 행정적으로는 흔하게 볼 수 있는 것이 아니었을까 추측한다.

V 맺은 말

일본은 한자가 뿌리를 내리기 전까지 고유의 문자를 가지지 않았다. 귀족

---

23 木簡庫から引用。https://mokkanko.nabunken.go.jp/ja/ (検索日:2021.4.30)
24 吉野秋二(2021)「平安京跡出土木簡の現況」,『목간을 통해 본 고대 동아시아의 물자유통과 관리』경북대학교 인문학술원 HK+ 사업단, p.83.

이나 지식인, 관인에게 한자가 받아들이기 시작되면서 한문이 기본 문자문화로서 정착되었지만, 한문은 일본어 체계와는 다르므로 완벽하게 사용하는 데는 큰 어려움이 있었다. 그렇기 때문에 일본에서는 독특한 한자 사용법인 만요가나가 생겨나게 되었다. 그 후 9세기 후반이 되면, 만요가나로부터 초가나, 최종적으로는 히라가나로 사용 문자가 변화되어 갔다. 히라가나는 사용되기 시작한 정확한 시기는 알 수 없고, 9세기 후반의「讃岐国解藤原有年申文」이나 히라가나가 쓰여진 토기, 나니와즈의 노래가 쓰여진 목간으로부터 추측될 뿐이다.

여기에서 중요한 것은 9세기에는 하급 귀족 남성이 도읍지에 보내는 신청서에 초가나, 히라가나를 사용했었다는 점과 고위 귀족의 저택 근처에서 히라가나를 연습한 목간이 발견되었다는 점이다. 히라가나가 와카나 사적인 문서에서 사용된다는 통념에 맞지 않는 신청서는 히라가나가 공식적인 문장에 사용되었다는 것을 보여주고 있다. 또한 9세기에 구교(公卿)가 목간을 사용하여 히라가나의 연습을 하고 있었다고는 생각하기 힘들고, 구교에 종사하고 있던 사람이 히라가나 연습을 하였을 가능성이 크다. 이것은 히라가나가 와카나 사적인 문장에만 사용된 것이 아닌 것을 보여주고 있다고 생각된다. 당시 여성이 한문을 쓰는 것은 금기시되어 있었지만, 히라가나는 남녀 구별이 존재하지 않았던 것 같다.

다음으로 헤이안 중기 작품에 그려진「종이」에 대하여 보았다. 작품 속에 나타난 종이와 관련된 것으로서는 紙燭, 懷紙, 障子, 扇, 色紙, 包紙, 紙冠, 生産地, 紙質, 敷紙, 香, 冊(本), 反故 등, 사용방법에서부터 형태, 종이의 특성에 대한 묘사까지 다양한 형태로 종이가 등장하였다. 헤이안 중기가 되면 종이는 귀족 생활의 일부였다. 또한 종이의 종류도 미치노쿠지, 당나라 종이, 고려지 등 다양함을 보이고, 종이가 문자를 전달하기만 하는 매체가 아니었고 하나의 문화를 형성했었다.

헤이안 시대에는 종이를 사용하는데 예술성을 갖추는 경향이 생겨났다.

내용의 전달은 물론, 종이를 화반처럼 사용하고 그림을 그리듯이 히라가나를 쓰는 것이다. 새로운 서법을 극찬하는 것은 새로운 문자문화의 발생을 의미했었다. 이러한 새로운 문자문화는 여성의 문자사용에도 영향을 주어, 종이의 수요도 높였다. 당시 1700명 가까이 되는 귀족이 헤이안쿄에 살았고, 그 모든 인구가 종이의 수요자가 되었던 것이다. 이것은 종이 생산에 큰 영향을 주게 되었다.

일본에서 종이의 생산을 보면 쇼소인문서 샤쿄간시게 737년 3월 13일에는 5개국, 737년에는 21개국으로 증가하였다. 11세기의 루이주산다이가쿠에는 나라명이 없고 나라를 규모별로 나누어 종이의 생산관계자의 수를 언급하였다. 이것은 전국적인 규모로 제지가 이루어진 것과 철저히 제지 관리가 이루어지고 있었던 것을 의미한다.

8세기 전반의 것으로 보이는 봉함 목간은 하급 관리가 군사에게 문서를 보내고 있었던 사실을 가리키고 있지만, 도읍지에서 떨어진 시골에서 발견된 봉함 목간의 존재는 그 후 헤이안 시대 이후의 종이 사회로의 이행을 나타내고 있는 것이 아닐까. 전국에서 생산되는 종이의 대부분을 소비하는 귀족사회에서 여성이 종이를 사용하게 된 헤이안시대는 이후의 종이 생산을 증가시키는 중요한 전환기가 되었다.

참고문헌

朴宗基(2011)「고려시대 종이 생산과 所 生産體制」,『한국학논총』35卷, p.50.

加藤浩司(2021)「音読してみる平安文学のカタチ」,『ことばの研究』13号
京都府埋蔵文化財調査研究センター(2011)『昔むかし・・・―京都府の遺跡をよむ―』京都府埋蔵文化財調査研究センター、p.93.
桑原雅夫・井料美帆(2017)「平安京の交通流に関する一考察」,『土木計画学研究・論文集』第34巻、p.504.
小林芳規(1961)「平安時代の平仮名文の表記様式[1]」,『国語学』44号、国語学会、p.62.
笹川博司(2021)「平安文学と月」,『大阪大谷大学 STEAM Lab 紀要』1巻
作花一志(2021)「平安文学の中の天変」,『天文教育』35巻
田坂憲二(2021)「『源氏物語』の内なる平安文学史」,『国語と国文学』98巻
大日本古文書(編年文書)p.26. pp.580-581.
築島裕(1997)「片仮名の歴史的研究」,『日本學士院紀要』日本学士院、p.227.
日本史広辞典編集委員会(1997)『日本史広辞典』山川出版、p.1145.
町田誠之(1972)「正倉院の紙」,『紙パ技協誌』第26巻第1号、紙パルプ技術協会、p.7.
丸岡桂・松下大三郎編(1909)『国文大観』9、明文社、p.55.
＿＿＿＿＿＿＿＿＿＿(1909)『国文大観』1、明文社、p.581.p.134.p.583.
森岡隆(2006)『図説かなの成り立ち事典』教育出版、pp.226-227.
矢田勉(2012)『国語文字・表記史の研究』汲古書院、p.343.
吉野秋二(2021)「平安京跡出土木簡の現況」,『목간을 통해 본 고대 동아시아의 물자유통과 관리』경북대학교 인문학술원 HK+ 사업단, p.83.

東京国立博物館 画像検索

https://webarchives.tnm.jp/imgsearch/show/C0008421（検索日：2021.11.18.）

「「難波津の歌」全文記した木簡初出土平仮名の完成形に近い字も確認」産経新聞

https://www.sankei.com/article/20151126-UBZHAHSHOBM3BAXU4HME5AFH-FU/(検索日：2021.10,4)

NHK「100分de名著 源氏物語」第1回 2012年4月4日放送 上智大学文学部教授 三田村雅子

https://www.bilibili.com/video/BV15x411E7hn/ 参照 6分40秒~7分20秒辺り

「紫式部日記」University of Virginia Library Electronic Text

http://jti.lib.virginia.edu/japanese/murasaki/nikki/MurMura.html（検索日：2021.11.20.）

日本古代史史料テキストデータ https://kodaishi-text-by-takuro.jimdofree.com/ （検索日：2021.4.21.）

木簡庫から引用。https://mokkanko.nabunken.go.jp/ja/（検索日：2021.4.30）

2부
고대 동아시아의 기록 도구

#09

백제와 통일신라의 벼루 생산과 보급

•

홍보식

(공주대 사학과 교수)

I 머리말

먹·붓·종이 등과 함께 서사도구의 주요 물품인 벼루는 삼국시대부터 생산되어 식자층을 중심으로 사용되었다. 통일신라까지 사용된 벼루는 도연과 석제연, 칠제연 등이 알려져 있으며, 실물로서는 확인된 사례가 없으나 토기편, 기와 편, 편평한 돌 등도 사용되었을 가능성이 있다. 기원전후로 편년되는 창원 다호리 1호 목관묘에서 붓 자루와 삭도가 검출되어 적어도 이 시기부터 나무에 묵서하였음을 알려준다. 그리고 삼국시대 신라 고총고분에서 출토된 허리띠 꾸미개에 매달린 숫돌과 쇠손칼은 필요시 나무를 깎아 묵서하는 식자층의 모습을 떠올리게 한다.

그런데 한반도 남부지역에는 기원전 1세기의 삼천포 늑도 B지구 가245

호 주거지 출토 벼루를 제외하면, 기원전후부터 6세기 전반까지의 서사도구 중 붓을 제외한 벼루와 먹 등의 물적 자료는 검출되지 않았다. 한반도에서 생산된 벼루의 실물 사례는 빨라도 6세기 후반 이후부터 확인된다.

II 백제의 전용 벼루 사용

백제는 한성기와 웅진기의 것으로 추정되는 벼루의 사례는 각 1점인데, 중국 남조로부터 수입된 것으로 추정되고, 대부분의 벼루들은 사비기에 소비되었다. 사비에 도성을 본격적으로 운영한 6세기 후반 이후 중국으로부터 자기로 만든 벼루를 수입하여 사용하거나 이 자기 벼루를 모방한 도연을 생산·소비하였다. 사비기에 벼루가 출토된 유적으로는 부여 관북리 추정 왕궁지·부소산성·궁남지·능사·금성산 건물지·화지산유적·정암리요지·사비도성 군수리지점, 공주 공산성, 익산 미륵사지·왕궁리유적·석왕동유적, 순천 검단산성 등이 있다. 위의 유적들은 사비기의 왕궁 또는 왕궁 관련 시설이거나 왕

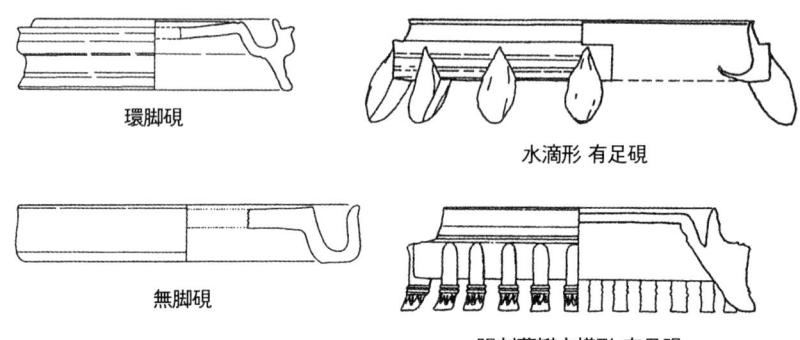

그림 1 　백제 전용벼루의 종류

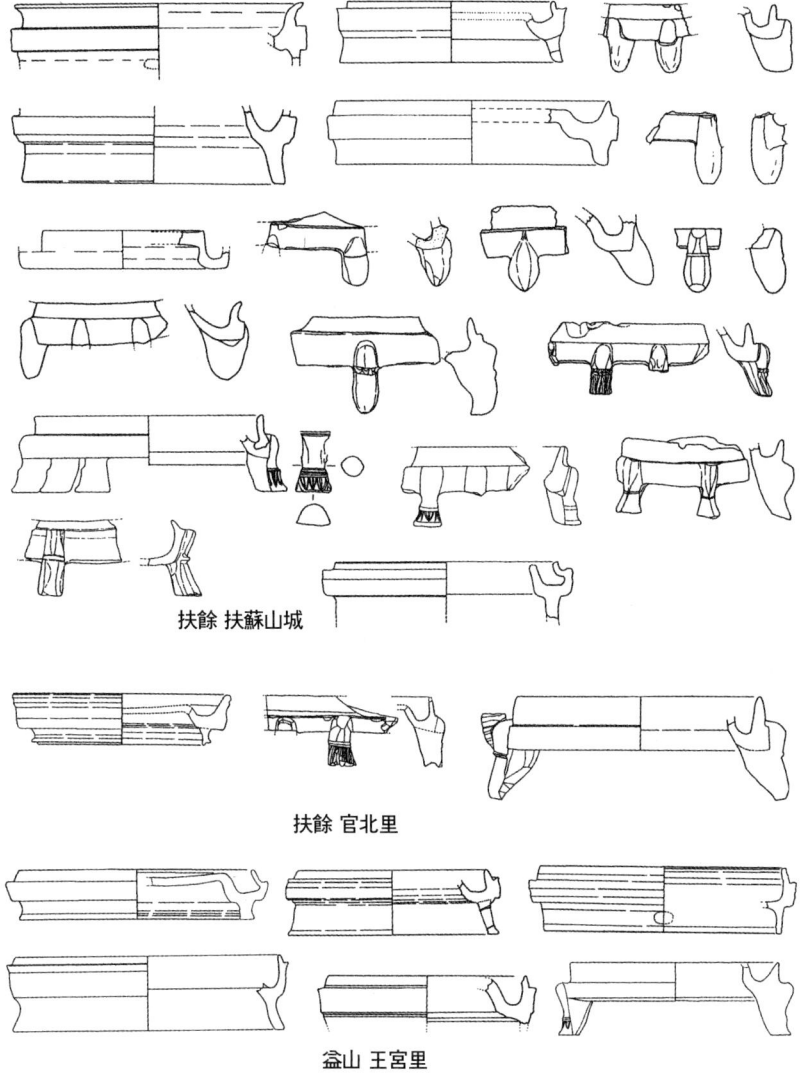

扶餘 扶蘇山城

扶餘 官北里

益山 王宮里

그림 2   백제 사비기의 벼루 사례1(1/5)

릉 관련 제사 또는 의례시설·관방유적·사찰 등이다.

사비기의 벼루는 대부분 다족연이다. 중국으로부터 수입한 청자연은 다리가 5개이고, 연지와 연강의 경계부분이 뚜렷하지 않다. 토제 벼루는 원형 有

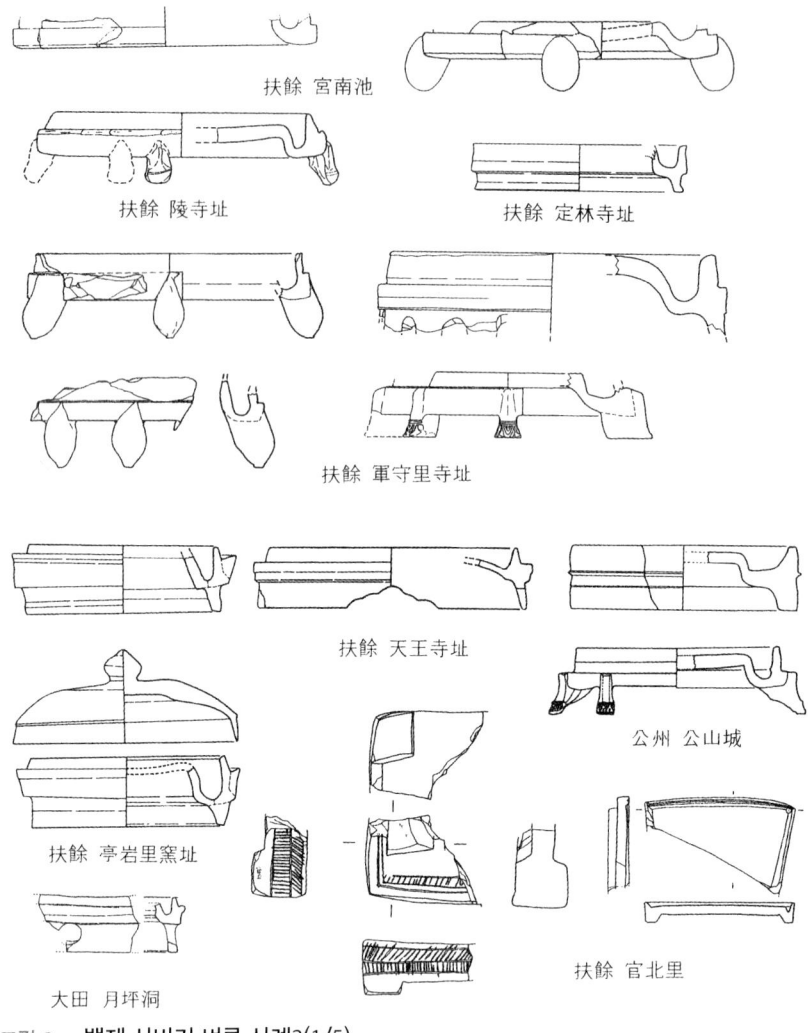

그림 3 백제 사비기 벼루 사례2(1/5)

足硯·無脚硯·環脚硯으로 구분된다.[1] 유족연의 경우, 다리 형태에 의해 水滴

---

[1] 백제와 통일신라의 벼루에는 연반 아래에 복수의 다리를 붙인 다족연이 생산·소비 되었는데, 이 글에서는 백제와 통일신라의 다족연을 구분하기 위해 백제 다족연은

形·陽刻蓮瓣文樣形·單純圓柱形 또는 거기에 양각 돌대를 몇 줄 돌린 형태 등으로 세분된다(山本孝文 2003). 중국 수당의 벼루를 충실하게 모방한 水滴形·陽刻蓮瓣文樣形인 벼루는 사비도성 내부 유적에서 집중 출토되고, 環脚硯은 사비도성과 지방의 유적에서도 출토된다. 연지 단면은 'U'자 또는 'V'자 모양이 대부분이다. 다족연과 환각연·무각연은 높이가 낮고, 표면에 장식이 되지 않아 통일신라연과 구분된다.

사비기에 중국으로부터 수입하거나 자체 생산한 점은 이 시기부터 묵서가 사비도성을 중심으로 활발하게 전개되었음을 나타내는 자료이다. 이 시기부터 묵서의 전용 벼루가 사용된 것은 백제의 관제 정비, 문서행정의 본격화, 불교사원의 조성에 따른 사경 등 사회체제의 변화가 되었음을 나타내는 물적 자료일 것으로 추정된다. 사비도성 내의 쌍북리 현내들·382-2번지·102번지, 구아리 319 부여중앙성결교회, 궁남지·관북리백제유적·능산리사지·동나성 동문지 등과 나주 복암리유적 등지에서 출토된 묵서목간은 사비기에 전용벼루의 생산과 공급이 활발하게 이루어졌음을 간접적으로 보여주는 자료들이다.

III 삼국통일 이전의 신라 묵서 자료

신라의 경우, 경주 월성 해자, 경산 하양 소월리 유적, 김해 봉황동유적, 함안 성산산성, 대구 팔거산성 등 6세기 후반 이후의 관방유적과 생활유적에서 묵서 목간이 다수 검출되었다. 뿐만 아니라 영주 순흥 읍내리벽화고분과

유족연, 통일신라 다족연은 다족연으로 명명한다.

그림 4 　영주 순흥벽화고분의 묵서

어숙지술간묘의 석실 내부에 묵서가 되어 있다. 이는 신라에서도 6세기 후반부터 묵서 활동이 왕경을 중심으로 일부 지방에까지도 이루어졌을 가능성을 보여준다.

　　7세기 전반에는 묵서 목간뿐만 아니라 묵서 토기도 확인되고, 왕경으로부터 먼 지역에서 검출되기도 한다. 이는 7세기 전반에 진입해서 묵서가 광범위하게 이루어졌음을 나타낸다. 6세기 후반부터 문자, 특히 한자 사용과 보급은 토기 표면에 예새로 새긴 명문토기를 통해서도 확인된다. 6세기 후반부터 신라 왕경은 물론 지방의 오지에 이르기까지 관등명·인명·지명·주술적 의미를 내포한 문자 등의 명문들이 뚜껑·고배·호·옹 등의 토기 표면에 새겨져 있다. 6세기 후반에서 7세기 전반의 신라 사회에서는 문자 활동이 꽤 활발하게 이루어졌고, 이러한 움직임은 묵서를 위한 전용 도구, 즉 전용 벼루의 필요성을 더욱 높였을 것으로 추정된다.

　　그런데 신라의 삼국 통일 이전으로 편년될 수 있는 전용 벼루의 실물 사례는 아직껏 확인되지 않았다. 묵서 목간이 상당 수량 출토된 함안 성산산성에서 전용 벼루의 사례는 확인되지 않았다. 함안 성산산성과 같은 양상은 6세기 후반 또는 7세기 전반의 시기에 묵서 목간 또는 묵서 토기가 검출된 지역 모두 전용 벼루의 존재는 확인되지 않았다. 전용 벼루가 존재하지 않는 것은 신라의 삼국 통일 이전 시기까지 묵서 전용 벼루가 사용되지 않았을 가능성을 나타낸다. 전용 벼루가 아닌 토기 편이나 편평한 돌을 사용하였을 개연성이 높다. 성산산성에서 검출된 묵서목간이 물품의 표찰로서 성산산성에 반입된 점은 성산산성에서 묵서되었을 가능성이 낮음을 보여준다.[2] 그렇다면 묵서에 보이는 신라의 지방에서는 묵서가 이루어졌을까. 경산 하양 소월리 유적에서 벼루는 출토되지 않

그림 5 국립경주박물관 소장 전 경북 출토 묵서토기와 묵서

았지만, 수혈유구에서 검출된 묵서 목기는 이곳에서 만들어 사용되었을 가능성이 있다.

    7세기 전반까지 신라지역에서는 전용벼루가 생산되지 않았음을 파악할 수 있는 유적이 경주시가의 동측 교외에 위치한 손곡동·물천리생산유적이다. 이 생산유적은 토기가마 50여 기, 토기 생산과 관련된 공방지(작업장)·수혈유구·굴립주건물지·구상유구·숯가마 등 백여 기 이상의 유구와 토기·요업도구·토우·상형토기·방추차·기와 등의 유물이 출토되었다. 손곡동·물천리 생산유적의 운영은 4세기 후반부터 7세기 전반까지이며, 조업의 중심은 6세기 전반부터 7세기 전반이다. 이 생산유적의 조업기간이 신라의 삼국통일 직전까지임에도 불구하고 전용 벼루는 전혀 출토되지 않았다. 신라의 삼국통일 이전 시기까지 경주 왕경의 주요 토기 공급처였던 손곡동·물천리 생산유적에서 전용 벼루가 검출되지 않은 점은 삼국통일 직전까지 신라 왕경에 전용 벼루가 생산·소비되지 않았음을 나타낸다.

---

2 함안 성산산성 내부에서도 묵서가 되었음을 나타내는 구체적인 자료인 붓이 출토되었다.

Ⅳ 통일신라의 전용 벼루 생산과 전개

신라에서 전용 벼루의 등장은 삼국통일 이후, 주로 8세기 전반 이후부터이다. 통일신라에서 벼루는 월성 내부·해자·월지·추정 남궁지 등의 왕궁, S1E1의 왕경유적, 인왕동·동천동·성건동·구황동 등의 왕경 내의 가옥, 황룡사지·천관사지·전인용사지, 익산 미륵사지 등의 사찰, 경주 화곡리, 보령 진죽리 등의 토기 생산유적, 울산 반구동유적, 화성 당항성, 하남 이성산성, 대구 시지유적 등 지방의 관방과 취락 등에서 도연·석연·칠연 등이 확인되었다.

통일신라 유적에서 출토된 전용 벼루는 환각연·다족연·윤각연·풍자연 등이 알려져 있다. 환각연은 연강과 연지를 받치는 받침이 굽으로 되었다. 연지와 연강의 단면형태는 'Ⅴ'·'U'·'니'자 등이 있다. 연강·연지:굽의 비율이 1 내외로 굽의 높이가 낮은 것과 0.8로 굽이 높은 것으로 구분된다. 연강 외면에 문양이 없는 것과 점열문·연주화문·지그재그점열문 등의 인화문이 장식된 것이 있다. 이 환각연은 경주 월성해자·월지·경주박물관 미술관 부지·황성초등학교부지·동천동 등의 왕경과 화곡리 생산유적, 황룡사지, 하남 이성산성, 보령 진죽리 생산유적 등 왕경과 지방의 관방·생산유적·사찰 등지에서 출토되어 통일신라 사회에서 광범위하게 사용된 벼루이다.

다족연은 연강과 연지를 받치는 다리가 여러 개 이상으로 이루어졌다. 이 다족연은 다리의 형태와 정면·장식 등에 의해 구분된다. 다리 길이가 10cm 이하로 짧고, 문양이 장식되지 않거나 단일문이 장식된 것(A류), 다리가 직선으로 뻗고, 표면을 종방향으로 깎아 각이 지고, 다리 하단 끝을 사선으로 깎아 발톱을 표현하였고, 연반 바깥 면과 다리 상단에 이중원문·일조직선의 점열문 등의 문양을 장식한 것(B류), 다리의 위쪽이 넓고 발쪽 방향으로 향해 좁아져 사다리꼴이고, 표면을 종방향으로 깎아 각이 지고, 하단 면을 바깥으로 꺾은 후 예새로 깎거나 마연하여 발톱을 표현하고, 연반 바깥 면에 다변화문·

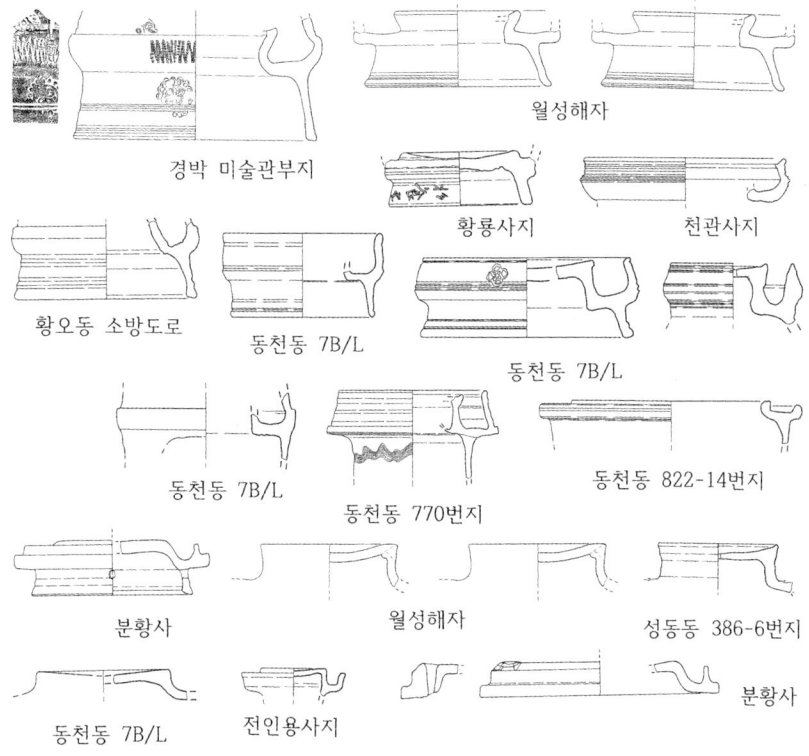

그림 6 통일신라의 환각연 벼루 사례(1/5)

마름모문·운기문·연주화문·국화문·엽문 등 다양한 종류의 인화문이 장식되었고, 그 아래인 다리 상단에는 귀면문 또는 獸面文이 장식된 것(C류) 등으로 구분된다.

　　A류는 연강과 연지의 단면이 'V'·'凵'자이고, 예새로 표면을 각이 지게 깎아 짐승 다리를 표현하고, 다리 내측 면에 홈이 있는 것(A1), 연강과 연지 단면 형태가 'V'자이고, 표면을 깎되 각이 지지 않고, 다리 내측 면에 홈이 없고, 외측면이 ')'자인 것(A2), 연강과 연지의 단면이 'U'자이고, 물손질 정년하고, 다리 내외측 면이 ')('자이고, 바닥면이 곡선을 이루는 것(A3)으로 세분된다. A1의 벼루는 왕경과 지방의 유적에서도 검출되어 가장 일반적인 벼루

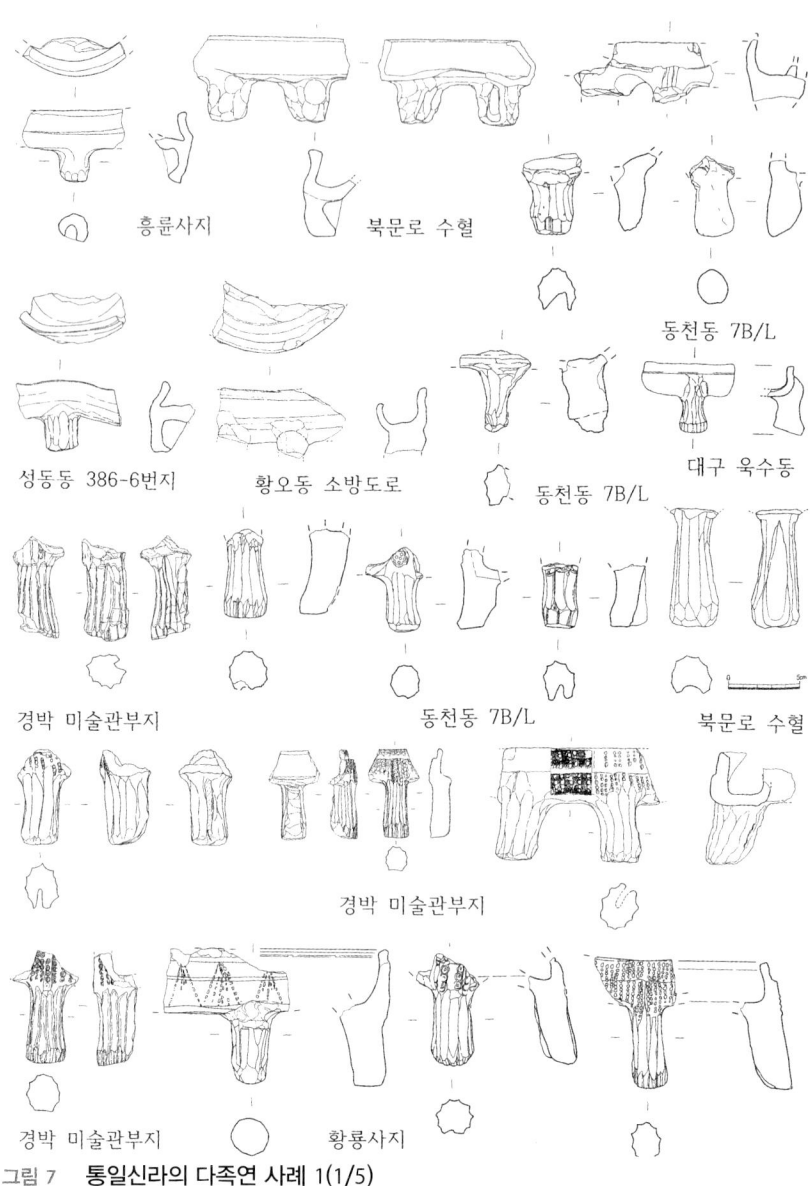

그림 7　**통일신라의 다족연 사례 1(1/5)**

그림 8 **통일신라의 다족연 사례 2((1/5)**

로서 소비되었다. A2의 벼루는 지방에도 일부 확인되지만, 대부분 왕경의 유적에서 출토되는데, 북천 이북의 왕경에서 출토된 수량이 많다. A3의 벼루는 백제 사비기 벼루의 다리 형태와 제작기법이 유사하여 백제의 벼루를 계승한 것으로 추정된다. 이 A류 벼루는 신라 왕경에서 주로 출토된다.

B류 벼루는 연지의 단면형태가 'ㅇ'·'ㄴ'자이고, 다리 길이가 5cm 내외인 단각과 7.0cm 이상인 장각으로 세분되고, 단각의 일부는 다리 내측면에 홈이 파였다. 이 B류 벼루들은 지금까지 왕경에서만 출토되었는데, 왕경 중에서도 북천 이남에 위치한 왕궁·가옥·사찰 등지에서 출토된 수가 많다.

C류 벼루는 다리 길이에 편차가 있으나 대부분 7.0cm 이상으로 장각이고, 다리 내측 면은 곡선이나 외측 면은 요철이 심하다. 이 C류에는 통일신라 토기에 장식된 다양한 종류의 인화문이 장식되었을 뿐만 아니라 귀면문 또는 수면문이 장식되어 모습이 화려하다. 이 C류 벼루 다리는 점토 틀로 찍어 만든 후 연반 아래의 외측 면에 붙여 제작하였다. 이 C류 벼루는 지금까지 월성 내부·동문지·해자·월지·경주박물관 미술관 부지 등의 왕궁과 S1E1 왕경, 황룡사지·분황사지 등 왕궁과 귀족 가옥 공간, 중심 사찰 등에서 집중 출토되었다. 이 C류 벼루는 출토 유구나 장식성 등에서 당시 왕경의 최고 엘리트들이 소유하였음을 나타낸다.

윤각연은 앞의 수족각 C류 벼루의 다리 아래에 대상의 점토 띠를 붙인 형식이다. 이 윤각연은 수족각의 파손을 방지하고 사용 시의 안정성을 높이기 위해 점토 띠를 붙인 것으로서 신라 벼루에서 가장 上品의 형식으로서 왕경의 왕궁과 귀족 가옥, 중심 사찰 등에서 출토되었다.

상기의 통일신라 출토 벼루의 형태와 장식과 출토 공간의 성격 등을 고려하면, 환각연은 일반적인 벼루로서 왕경뿐만 아니라 지방의 주요 거점지에 거주하는 관인이나 지방 호족, 승려 등의 행정문서 작성과 사경용으로 소비하였을 것으로 추정된다.

수족각연 A류는 환각연보다 수량이 적지만, 왕경과 지방의 거주 지배층

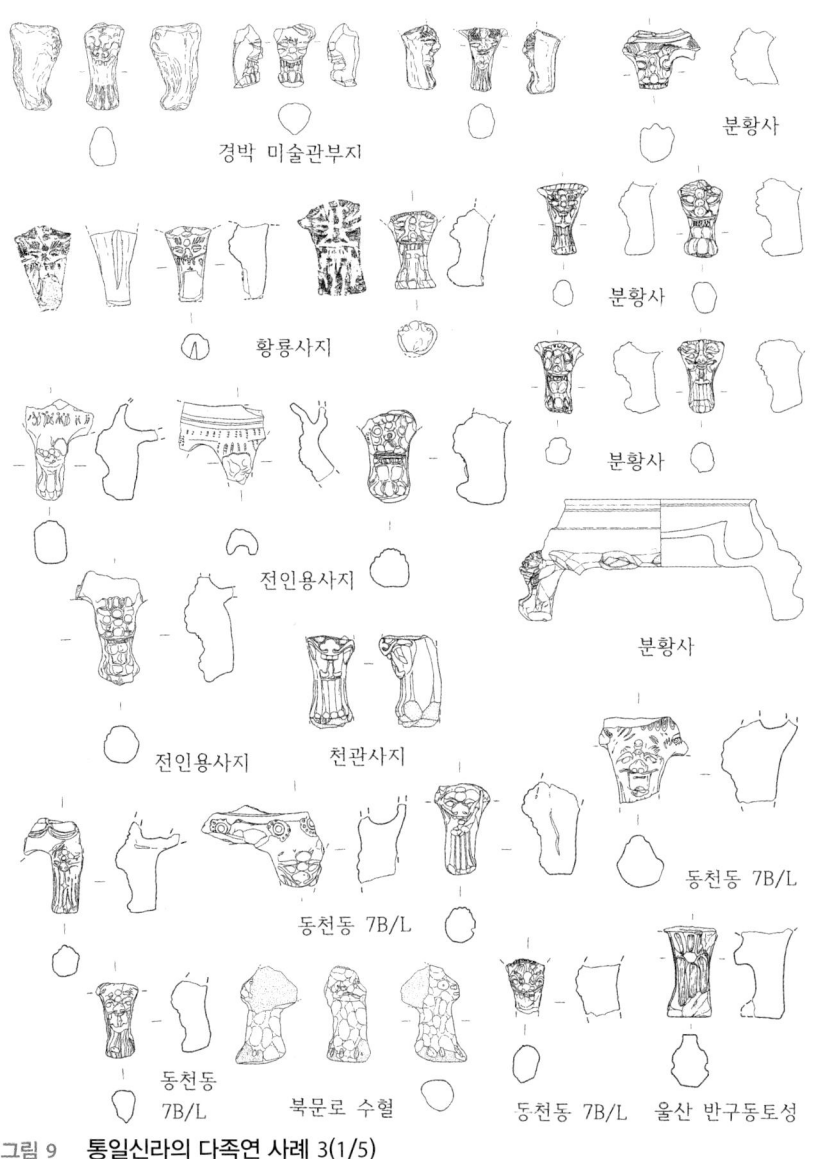

그림 9 　통일신라의 다족연 사례 3(1/5)

#09 백제와 통일신라의 벼루 생산과 보급

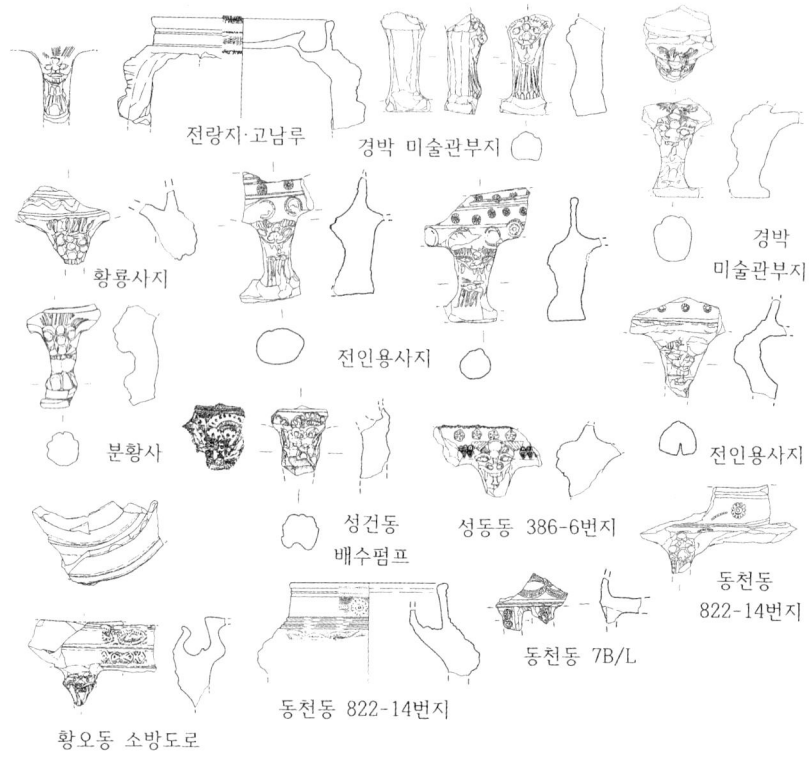

그림 10 통일신라의 윤각연 사례(1/5)

들 일부가 소비하였다. 수족각연 B류는 왕경 지배층들이 사용하였는데, 주로 북천 이남에 거주한 귀족들이 소비하였고, 수족각연 C류와 윤각연은 왕궁과 왕궁에 인접하여 위치한 최고 귀족층과 중심 사찰 등에서 소비하였을 것으로 추정된다.

경주 시가지 외곽의 서쪽 구릉지에 위치한 화곡리 생산유적은 8세기 전반부터 10세기 초까지 왕경에 토기를 공급한 주요 생산시설이었다. 이 생산유적에서는 여러 기의 토기 가마터와 함께 많은 수량의 토기와 다양한 기종들이 출토되었다. 이 화곡리 생산유적에서는 환각연·수족각연·윤각연 등 통일신라에서 출토된 다양한 형식의 벼루들이 출토되었다. 단위 생산유적에서 다양

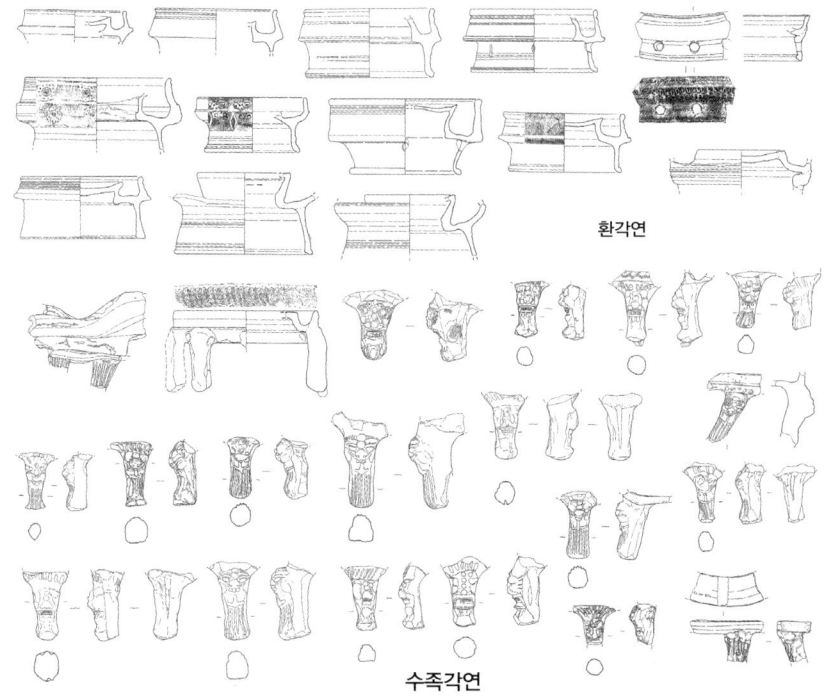

그림 11   경주 화곡리 생산유적 출토 환각연과 다족연 출토 사례(1/5)

한 형식의 벼루가 생산되었고, 각 형식의 벼루는 왕경의 신분 질서(구조)를 고려하여 각 형식의 벼루를 공급한 시스템이 유지되었음을 나타낸다. 통일신라 사회에서 벼루의 형식은 사용자의 신분을 반영한 산물이었음을 나타낸다.

　통일신라 말, 후삼국기에 지방의 토기 가마에서 벼루가 출토된 사례는 보령 진죽리유적 뿐이다. 지방에서 벼루를 제작 생산한 곳이 보령 진죽리 1곳만은 아니었을 것이지만, 활발하게 생산되지는 않았을 것이며, 장식이 거의 가미되지 않은 실용적인 벼루가 생산되었을 것이다.

　6세기 후반부터 7세기 전반에 왕경과 지방에서 확인된 묵서목간은 신라의 삼국통일 이후 광범위하게 전국적으로 확인된다. 묵서목간은 월성 해자와 지방의 거점 성곽이나 사찰 등에서 검출된다. 통일 이후의 묵서토기 사례는

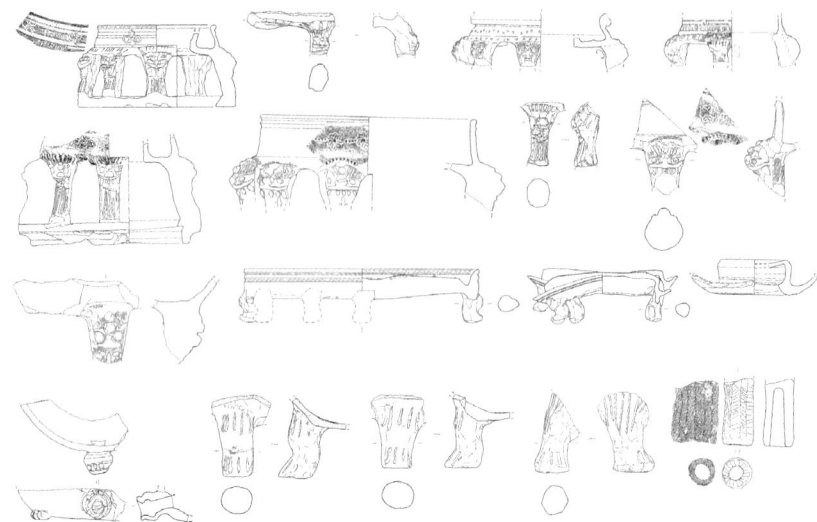

그림 12 경주 화곡리 생산유적 출토 벼루 사례(1/5)

대부분 왕경, 특히 월지에서 집중 검출되었다. "龍王心辛" "洗宅" 등의 묵서명이다. 이 묵서명은 신라왕실의 동궁에서 수변제사 또는 용왕제사, 기우제 등에 사용된 것으로 추정된다. 통일신라의 묵서토기는 왕경 이외지역에는 거의 검출되지 않아 토기에 묵서하는 행위는 일반적이지 않았을 것으로 보인다.

그런데 신라의 지방인 부산 고촌유적에서 묵서명토기가 검출되었다. 고촌유적은 기원후 3세기부터 조선에 이르기까지 목기와 칠기·토기·기와·삼 등 다양한 수공업품을 생산한 유구와 이 수공업품들의 원료·원자재·완성품 등을 저장하기 위한 창고, 운송을 위한 도로 등이 확인된 수공업전문 생산 집단으로서 고려기에 고촌부곡이 존재한 곳이었다.

이 고촌 유적에서 9세기기 말~10세기 전반으로 편년되는 합 안쪽 바닥면에 "甲相○太○○…", 완 바닥 바깥면에 "…○○太○(?)○阿弥○"명 묵서가 존재한다. 이 토기들의 묵서를 통해 볼 때, 9세기 후반에는 신라의 광범위한 지방에까지 묵서 행위가 이루어졌음을 나타낸다.

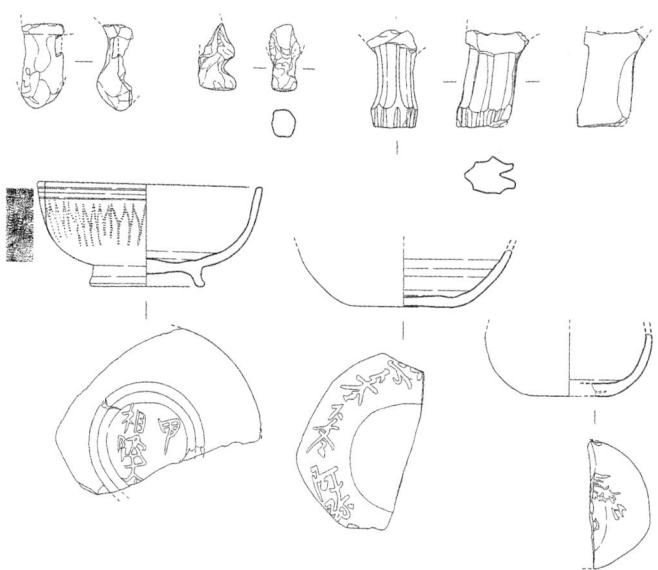

그림 13 부산 기장 고촌리유적 출토 벼루다리와 묵서 토기(1/5)

V 風字形 벼루의 전개와 후삼국

지방호족이 반독립적으로 존재하거나 궁예·왕건의 후고구려·고려와 견훤의 후백제와 신라의 삼국이 정립한 후삼국기에는 각 세력들이 독자적으로 중국 왕조와 교류하면서 새로운 형식의 벼루를 수용하고, 도제로 번안한 벼루를 사용하였는데, 風字形 벼루가 이것이다.

풍자형 벼루는 월지·황룡사지·분황사지·황성초등학교·황룡사 동편·전흥륜사지 등의 왕경, 울산 반구동유적 Ⅲ-주혈군과 삼남 가천리사지 등의 태화강수계, 이천 설봉산성, 보령 성주사지, 포천 반월산성, 파주 도라산 등의 한강수계에서 출토되었다. 풍자연 소재로는 석재(이천설봉산성, 울산 가천리 사지), 토제(전흥륜사지, 울산 반구동, 보령 정주사지, 포천 반월산성), 칠제(월지) 등이 알려져 있다. 토제와 칠제는 신라에서 생산되었을 가능성이 있고, 석제는 중국의 歙州硯 또는 端溪硯으로서 반입되었을 가능성이 있다.

이천 설봉산성에서 출토된 풍자연의 바닥면에 "咸通六·七年(865·866) 명이 새겨져 있고, 울산 반구동 출토품은 연강 안쪽 외측 면에 "…針近新 去…" 바닥 외측면에 "…調…"명이 새겨져 있다. 벼루의 제작이나 입수 시기, 용도 등을 표기하였음을 나타낸다. 이 풍자연이 왕경뿐만 아니라 왕경 이외지역,

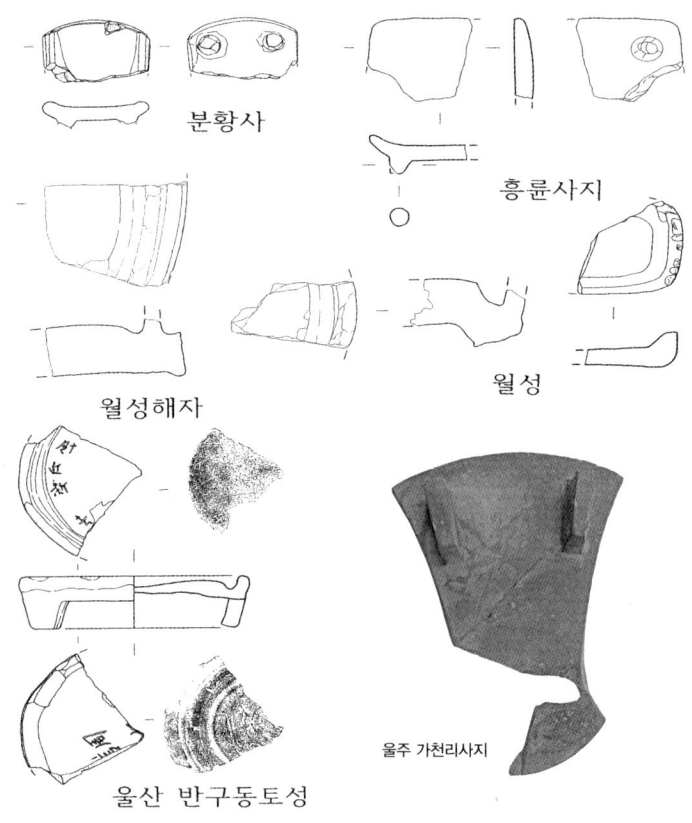

그림 14 풍자연 출토 사례

특히 한강수계 유적에 다수 소비된 점은 풍자형 벼루 사용이 지방까지 침투되었다기보다 지방세력이 중국으로부터 수입하고, 이를 변안하는 등 주체적인 소비 모습으로 이해된다. 이와 같이 풍자형 벼루의 분포는 신라 중앙의 세력이 약화하고 지방 세력이 성장하고 곧 후삼국이 성립되거나 된 모습을 반영한 물질자료이다.

VI 맺음말

이상 삼국시대의 백제와 신라의 벼류와 문자 자료, 그리고 통일신라의 전용 벼류의 사례와 분류를 행하였다. 백제는 한성기와 웅진기에 벼루가 사용되었으나 출토 사례는 수점에 지나지 않는다. 사비기에는 중국 남북조와 수당으로부터 벼류를 수입하거나 토제로 변안하여 다양한 형식의 전용 벼루가 생산·소비되었다. 전용 벼루는 사비도성 내외의 궁궐·가옥·사찰·위락시설·나성 등지와 지방의 관아와 관방시설 등에서 출토되어 묵서행위가 도성뿐만 아니라 지방의 행정 거점지에서도 이루어졌음을 나타내었다. 이를 구체적으로 나타내는 자료가 도성 내외의 각종 유구와 지방에서 출토된 묵서목간을 통해서 확인할 수 있었다.

삼국 통일 이전의 신라에는 묵서목간과 묵서토기, 고분의 묵서명 등을 통해 묵서행위가 이루어졌음은 추정할 수 있었으나 전용 벼루는 확인되지 않았다. 삼국통일 이전의 신라에서는 기와·토기편·돌 등을 벼루로 사용하였을 것으로 추정할 수 있었다. 통일 이후 왕경에는 환각연·다족연·윤각연 등 다양한 형태의 전용 벼루가 생산·소비되었음을 알 수 있었다. 전용 벼루는 형태별로 출토된 지역(또는 구역)에 차이가 확인되어 특정 벼루의 사용에서 사회적

위계에 따라 차등이 작동되었을 가능성도 확인할 수 있었다. 통일신라 사회에서는 전용 벼루의 사용과 함께 중앙은 물론 지방에서도 묵서 행위가 꽤 일반적이었을 것으로 추정되었다.

9세기 후반, 중국으로부터 풍자연을 수입하거나 자체 생산하여 사용하였다. 이 풍자연은 신라 중앙은 물론 지방, 특히 서해안에 연한 지역에서 출토된 사례도 있어 후삼국기의 지방 호족들이 수입하거나 자체 생산하여 소비하였음을 나타내었다.

고려 사회에서는 통일신라와 후삼국기까지 사용된 환각연·다족연·윤각연·풍자연 등은 사라지고, 장방연이 전용 벼루로 대체되었다.

참고문헌　※벼루 출토 보고서 문헌은 생략

洪潽植 2006, 「통일신라 벼루의 분류와 사용층에 대한 시론」, 『石軒 鄭澄元敎授 停年退任記念論叢』 釜山考古學研究會·論叢刊行委員會

山本孝文 2003, 「百濟 泗沘期의 陶硯」, 『百濟研究』 38, 忠南大學校 百濟研究所

_____ 2006, 「新羅硯의 出現과 展開」, 『石軒 鄭澄元敎授 停年退任記念論叢』 釜山考古學研究會·論叢刊行委員會

千田剛道 1995, 「獸脚硯にみる百濟·新羅と日本」, 『文化財論叢』 Ⅱ, 奈良國立文化財研究所創刊40周年記念論集刊行會

吉田惠二 1992, 「中國古代に於ける圓面硯の成立と系譜」, 『國學院大學紀要』 30, 國學院大學 考古資料館

#10

원삼국시대 서사도구와 다호리유적

•

박장호
(경산시청 문화관광과 주무관)

I 머리말

문자가 언제부터 사용되었는가를 확인하기 위해서는 문자를 기록한 문서를 찾거나 문자를 기록하기 위한 도구를 찾는 것에서 시작 할 수 있다. 동아시아에서는 붓과 먹을 이용하여 목간이나 종이에 글을 쓰는 '묵서'의 방법이 널리 이용되었다. 묵서는 먹, 종이, 붓, 벼루 등 다양한 필기구를 이용하였는데 일반적으로 문방사우라고 불렀다. 고대에는 종이가 없었기 때문에 목간을 이용하여 기록을 하였고 이러한 기록이 다수가 발굴되고 있다. 목간이라는 것은 유기물이기 때문에 일반적인 환경에서는 잔존하기 어렵기 때문에 발굴조사를 통해 출토된 목간은 주로 삼국시대의 것이 많은 편이다. 원삼국시대에는 아직까지 목간이 발견된 사례는 없으며, 붓과 벼루 등의 서사도구만 일부 출토될 뿐이다.

현재까지 출토된 서사도구 중 명확하게 서사도구라고 할 수 있는 것은 붓과 벼루이다. 창원 다호리유적에서 붓이 출토됨에 따라 원삼국시대에 문자를 사용하였다는 것을 확인할 수 있었고 진·변한 사회에서 묵서를 이용한 문자사용을 추론할 수 있는 근거가 되었다. 원삼국시대 붓에 대한 연구는 이건무(1992)의 연구가 유일하며 추가사례가 출토되지 않아 붓에 대한 연구가 거의 이루어지지 않고 있다. 이건무는 창원 다호리유적 1호묘 출토 붓을 검토하기 위해 중국에서 출토되는 붓의 사례를 검토하여 다호리의 붓과 중국의 붓의 유사점을 찾았는데 붓대에 구멍을 뚫어 붓털을 삽입한 뒤 실을 감아 묶고 옻칠을 하였고 길이가 23cm 전후 한다는 점에서 공통점을 찾을 수 있지만 중국의 붓은 대체로 한쪽에만 붓털이 있지만 다호리 붓은 양쪽에 모두 붓털이 달려있다는 점에서 차이가 확인된다고 하였다. 이러한 점이 다호리 붓만의 특징이라고 할 수 있고 수장이 직접 사용하였기 때문에 양쪽으로 붓털을 달았다고 판단하였다.

벼루는 온전한 형태의 것이 출토되지는 않았지만 사천 늑도유적과 함안 남문외고분군에서 벼루로 추정되는 석재편이 출토된다.

진·변한 사회에는 붓이나 벼루뿐 아니라 또 하나의 서사도구로 볼 수 있는 것이 확인된다. 종이가 발명되기 이전에는 죽간을 통해 기록을 하였고 그 기록을 수정하기 위해서는 삭도(削刀)라고 하는 손칼을 사용하였다. 창원 다호리유적 1호묘에는 붓과 함께 손칼(환두도자)이 출토된 사례가 확인되는데 철도자에 환두가 달려있는 형태이다. 붓의 경우 유기물질이기 때문에 손칼과 함께 잔존하기가 상당히 어려운 편이다. 그렇기에 손칼이 출토되는 사례를 검토할 필요가 있다고 할 수 있다.

그렇기에 원삼국시대 진·변한 지역에서 출토되는 서사도구의 현황을 파악하고 서사도구가 어떻게 출토되며 어느 시기에 주로 출토하는지에 대해 살펴보고 원삼국시대 서사도구의 특징과 동북아 네트워크상에서 어떠한 의미를 가지는지에 대해 살펴보고자 한다.

II 원삼국시대 서사도구 현황

1. 붓

1) 창원 다호리유적

창원 다호리유적은 1980년대 들어 도굴피해가 극심해지면서 유적보호와 고고학적 성격 규명을 위해 1988년을 시작으로 여러 차례 학술발굴이 이루어진 유적으로 원삼국시대의 붓은 창원 다호리유적 1호묘 요갱에서 5점이 손칼과 함께 출토되었다. 길이는 모두 23cm 내외로 중국 전국시대에서 한 대에 이르는 시기의 붓과 길이가 비슷하다. 붓대의 양 쪽 끝에 구멍을 뚫어 붓털을 삽입한 뒤 붓대의 머리 위쪽에 실을 감아 묶고 옻칠을 하였다.

붓의 출토양상을 보면 1호묘는 땅을 굴착하고 통나무 목관을 사용한 목관묘로 목관 아래에 요갱을 설치하였다. 요갱에는 대나무 바구니를 놓고 내부에 칠초철검 3점과 성운문경 1점, 비파형대구 1점, 칠부채, 주조철부와 함께 붓과 손칼(환두도자)가 놓여져 있었다.

2. 벼루

1) 사천 늑도유적

사천 늑도유적은 사천시 늑도에 위치하는 유적으로 섬전체가 초기철기시대~원삼국시대에 이르는 유적으로 이루어져 있으며 국제무역항으로 알려져 있다. 유물로는 점토대토기와 함께 야요이토기가 다수 출토되고, 중국 동북지역이나 서북부지역에서 출토되는 중원계 유물도 다수 확인된다.

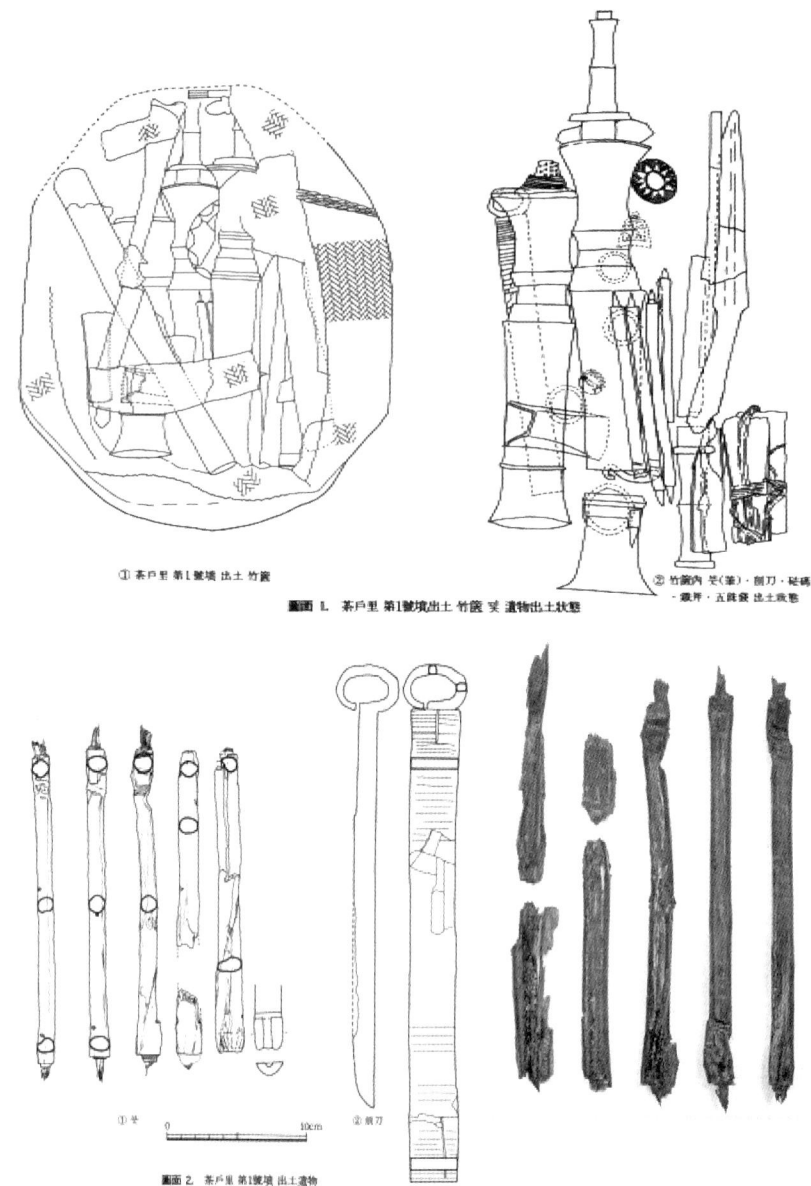

그림 1 창원 다호리유적 1호묘 출토 붓과 손칼(이건무 1992)

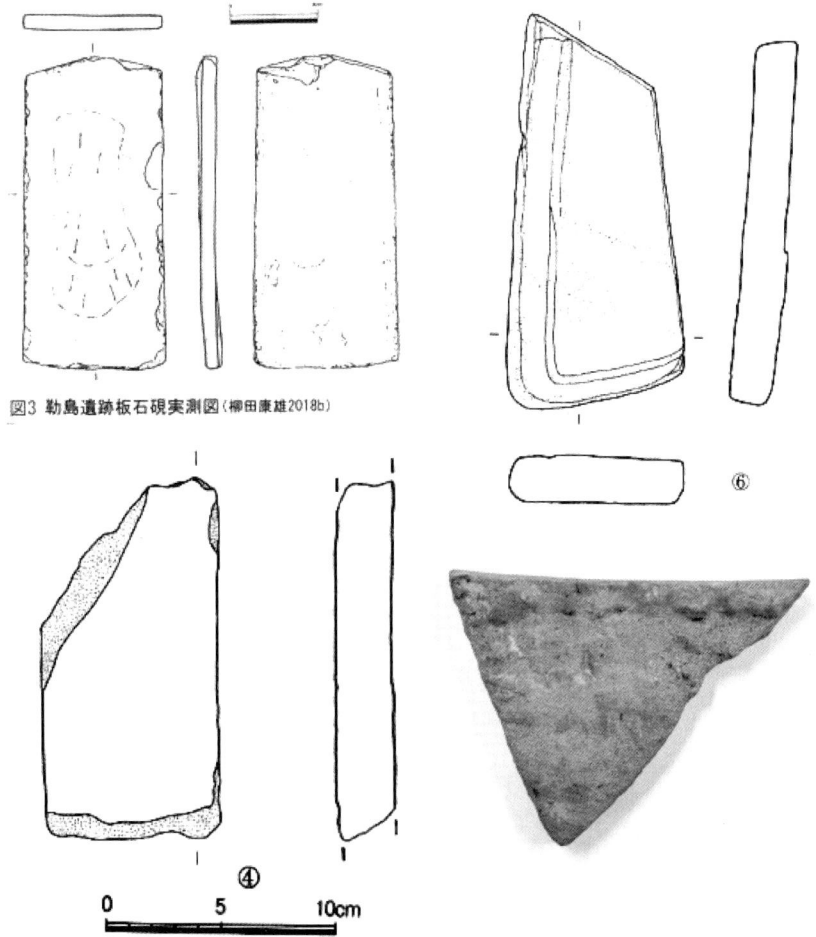

그림 2   사천 늑도유적과 함안 남문외고분군(오른쪽 아래) 출토 벼루

　　이 중 낙랑계 토기편이나 반량전, 오수전 등의 중국 동전 등이 출토되며 벼루로 추정되는 석재편도 함께 확인되었다.

　　벼루는 B지구 가-245호 주거지에서 1점, CⅠ지구 수혈 2호에서 1점, 11호 주거지 1점이 출토되었다. B지구 가-245호 주거지의 벼루는 잔존상태가 좋은 편이나 나머지는 거의 편으로 잔존한다.

2) 함안 남문외고분군

함안 남문외고분군은 경남 함안군 가야읍 신음리 산 4번지에 위치하는 유적으로 2019년 11월 19일~2020년 2월 16일까지 경남연구원 역사문화센터에서 발굴조사하였다. 조사는 가야문화권 조사연구 및 정비 종합계획의 일환으로 실시하여 원삼국시대 주거지 10동, 고상건물지 1동, 구상유구 2기, 수혈 8기, 주혈 10기, 조선시대 구상유구 1기, 묘 1기가 확인되었다.

이 중 서사도구는 벼루로 추정되는 석재편이 확인되었다. 현재 약식보고만 되어 있어 정확한 출토상황이나 공반관계 등을 확인하기는 어려우나 원삼국시대의 서사도구로 추정되는 벼루가 생활유적에서 출토되었다는 점에서 진·변한 사회에서 실제로 문자가 사용되었다는 것을 말해주는 사례로 판단된다.

3. 손칼(환두도자)

1) 창원 다호리유적

창원 다호리유적에서 손칼은 1호와 29호, 30호에서 확인된다. 1호묘의 손칼은 요갱에서 출토되었는데 붓과 함께 출토되어 손칼로 추정되었고 출토 당시에 손칼집과 함께 출토되었다. 길이는 33.0cm이다. 29호의 손칼은 동단벽에서 출토되었으며, 부러져 둥근고리부분만 일부 잔존한다. 30호의 손칼은 거의 온전한 형태로 출토되었으며, 동남모서리에서 철모 등의 철기와 함께 출토되었다. 길이는 27.3cm, 신부 너비는 1.4cm이다.

2) 사천 늑도유적

사천 늑도유적에서 손칼은 현재까지 알려진 것은 C지구에서 출토된 손칼이 유일하다고 할 수 있다. C지구는 동아대학교박물관에서 조사하였고 패총,

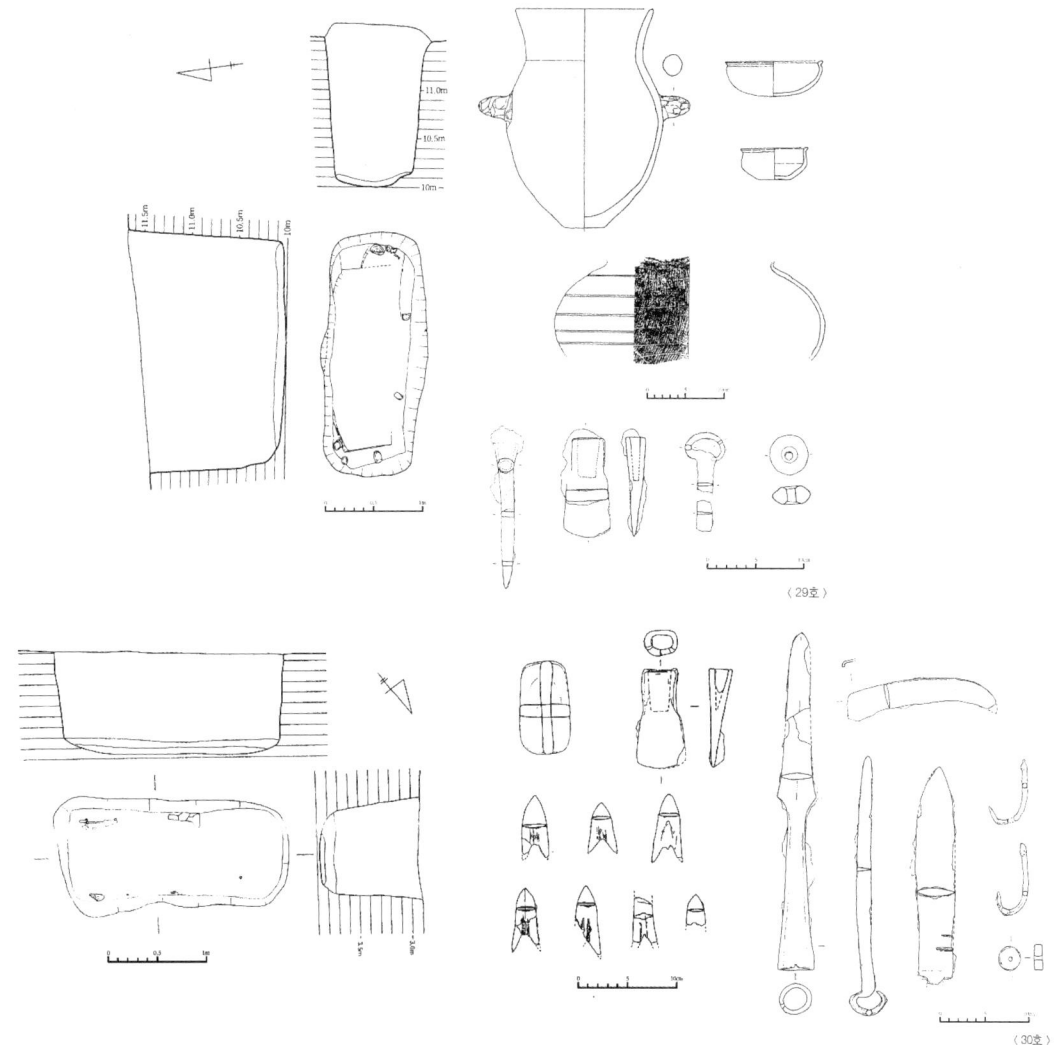

그림 3   창원 다호리유적 출토 손칼과 공반유물

주거지 15기, 수혈 5기, 소성유구, 분묘 26기 등이 조사되었다.

손칼은 길이 21.9cm로 몸체부는 좁으며 타원형에 가까운 둥근고리부분이 있는데 따로 제작하여 몸체와 연결하였다.

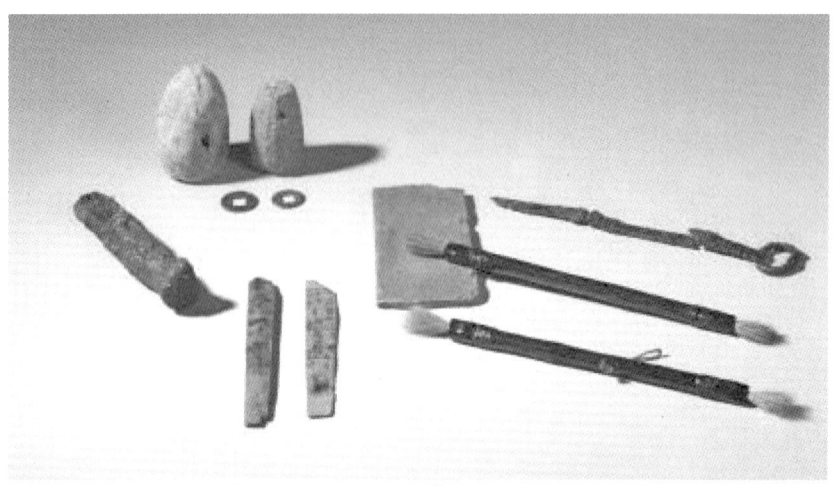

그림 4 사천 늑도유적 출토 손칼과 서사도구(국립진주박물관 2016)

3) 대구 팔달동유적

대구 팔달동유적은 아파트 건설 관계로 조사가 이루어져 원삼국시대 목관묘 102기, 목곽묘 1기, 옹관묘 139기 등이 조사되었다. 손칼은 30호와 92호에서 출토되었다. 30호는 적석목관묘로 주머니호와 점토대토기, 철검 등이 함께 출토된다. 손칼은 도신 일부가 부러진 채로 출토되었다. 92호의 손칼은 무덤의 북장벽에서 철착 등의 철기류와 함께 출토되었고 거의 완형으로 출토되었다.

4) 대구 봉무동유적

대구 봉무동유적은 대구 봉무지방산업단지 조성공사로 발굴조사가 이루어졌다. 원삼국시대 대형 옹관묘 1기가 조사되었다. 영남지역에서 유일하게 옹관에서 손칼이 확인된 유적이다. 옹관 내부에는 칠초철검과 손칼이 확인되는데 칠초철검은 손잡이가 청동제로 쌍조식 검파두식을 사용하고 있는 철검이다. 청동제 검집부속구가 남아있다. 철검은 부러져 검신의 선단부는 결실되

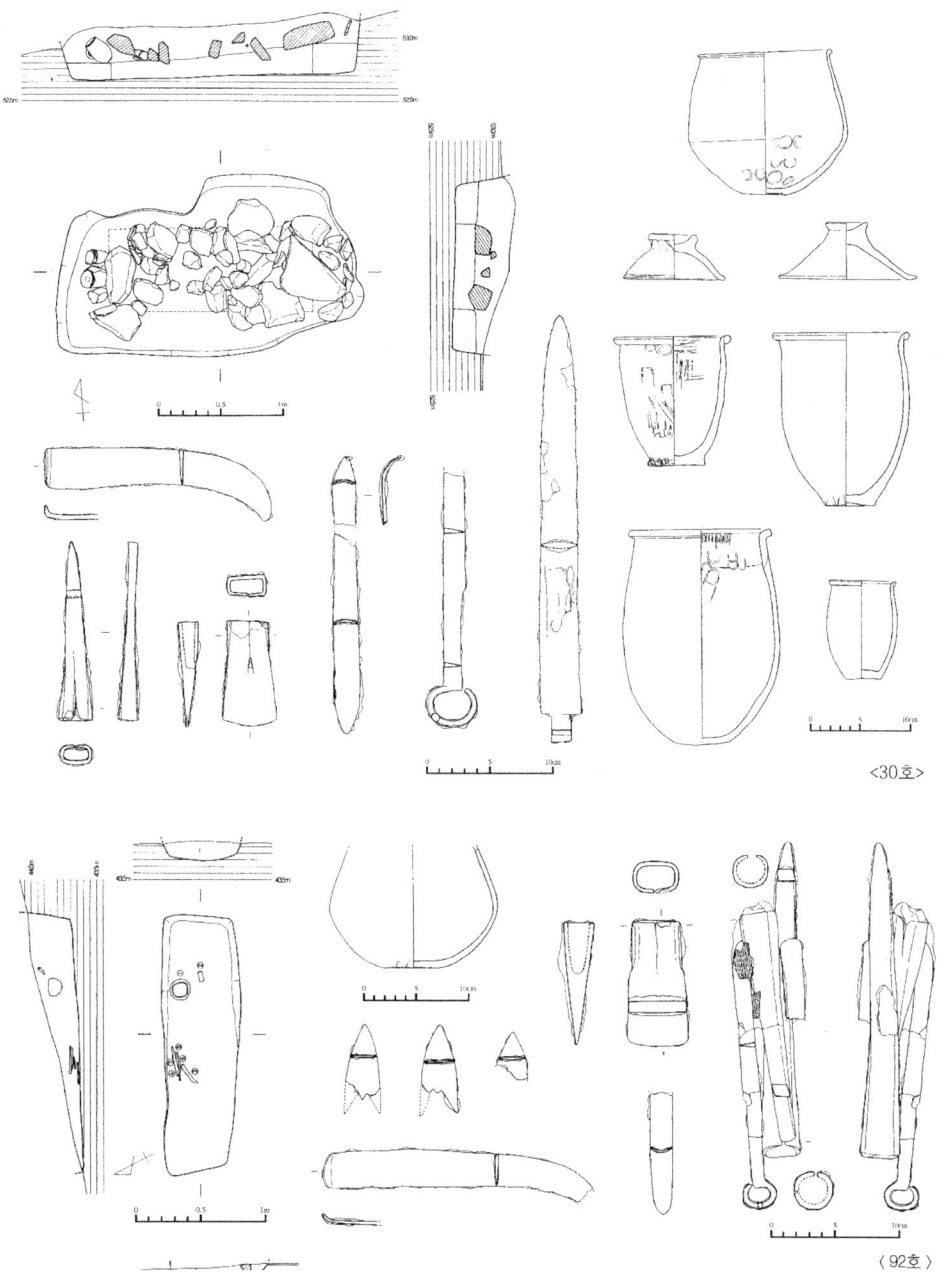

그림 5 대구 팔달동유적 손칼과 공반유물

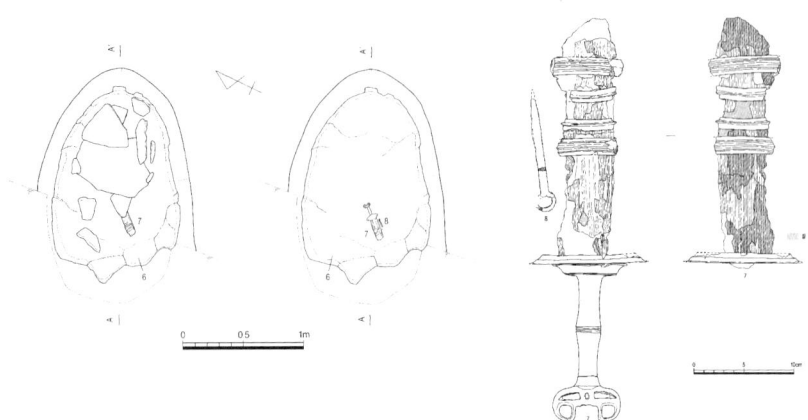

그림 6   대구 봉무동유적 옹관묘 1호와 공반유물

었다.

　　손칼은 도의 선단부와 둥근고리 일부분이 결실되었다. 둥근고리는 원형으로 길이 10.2cm, 너비 0.8cm이다. 옹관에서 손칼이 확인된 사례는 대구 봉무동유적이 유일하다고 할 수 있다. 칠초철검과 나란히 출토되었기 때문에 철검과의 관련성을 추정해 볼 수 있으며 손칼이 다양하게 사용되었음을 알게 해주는 자료 중 하나라고 할 수 있다.

5)   대구 학정동 474번지 유적

　　대구 학정동 474번지 유적은 경북대학교 칠곡병원 건물신축으로 발굴조사를 실시하였고 조사결과 원삼국시대 목관묘 7기, 옹관묘 7기 등이 조사되었다. 손칼은 6호 목관묘에서 출토되는데 남장벽 중앙에서 철모와 함께 출토되었다. 손칼의 끝단과 신부 일부가 결실되었다. 둥근고리는 몸체에서 늘려 만들었는데 형태가 심엽형을 띄고 있는 것이 특징이다. 길이는 27.2cm, 도신폭 1.9cm, 도신두께 0.5cm이다.

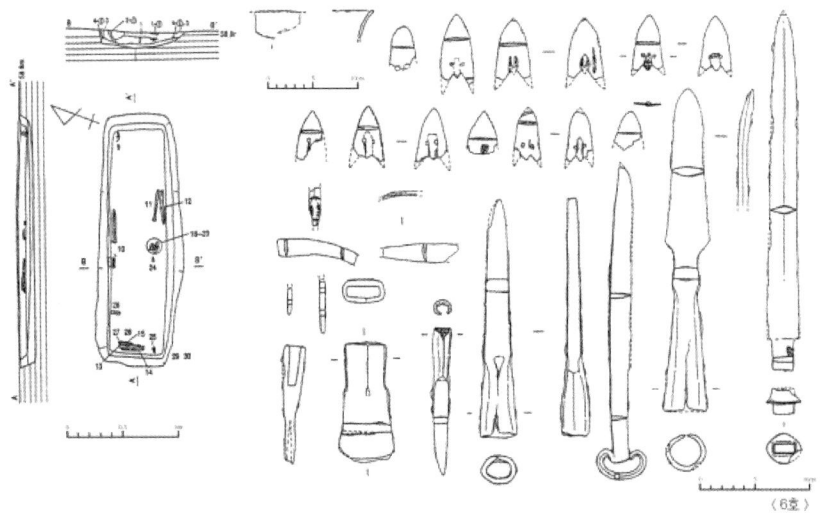

그림 7 대구 학정동 474번지유적 6호묘 손칼과 공반유물

6) 경산 임당동유적

경산 임당동유적은 영남대학교 앞 구릉상에 위치하는데 경산시 임당동과 조영동 일원에 위치한다. 영남대학교 박물관에 의해 1982년 처음 고분이 조사된 이후 한국토지주택공사의 임당택지개발사업에 의해 전체적으로 발굴 조사되었다. 원삼국시대 목관묘는 한국문화재보호재단과 영남문화재연구원, 영남대학교 박물관에 의해 조사가 이루어졌고 총 93기가 확인되었다.

손칼은 한국문화재보호재단에서 조사된 A-Ⅰ-122호, A-Ⅰ-148호, A-Ⅱ-4호에서 각 1점씩 출토되었다. A-Ⅰ-122호에서는 무덤 남동쪽 모서리에서 확인되었고 선단부와 인부, 둥근고리 일부가 결실되었다. 길이는 19.9cm, 신부 너비 1.4cm이다. A-Ⅰ-148호에서는 무덤 남장벽쪽에서 소호와 철부사이에서 출토되었다. 병부와 신부가 일부 잔존한다. 길이는 15.4cm 정도로 추정되며, 신부 너비는 1.2cm이다. A-Ⅱ-4호에서는 무덤 서쪽 피장자 다리 위에서 확인된다. 인부 일부가 결실되었으나 대체로 양호하게 잔존한다. 길이는 33.2cm, 신부 너비 2.2cm이다.

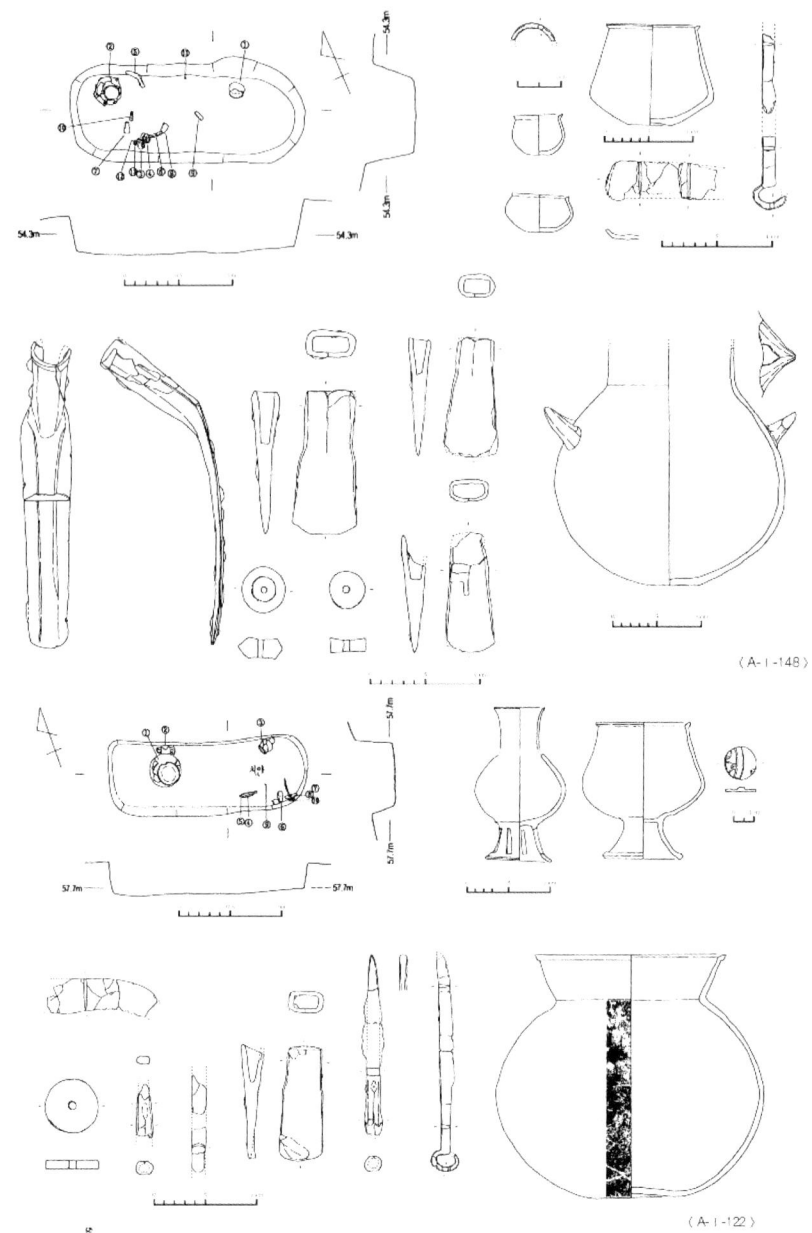

그림 8   경산 임당동유적 손칼과 공반유물 1

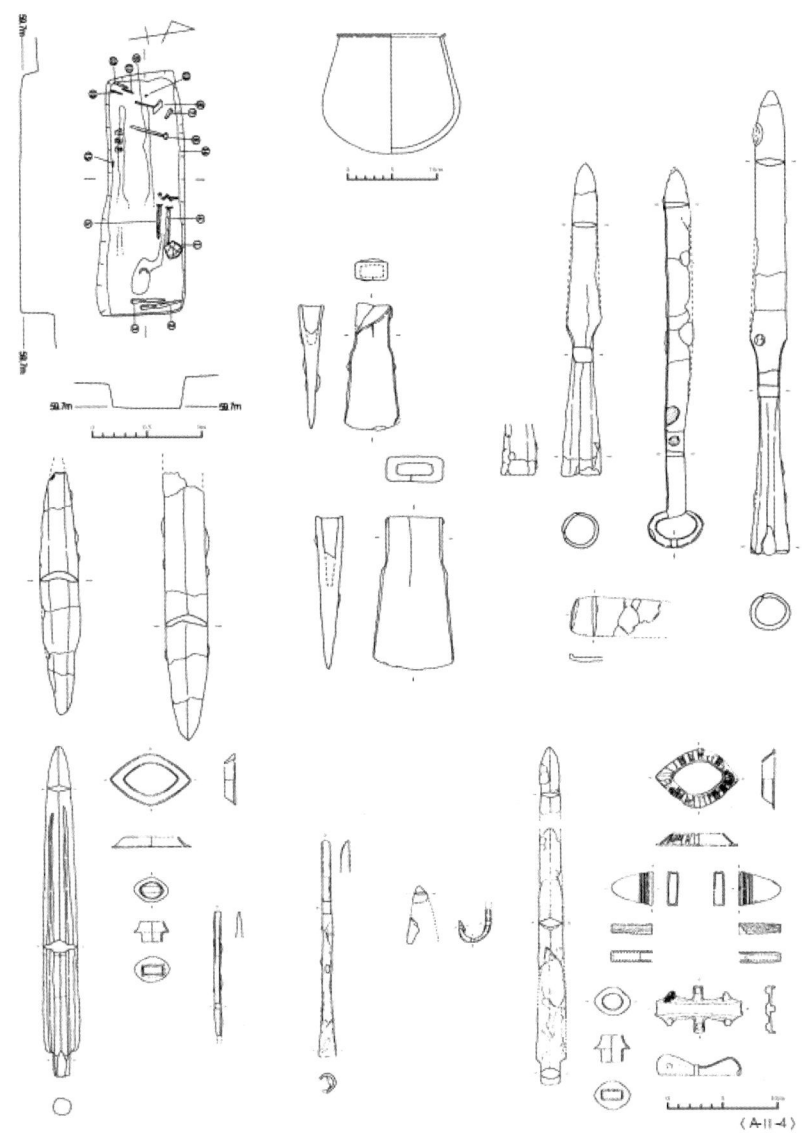

그림 9　경산 임당동유적 손칼과 공반유물 2

7) 경산 신대리유적

경산 신대리유적은 경산시 압량읍 신대리, 부적리에 위치하는 유적으로 신대지구 개발사업에 의해 발굴조사되었다. 원삼국시대 목관묘는 114기가 조사되었다. 이 중 손칼은 37호 목관묘에서 조사되었다.

손칼은 무덤 서단벽에 치우처 철낫과 함께 출토되었다. 신부 일부와 선단부가 결실되었으나 대체로 양호하게 잔존한다. 길이는 16.1cm, 신부 너비 1.2cm이다.

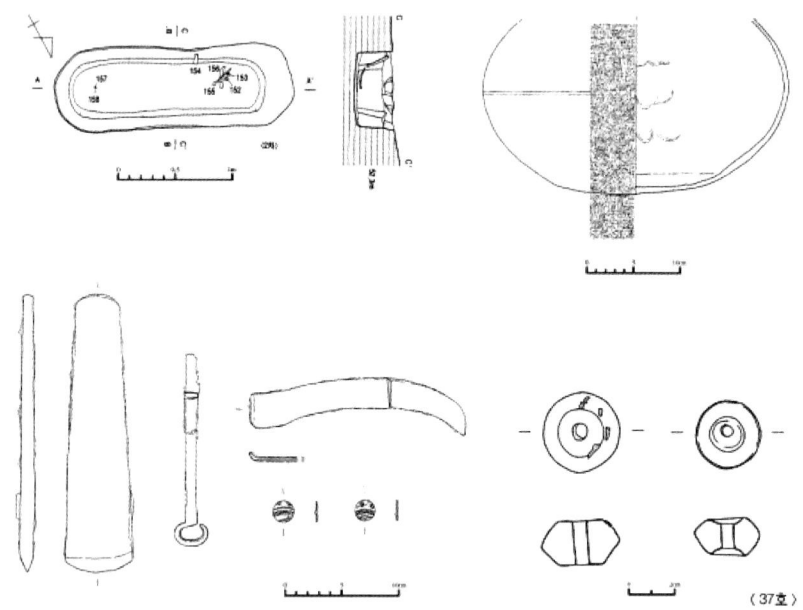

그림 10 경산 신대리유적 37호묘 손칼과 공반유물

8) 영천 용전리유적

영천 용전리유적은 영천시 고경면 용전리에서 포도나무를 심기 위해 구덩이를 파던 중 다량의 유물이 발견되어 국립경주박물관에서 발굴조사를 실시하였다. 조사 결과 원삼국시대 목관묘 1기가 조사되었다. 손칼은 관 바닥에

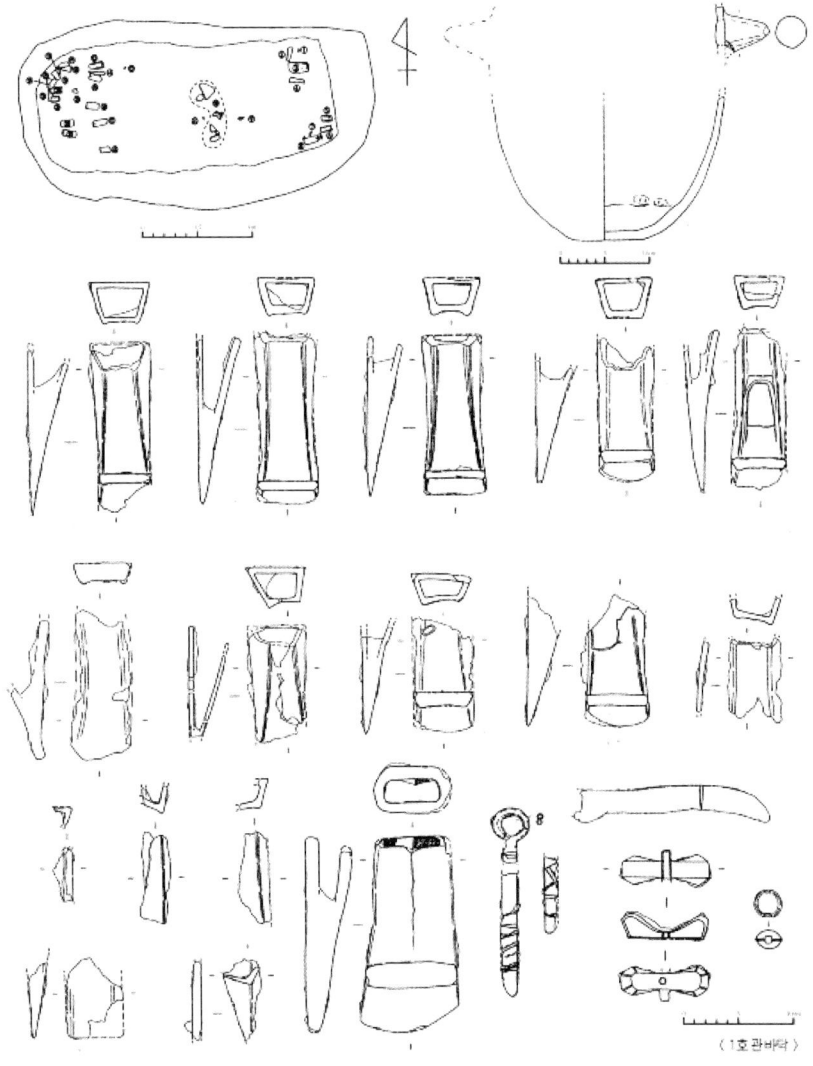

그림 11　영천 용전리유적 손칼과 관바닥 공반유물

서 1점이 확인되는데 신부가 결실되어 환두와 신부로 분리되어 출토되었다. 길이는 17cm, 신부 너비 0.3cm이다.

#10 원삼국시대 서사도구와 다호리유적

9) 경주 덕천리유적

경주 덕천리유적은 경주시 내남면 덕천리에 위치하는 유적으로 경부고속철도 건설을 계기로 발굴조사되었다. 조사결과 청동기시대에서 조선시대까

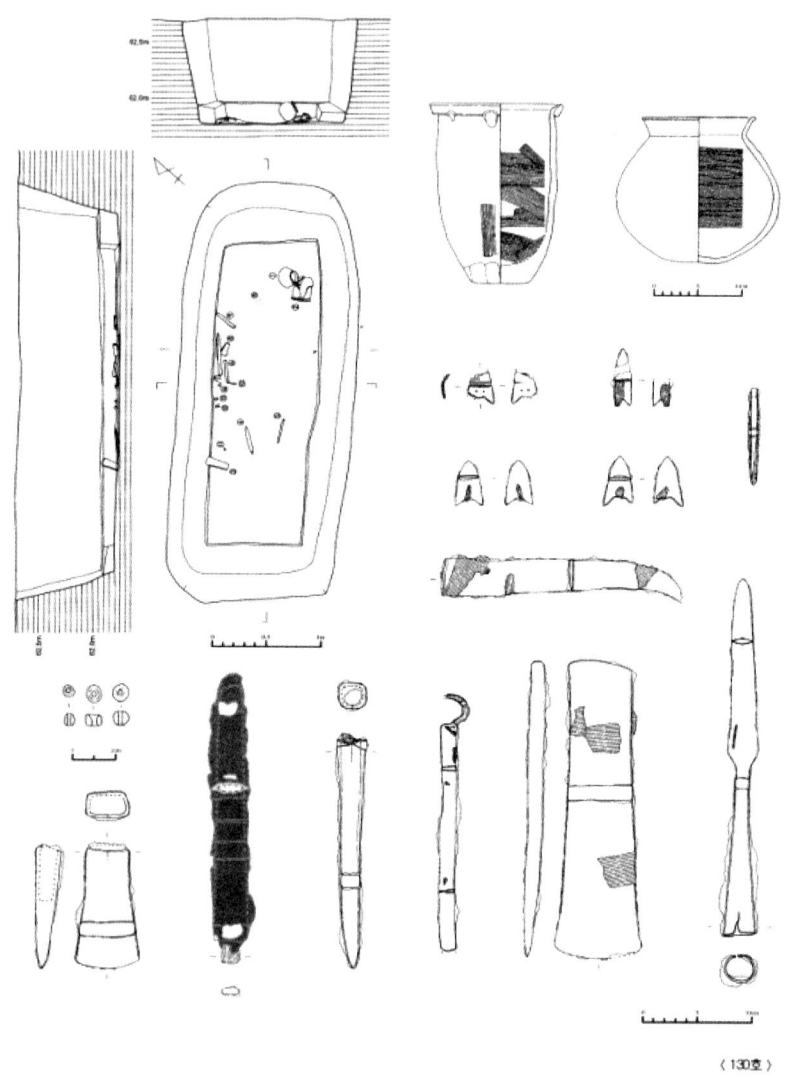

그림 12 경주 덕천리유적 130호묘 손칼과 공반유물

지의 유구가 확인되었으며, 원삼국시대 유구는 목관묘 4기, 토광묘 2기가 조사되었다.

손칼은 130호묘에서 1점이 확인되었고 피장자의 왼쪽에서 출토되었다. 인부와 둥근고리 일부가 결실되었다.. 둥근고리는 한쪽만 경부와 접합하였으며, 둥근고리 뒷면에 목질흔이 관찰된다. 길이는 23.1cm, 신부 너비 1.5cm이다.

10) 경주 조양동유적

경주 조양동유적은 주택개축을 위한 집터를 고르던 중 유물이 발견되어

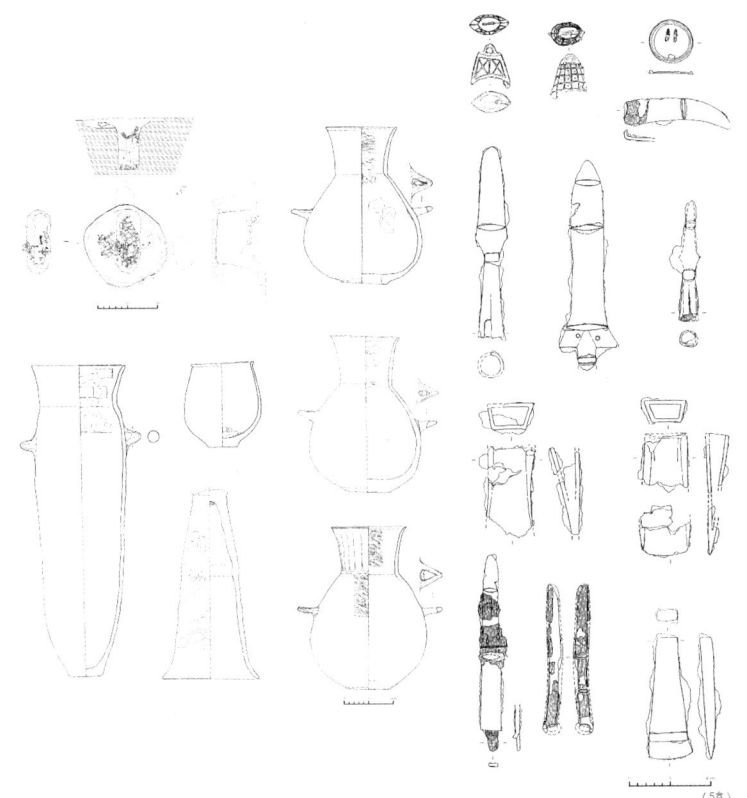

그림 13 경주 조양동유적 5호묘 손칼 및 공반유물

국립경주박물관에서 발굴조사하였다. 유적은 울산에서 경주로가는 7번국도와 동해남부선을 다라 북쪽으로 보이는 형제산의 남쪽자락 경사면에 해당한다. 유적에서는 청동기시대부터 고려시대까지 유구가 조사되었고 원삼국시대 목관묘는 총 24기가 조사되었다. 이 중 손칼은 5호묘에서 1점이 출토되었다.

손칼은 둥근고리 일부가 유실되었으나 전반적으로 양호하게 잔존한다. 전면에 종방향의 목질흔과 목질 위에 흑색 피막이 있어 칼집이 있었을 것으로 추정된다. 길이는 18.1cm, 신부 너비 1.1cm이다.

11) 함안 도항리유적

함안 도항리유적은 함안군 도항리와 말산리 일대에 위치하는 고분군으로 청동기시대부터 유적이 형성되었다. 원삼국시대 목관묘는 국립창원문화

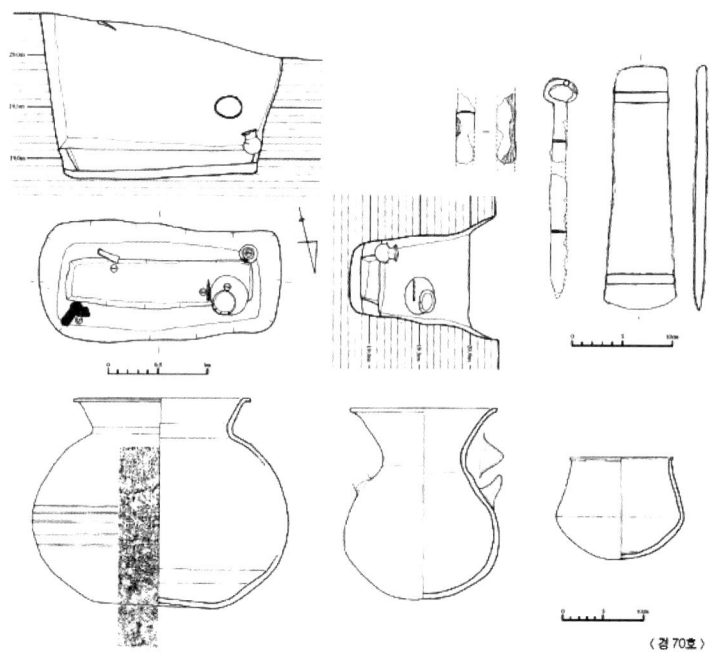

그림 14 함안 도항리유적 경 70호묘 손칼과 공반유물

재연구우소에서 11기, 경남고고학연구소에서 35기 등 총 49기가 조사되었다. 이 중 손칼은 경남고고학연구소 조사의 70호묘에서 1점이 출토되었다. 손칼은 목관 상부에 단경호와 함께 부장되었고 신부가 일부 결실된 상태이다. 공반유물로는 조합식우각형파수부호 1점, 주머니호 1점, 판상철부 1점 등이 있으며 부장유물은 소략한 편이다.

III 원삼국시대 서사도구의 특징

1. 시기별 특징

원삼국시대의 서사도구는 창원 다호리유적 1호묘의 붓과 사천 늑도유적과 함안 남문외고분군에서 출토된 벼루 4점, 창원 다호리유적 등에서 출토된 손칼 15점 등이 있다. 붓과 손칼은 주로 목관묘에서 출토되며, 벼루는 주거지나 수혈 등 생활유적에서 출토되는 것이 특징이다.

원삼국시대 서사도구의 출토시기를 살펴보면 붓은 창원 다호리유적 1호묘의 연대를 통해 볼 수 있는데 기존의 연대에서는 서기 1세기 전엽경으로 보았으나 최근 조정되고 있는 영남지역의 원삼국시대 편년안에 따르면 1호묘의 연대는 서기전 1세기 중엽경이라 할 수 있다. 낙랑군 설치 이후에 교류가 진행되는 과정에서 유입되었을 가능성이 높다고 할 수 있다.

벼루의 시기는 사천 늑도유적와 함안 남문외고분군은 주거지와 수혈에서 공반되는 유물을 통해 볼 수 있는데 사천 늑도유적은 주로 삼각형점토대토기와 공반되며, 함안남문외고분군은 정확한 출토상황은 알 수 없으나 주거지

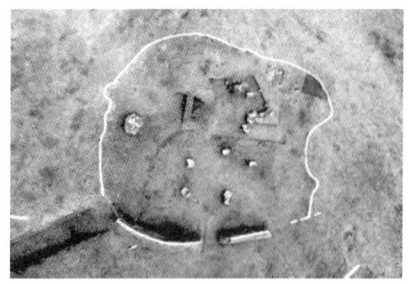
사진 4. 5호 주거지 전경

사진 5. 5호 주거지 부뚜막 전경

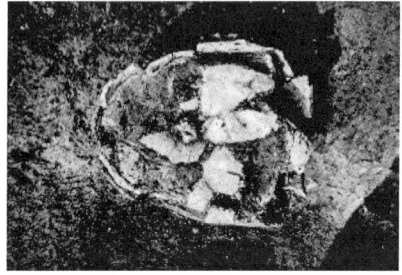
사진 6. 5호 주거지 유물출토상태1

사진 7. 5호 주거지 유물출토상태2

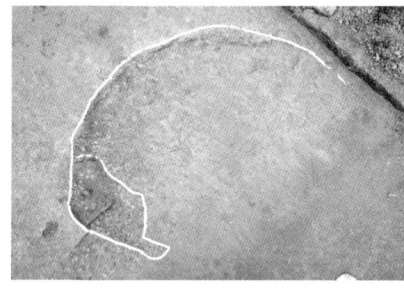
사진 8. 9호 주거지 전경

사진 9. 9호 주거지 유물출토상태

그림 15　함안 남문외고분군 주거지와 출토유물

의 공반유물을 보았을 때 삼각형점토대토기와 주머니호가 출토되고 있어 벼루가 출토되는 시기는 서기전 2세기~서기전후 정도로 볼 수 있다.

　　손칼은 공반된 주머니호와 조합식우각형파수부호 등을 통해 보았을 때 거의 경주 조양동 38호를 전후한 시기에 집중되는 것을 볼 수 있다. 손칼 중 가장 이른 유적은 경주 조양동 5호묘로 서기전 1세기 전엽으로 볼 수 있으며,

가장 늦은 손칼은 대구 학정동 474번지 유적의 이단관식철모를 통해 서기 1세기 중후엽 경으로 볼 수 있다. 시기별 양상을 통해 보았을 때 손칼은 서기전 2세기경에 영남지역에 출현하여 서기전 1세기 중엽경에 유행하며 서기 1세기 중후엽경에 줄어드는 것으로 보인다.

붓과 벼루, 손칼의 연대를 종합해 보면 서기전 2세기대에 영남지역에 서사도구가 출현하며 서기전 1세기 중엽경에 가장 빈번하게 사용된다고 할 수 있다. 이러한 현상은 영남지역에서 중요한 획기와 연동된다고 할 수 있는데 와질토기의 본격적 사용과 철기 사용의 본격화 등과 함께 서사도구가 유행하는 시기가 겹친다고 할 수 있다.

진변한 사회가 기존의 점토대토기 문화에서 와질토기문화로의 변화되는 전환기에 서사도구가 유행한다는 점은 진변한 사회의 변화와 연동된다는 점에서 중요한 시사점이 있다고 할 수 있다.

2. 지역적 특징

원삼국시대 서사도구의 현황을 검토하면서 시기적인 특징도 있지만 지역적 특징도 확인된다. 손칼의 경우 대구, 경산, 경주, 창원, 함안, 사천 등 영남지역 전역에서 출토되는 것을 확인할 수 있다. 그러나 붓은 창원 다호리유적에서만 출토되고 벼루의 경우 사천 늑도와 함안에서 출토되고 있어 지리적으로 남해안과 가까운 지역에서만 붓과 벼루가 출토되고 있다. 이러한 특징은 붓의 경우 보존의 어려움 때문에 창원 다호리유적에서만 출토되었을 수 있지만 벼루의 경우 사천 늑도라는 섬에서 출토되고 함안도 남해안과 가까운 지역이기 때문에 남해안 위주로 출토된다는 것이 특징이라 할 수 있다.

붓과 벼루가 남해안을 위주로 출토된다는 것은 해상교역망을 중심으로 유입되었을 가능성이 높다는 것을 의미한다고 할 수 있을 것이다. 특히 사천 늑도유적의 경우 재지의 삼각형점토대토기와 함께 일본의 야요이토기가 출토되고, 낙랑토기나 중원계 토기 등도 다수 출토되고 있는 유적이다. 이 유적은 해상교역망의 중심에 있으면서 교역항의 역할을 했을 것이라 추정하고 있는데 이러한 과정상에서 붓이나 벼루가 진변한 사회로 유입되었을 가능성이 높다고 할 수 있다.

손칼은 남해안 일대인 사천 늑도와 창원 다호리유적에서도 출토되고 있지만 영남지역 전역에서 출토되는 것이 특징이다. 이는 손칼이 목간을 수정하는 용도만은 아니라는 점을 의미한다고 할 수 있다. 그러나 손칼이 영남지역 전역에서 출토된다는 점에서 서사도구가 영남지역 전역에서 사용되었을 가능성도 이야기할 수도 있다.

Ⅳ 맺음말

현재까지 발굴된 사례를 통해 보았을 때 서사도구는 영남지역에서 붓과 벼루, 손칼 등이 출토된다는 점에서 진변한 사회에서 서사도구를 활용한 문자 사용이 활발하였다는 것을 보여준다고 할 수 있다. 그렇지만 서사도구 중 일부가 남해안을 중심으로 출토되는 경향을 보이고 있어 이 부분에 대한 검토가 필요하다. 붓은 창원 다호리유적에서만 확인되었고 벼루는 사천 늑도유적과 함안 남문외고분군에서 출토되고 있어 남해안 지역을 중심으로 서사도구가 많이 출토됨을 알 수 있다. 그렇지만 손칼은 영남지역 전역에서 확인되고 있기에 단정하기는 어렵지만 자료가 출토되지 않았을 뿐일 수도 있고, 손칼의 사용범위가 다른 서사도구에 비해 광범위 할 가능성도 있다.

남해안 지역을 중심으로 붓과 벼루가 많이 확인되는 것이 관찰되는 것은 무엇을 의미하는지에 대한 고찰이 필요할 것이다. 특히 벼루가 다수 확인되는 사천 늑도유적의 경우 남해의 작은 섬으로 이끼의 하루노츠지 유적과 함께 국제무역항으로서 기능하였을 것으로 추정되는 유적이다. 늑도유적에서는 다수의 낙랑계, 중원계 유물과 함께 야요이계 유물도 많이 출토되는 유적이다. 벼루 또한 낙랑이나 한으로부터 유입된 유물로 볼 수 있으며, 벼루가 일본의 이끼의 하루노츠지 유적이나 이토국의 미나미쿠모쇼우지 유적 등에서 출토된다는 점에서 동아시아 교역망과 관련하여 남해안 지역을 중심으로 붓과 벼루 등이 주로 출토되는 것이 아닐까 생각해 볼 수 있을 것이다.

현재까지 발굴을 통해 출토된 유물의 사례가 많지 않고 다양한 유물이 출토되지는 않아 정확한 의미를 찾기는 어렵지만 영남지역에서 출토되는 서사도구의 검토를 통해 진변한 사회에서는 서사도구를 이용한 문자사용을 상정할 수 있으며, 문헌의 기록도 뒷받침하는 근거자료라고 할 수 있을 것이다. 하지만 진변한 사회에서 목간의 자료 등이 출토되지 않고 있어 어느 정도 수준의 문자 사용이 이루어졌는지 알기는 어렵다.

다만 다호리 1호묘의 부장품을 보았을 때 최상위급의 분묘이기 때문에 최고 수장층에서 서사도구를 사용하였을 가능성이 높고, 무덤에서만 출토되는 것이 아니라 주거지에서 벼루가 나오기 때문에 무덤에만 들어가는 부장품으로서 사용되지 않고 실생활에서 사용되었을 가능성이 있다는 것은 출토상황을 통해 알 수 있다.

현재까지 원삼국시대 서사도구는 창원 다호리의 붓과 손칼을 중심으로 알려져 있었으나 발굴조사의 증가로 인해 자료가 증가하였고 사천 늑도유적과 함안 남문외고분군 등 영남지역 전역에서 서사도구의 흔적을 찾을 수 있었다. 자료가 지속적으로 축적되고 추가적인 연구를 통해 원삼국시대의 서사도구에 대한 다양한 연구가 이루어지길 소망한다.

참고문헌

1. 논문 및 단행본

李健茂, 1992, 「茶戶里遺蹟 出土 붓(筆)에 대하여」, 『考古學誌』 4輯.

鄭仁盛외, 2012, 『嶺南地域 原三國時代의 木棺墓』, 학연문화사.

2. 보고서

경남연구원 역사문화센터, 2020, 『함안 남문외고분군 산4번지 일원 발굴조사 약식보고서』.

國立慶州博物館, 2003, 『慶州 朝陽洞 遺蹟Ⅱ』.

_____, 2007, 『永川 龍田里 遺蹟』.

東亞大學校博物館, 2005, 『四川 勒島 CⅠ』.

(財)嶺南文化財硏究院, 2008, 『慶州 德泉里遺蹟Ⅱ』-木棺墓-.

_____, 2010, 『慶山 新垈里遺蹟Ⅰ』.

韓國文化財保護財團, 1998, 『慶山 林堂遺蹟(Ⅰ)』A~B地區 古墳群.

#11

야요이 시대의 '板石硯'과 문자사용의 가능성에 대해

•

구스미 다케오(久住猛雄)
(일본 福岡市役所経済観光文化局文化財活用部埋蔵文化財センター 文化財主事)

I 문제제기

종래, 일본열도(倭)에 있어서 '문자사용'의 시작은, 확실히 5세기경(고훈 시대 중기)부터라고 여겨져 왔다. 이것은 사이타마현(埼玉縣) 사키타마 이나리야마(埼玉 稲荷山)고분이나 구마모토현(熊本縣) 에타후나야마(江田船山) 고분, 지바현(千葉縣) 이나리타이(稲荷台) 1호분에서 5세기 중후반대의 倭製로 생각되는 도검명문(金石文)의 존재나 『宋書』倭國傳에서 倭王武의 장문의 上表文의 기록, 또 『日本書紀』『古事記』의 應神天皇代(4세기 말?)의 백제로부터 아지길사(阿知使主)와 왕인박사의 도래와 漢籍 전래의 전승 등으로부터 그것을 추정하고 있다. 그러나 記紀의 應神天皇代의 기록은 새로운 서기관의 도래와 한적 전래의 기록(전승)으로 '문자사용' 자체의 시작을 나타내는 것은 아니다. 4세기 후반(369년 전후)에는 '칠지도'에 나타난 것과 같은 문자를 매개로 하는 倭와 백제의 외교가 이미 있었을 개연성이 있다(칠지도 명문의 의미를 倭 측이 모르지는 않았을 것이다). 3세기(야요이 시대 말기~고분 시대 초기)에는 『三國志』의 통칭 '魏志倭人傳'에 따르면 倭 여왕 히미코(卑弥呼)는 魏나라에 '上表'하고, 倭왕이 '京都(魏나라 수도 洛陽), 帶方郡, 諸韓國'에 사신을 파견할 경우에는 '문서를 전송'하고 '賜遣之物'에 오류가 없는지 '모두 나루터에 와서 수색한다'고 되어있는데, 이것은 '목록' 같은 것과 '賜遣之物'을 대조했다고 해석할 수 있고 '문서를 전송'이라는 기술로부터는 적어도 '외교'에 관해서 '문자'를 사용한 것은 분명하다고 생각한다. 이 기술 중에는 중국왕조(京都, 帶方郡)뿐 아니라 '諸韓國'과의 외교에서도 '문서를 전송'한 것 역시 중요하다. 한편 '魏志倭人傳'에는 '使譯이 통하는 곳이 30개 국'이라고도 하며, 倭왕 뿐만 아니라 倭의 다른 나라에서도 '문서'를 전송하거나 '賜遣之物'의 교환거래(대외 장거리 교역)에는 '목록'이나 혹은 거래기록 등에서 문자를 사용하였을 가능성은 충분히 생각할 수 있다. 더욱 거슬러 올라가면 『漢書』地理誌(기원전 1세기 야요이 시대 중기 후반 경)에서는 "(倭人은) 갈라져 백여 국을 이룬다. 歲時에 와서 獻見한다고 한다"고 하며, '세시(歲時)' 때마다 '百余國'이 '獻見'했다면, 처음으로 사신을 파견한 경우는 몰라도 그 이후부터는 외교 의례상 어떠한 '上表'文과 헌상품의 '목록'을 지참하도록 漢(樂浪郡) 측이 요구한 것이 아닐까?

　이상이 적어도 야요이 시대 중기 후반 이후 倭에서 '외교'나 '대외 장거리 교역'에 있어 '문자'를 사용하였을 것으로 추정하는 충분한 근거가 된다. 다만, 이는 '內政'에서 일반적으로 문자를 반드시 사용하였다는 것('문자행정의 개시')을 의미하지는 않는다. 아마도 종래의 '5세기' 문자사용개시설은 도검 명문 등으로부터 '內政'(우선은 임관, 계보·역사의 기록 등)에 문자사용이 시작된 劃期로서 다시 정의할 수 있다고 본다. 그러나 종래의 '5세기'설에서도 과

연 당시 어떤 도구를 사용하여 '서사'했는지는 전혀 검토되지 않고 있었다. 금석문을 제작할 시 그 뒤에는 붓글씨로 쓴 서사기록이 있을 것이지만(江田船山古墳出土鉄刀銘文의 '典曹人'이란 것은 '文(= 典)을 책임지는 자의 의미가 있다: 直木 1987) 아스카(飛鳥) 시대 이후에 발견된 벼루처럼 명확한 전용 벼루(須恵器製의 円面硯 등)가 발견되지는 않았기 때문에 당시 서사용구에 대한 검토조차 되지 않았다. 그러나 이 역시 언뜻 보기에는 '숫돌' 모양인 '板石硯'이 고훈(古墳) 시대에도 존재하였음을 인정한다면 해결되지만 '板石硯'은 주목을 받는 야요이 시대 뿐만 아니라 고훈 시대에도 계속해서 존재하였던 것이 인정되었기 때문에 이 문제는 설명된다(久住 2019). 그렇다면 필연적으로 아스카 시대 이전에 '간독(목간·죽간)'이 존재하였다고 추측하게 된다. 물론 아직 현재 발견되지 않았으나 일본 야요이 시대 중엽부터 고훈 시대까지는 漢代木簡(竹簡)을 모방한 폭이 좁은(10~15mm 내외) 목간이 사용 되었을 것으로 추정한다. 야요이 시대 중기 말(북부 규슈에서는 후기 초) 시마네현(島根縣) 다와야마(田和山)유적에서 출토된 '板石硯'의 뒷면에 기록된 '子戊' 두 글자가 증명한다(그림 1). 이 글자는 크기로 보아 폭이 좁은 목간에 쓰이는 글자이며, 같은 시대 중국 서체에 비슷한 것이 있다(久住猛雄 2000b). 그러나 야요이 시대에 문자가 존재할 가능성에 대한 인식 부족과 목간이 후대의 목간보다 상당히 가늘고 '나무토막'으로 현장에서 취급될 가능성이 높은 것, 게다가 당시 일본열도에서는 갓풀을 사용하지 않는 먹, 내지는 질이 좋지 않은 '대용먹'을 사용하였을 가능성이 높고('板石硯'을 계속 사용한 이유기도 한다), 묵서가 잔류하기 어려웠기 때문에 지금까지 '발견'되지 못했다고 생각한다.

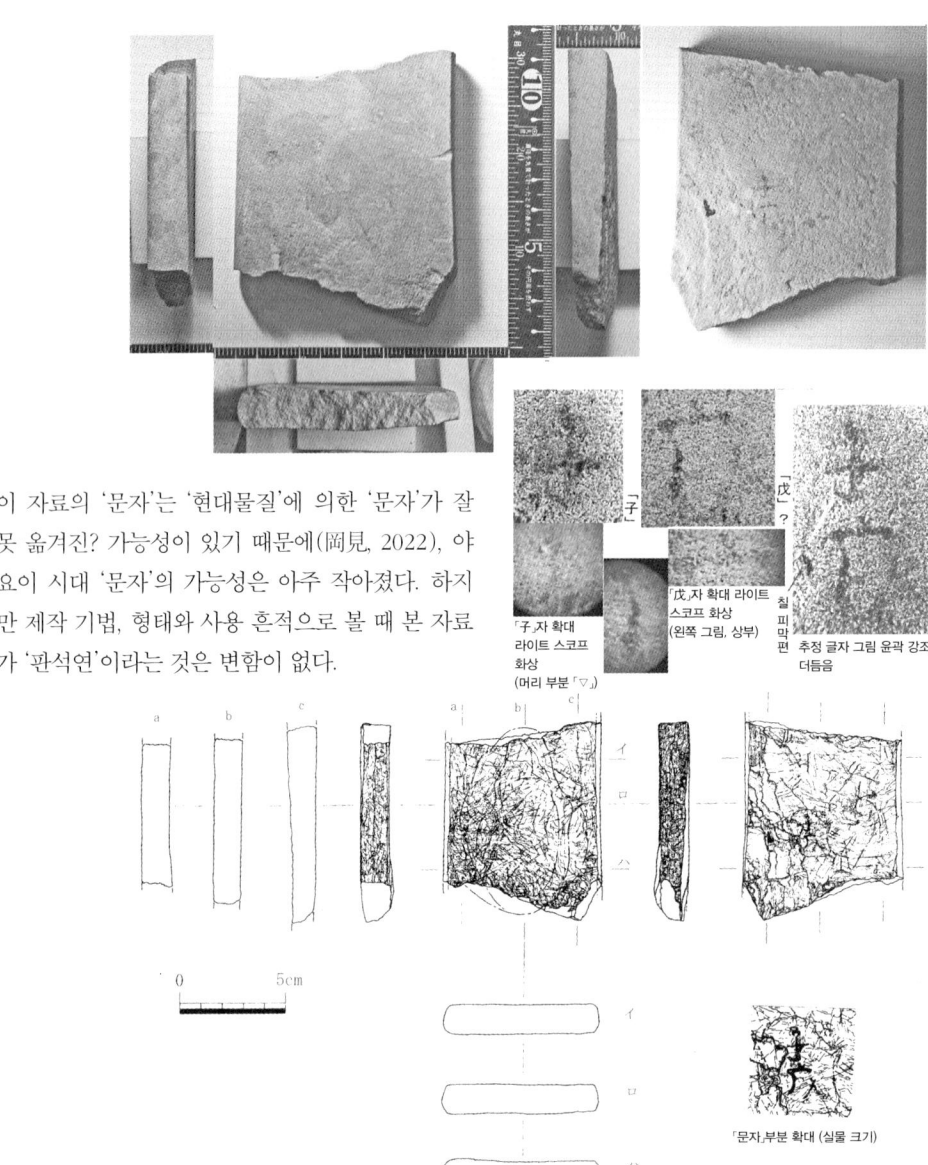

이 자료의 '문자'는 '현대물질'에 의한 '문자'가 잘못 옮겨진? 가능성이 있기 때문에(岡見, 2022), 야요이 시대 '문자'의 가능성은 아주 작아졌다. 하지만 제작 기법, 형태와 사용 흔적으로 볼 때 본 자료가 '판석연'이라는 것은 변함이 없다.

그림 1 시마네현 마쓰에시 타와야마 유적 출토 「문자 벼루」(보고 번호 457) (久住猛雄 2020b)

II '板石硯'에 대해

前漢 중기부터 晋대까지 '함몰부'와 '평탄부'가 없는 '長方形板石硯'(吉田惠二 1993)가 기본적인 형태·특징을 가지고 있으며 '板石硯'은 '墨丸'(고체 먹)과 그것을 부수기 위한 '硏石'이 한 세트가 된다(그림 2). 중국의 것은 前漢 중기 이후 기본적으로 장방형 '板石硯'이며 硯研台 내지는 硯篋에 박아서 쓰는 것이 기본이다(또한 '石硯'이라고 해야 한다는 연구자도 있지만 五代十國以降의 '石硯'와 구별하기 위해서도 '板石硯'라고 하는 것이 적절하다). 일본의 '板石硯'은 이때까지 前漢 중기부터 나타나고 보급되는 '長方形板石硯'의 모방으로부터 시작되었다고 생각되어 왔지만(柳田 2018, 武末 2019), 前漢 전기 내지는 그 이전에 받침대나 상자에 넣을 수 없는 불규칙한 '方形板石硯'이 존재하였던 것이 밝혀졌고(柳田 2020b·2021, 德富 2020ab), 가장 오래된 일본에서의 '板石硯'이 나타나는 시기(야요이시대 중기 전반의 어느 시기), 그 이후의 형태를 봐도 우선 前漢 전반기의 '方形板石硯'을 모방한 것을 시작으로 형태가 다양화되며(方形 이외로 台形. 圭頭五角形, 円頭笏状形 등이 있다: 그림 3), '장방형'화된 형식이 야요이 시대 중기 후반 내지 중기 말(須玖Ⅱ式新相)에 나타나지만 다양한 형태와 공존한다(柳田康雄 2020a). '두께'에 관해서도 기본적으로는 10mm이하의 얇은 것이 많지만(당초의 '武末定義': 武末·平尾 2016, 武末 2019) 먹흔이나 사용 연마흔으로부터 확실하게 板石硯으로 인정할 수 있는 것으로 19mm 두께의 것이 있으며(糸島市志登宮廻遺跡의 예)다와야마(田和山)유적의 '文字硯'은 16mm 두께이며 이것보다 두꺼운 것도 존재한다(前漢 전기 '方形板石硯' 중 두께가 있는 것이 있다). 그리고 발표자는 고훈(古墳) 시대 전기 전반~중순쯤의 후쿠오카시(福岡市) 니시진마치(西新町) 유적의 여러 예(久住 2020c)가 주로 장방형인 것으로 보아 아마도 야요이

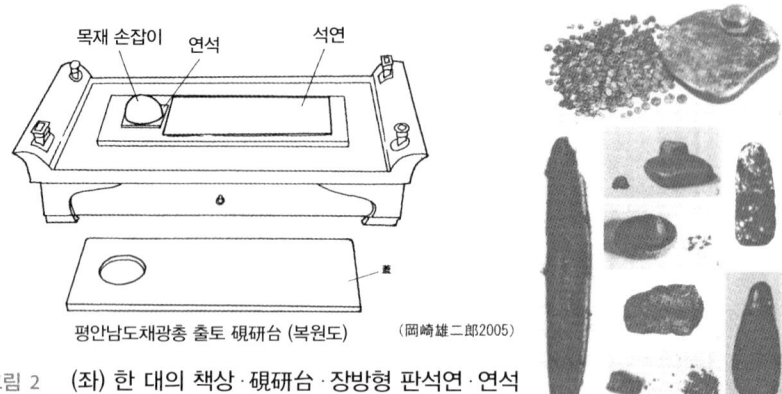

그림 2 (좌) 한 대의 책상·硯研台·장방형 판석연·연석의 전형 예(낙랑채광총예; 岡崎 2005), (우) 고대 중국의 출토「먹」(「墨丸」외; 吉田 2002)

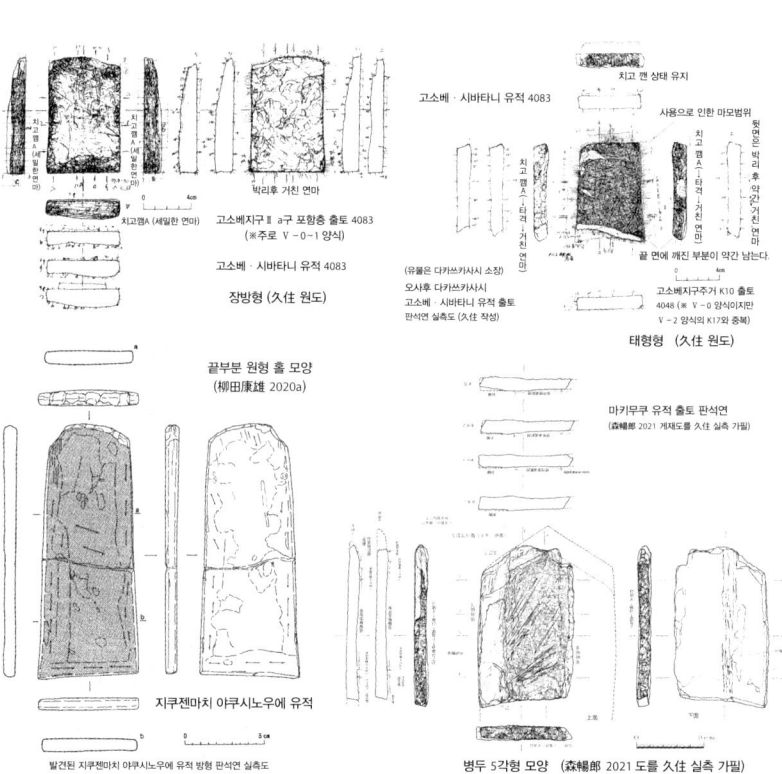

그림 3 일본열도 출토 판석연 여러 예시 (축약 미 통일)

시대 종말기 이후는 장방형을 지향하는 것이 보다 많아졌다는 예상을 하고 있지만, 圭頭五角形型, 台形型, 円頭笏状型도 고훈 시대에도 계속해서 존재하는 것도 확실하다. '板石硯'에 동반되는 연석도 중국(漢)에서는 정방형이 기본이지만 일본에서는 장방형화되며 입체적으로도 다양화된다(柳田 2020a).

그리고 '板石硯'이나 '研石'의 인정기준이 문제지만 공통되는 '숫돌'과 '板石硯'(및 研石)을 식별하는 근거는 첫째, '사용흔적'이다(久住猛雄 2020ac). 이 점 '사용흔'에 언급하지 않은 '武末定義'(기술)는 근본적인 문제가 있다. 대부분의 경우 略方形 상태(단 파손 후 2차 가공에 의 한 再生硯은 더 다양한 형태가 있음)의 '板石硯'은 대략 중앙에 사용마멸(연마)의 누적에 의한 略楕円形 상태의 사용마멸 범위가 형성되어(토기로 말하자면 돌이나 대나무로 연마했을 때 생긴 미세한 사용 흔적이 관찰된다), 석질이나 사용빈도에 따라서는 이 부분이 움푹 패여간다(**그림 4**: 다만 작업가설적인 모식도임을 주의해야 한다). 제작 시 다듬은 흔적과는 다른 연마형태의 사용흔적('墨丸'을 研石으로 으깰 때 결과적으로 판석연과 연석이 부딪히기 때문에)이 대부분 가로 방향 또는 경사진 방향으로 남아서 관찰되지만, 미세한 흔적이어서 빛 조사의 기법(자외선 전등 조사 등도 유효)과 관찰 시 의식적으로 주의가 필요하다. 그리고 일본국내에 있는 漢代 '板石硯'을 관찰하여, 일본의 '板石硯'으로 상정하고 있던 것과 같은 사용흔을 관찰할 수 있음을 확인하였다. 연석의 경우는 예를 들어 육면체의 직방체인 경우 5면은 정형시 흔적이 남지만 앞 뒷면이라고 생각되는 넓은 면의 한 쪽 1면만 중앙을 중심으로 마멸(연마) 흔적 범위가 보이는 것으로 식별된다. 그리고 '板石硯'이나 연석에는 먹 흔적이라 생각되는 검은색 물질의 부착, 얼룩이 남아 있는 것도 적지 않고(**그림 5**) '주먹(朱墨)'인 가능성이 있는 빨간 색 물질의 부착이 남은 것도 일부에 존재한다. 이들은 앞으로 과학적 분석에 기대를 걸지만 이미 적어도 '탄소'가 검출된 예가 있다. 그리고 '사용흔적'의 식별법을 한정하면 '未製品'(사용하지 않은 제품)인지 식별을 할 수 없지만 砥石과는 다른 '板石硯'·研石에 일반적인 형태·두께 등에 성형(整

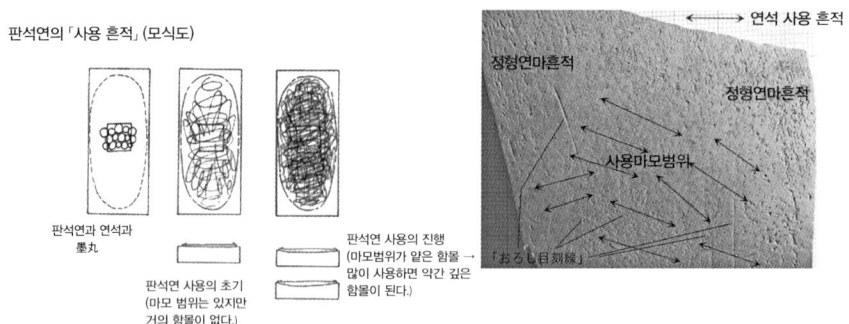

그림 4　판석연의「사용 흔적」모식도 (좌)와 실사례 (후쿠오카현 지쿠젠마치 히가시 오다나카하라 유적 출토) 사진 (우) (久住 2020c)

다와야마 유적 343 판석연 ※표리면 · 측면에 먹?이 침투

이토시마시 시토미야사코 유적 해자 출토 판석연

후쿠오카 히에 유적군 141차 포함층 출토 판석연

후쿠오카시 니시진마치 유적 2차 D구 SC16 출토 판석연

후쿠오카현 지쿠젠마치 야쿠시노우에 유적 출토 판석연

시마네현 마쓰에시 다와야마 유적 461 연석 (좌) · 464 연석(우)

후쿠오카현 쓰이키마치 줏소우 유적 19호 주거 출토 판석연

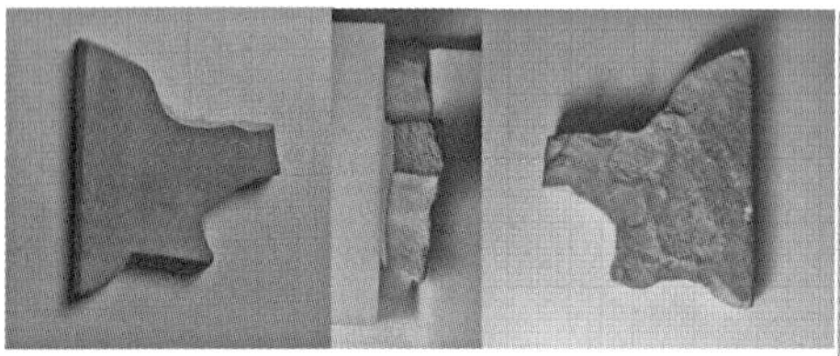

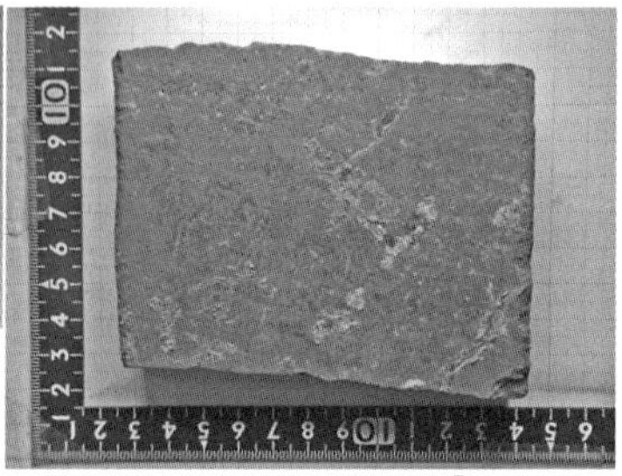

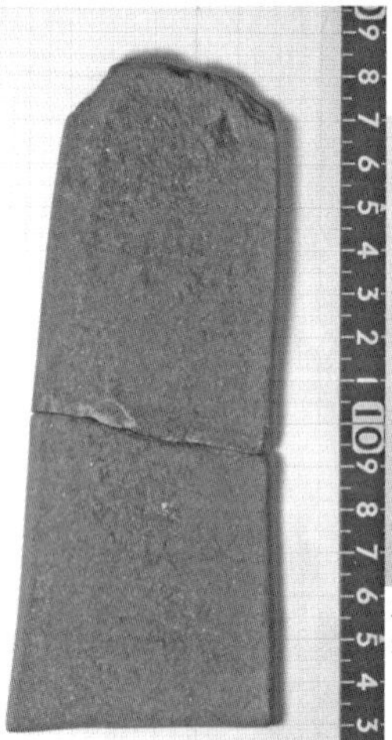

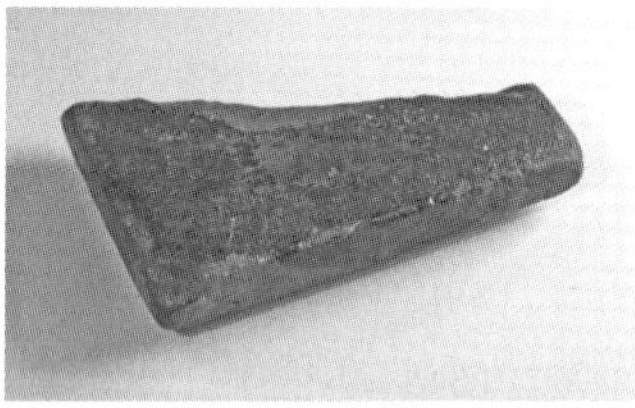

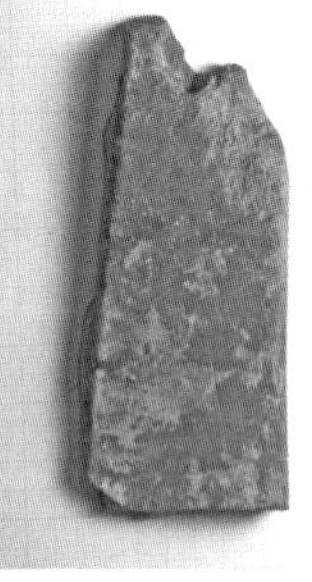

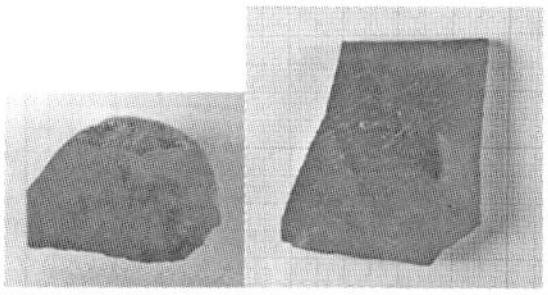

그림 5　묵상 흑색 물질이 부착하는 판석연 및 연석

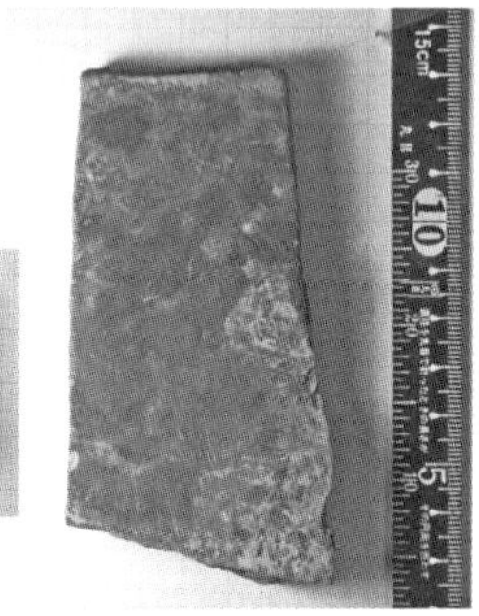

形)되어 있는 것은 '미제품'으로 볼 수 있다(柳田 2020a·2021; **그림 6**). 그리고 '板石硯'의 제작기법에 대해 측면을 다듬는 광의의 '擦切り(연마해서 절단하는 것)' 기법으로 한정하는 견해가 있지만(武末·平尾 2016, 武末 2019), 실제로는 '打割'(또는 '打裂 → 敲打')로 다듬어진 것이 많이 존재하기 때문에(久住 2020c, 柳田 2020a) 그렇게 한정할 수 없다. 후쿠오카시(福岡市) 히에유적(比惠遺跡)군141차 조사출토의 많은 실견자들이 '板石硯'으로 인정하는 '長方形板石硯'의 측면 성형은 '打割'성형이다(**그림 7**). 원래 '벼루'란 것은 '사용'의 문제이며 제작기법으로 정의하는 것은 석기의 분류법에서 말하자면 본말전도이다. 두께에 대해서도 10mm 이하의 얇은 것이 많고 어느 정도는 인정기준이 될 수 있지만 일부에 약간 두꺼운 것이 있는 것은 이미 언급하였기 때문에 일차적 기준이 되지는 않는다. 석재에 대해서도 북부 큐슈(九州) '板石硯'·'硏石'에는 낙랑군이나 前漢의 '板石硯'에 유사한 사질혈암(砂質頁岩) 내지는 사질이암(砂質泥岩)이 많지만 그렇지 않은 것도 있으며 북부 큐슈 이외의 각 지방의 '板石硯'·'硏石' 석재는 그 기리가 미세한 砥石의 다양한 그 지방만의 석재가 사용되기 때문에 석재로 인한 한정은 할 수 없다. '板石硯'의 뒷면은 박리 후 미성형 내지는 조성형(粗整形-조조정)인 것이 대부분이지만(조성형인 것이 생각보다 많으며 '미성형이 대다수'라고 할 수 없게 되었다), 일부는 '재생'사용으로 생각되지만 양면을 사용한 것도 있다. 장방형 '板石硯'에는 일본에서도 받침대 내지는 벼루상자가 동반되는 가능성이 있으며 뒷면에 칠막이 부착되어 있는 것(田和山遺跡「文字硯」등)은 그 흔적으로 생각되며 실체로 硯研台의 가능성이 높은 목제품(**그림 8**)이 후쿠오카현(福岡県) 이마주쿠고로에(今宿五郎江) 유적에서 출토되어 있다.

그림 6 방형 판석연의 미제품부터 완제품까지의 제작공정(좌: 柳田康雄 2021-그림 20. 우: 柳田康雄 2021-그림21)

※ 측면을 치고 깨는 정형의 경우. 그리고 柳田은 야쿠시노우에 유적의 예를 「중기 초」라고 하지만 필자는 「후기 전엽」으로 생각하고 있다. 한편 이토시마시 미토코 마쓰바라 유적의 예와 고가시 시카베 히가시마치 유적 예는 중기 전엽으로 봐도 된다고 생각한다.

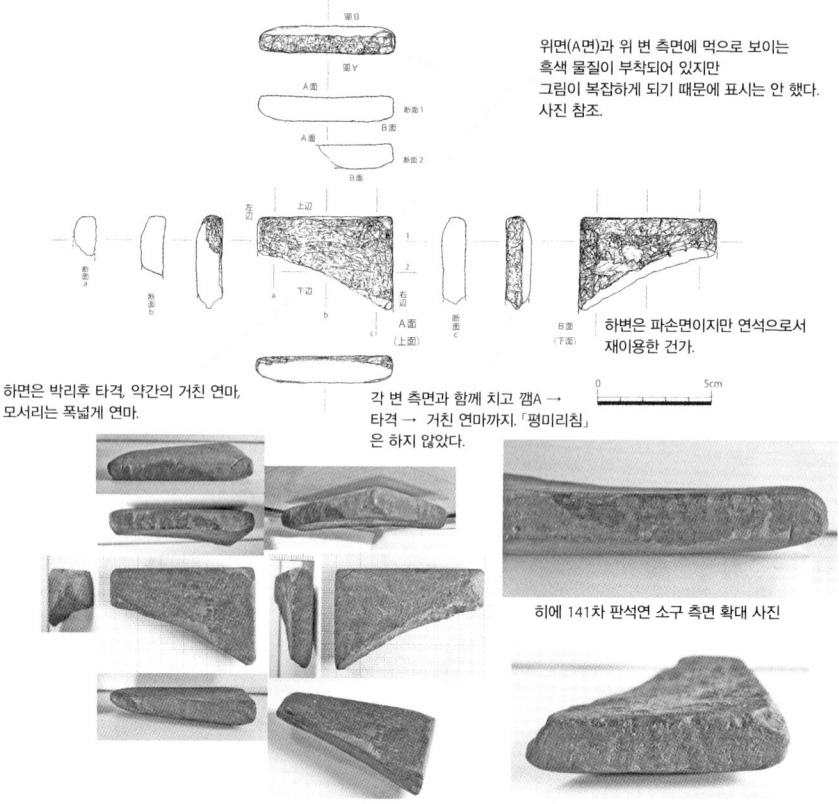

그림 7 히네 141차 포함층 출토 장방형 판석연 실측도·사진

그림 8 후쿠오카시 이마주쿠고로에 유적 硯研台 11차 조사 출토추정 硯研台 목제품 사진·실측도

Ⅲ 板石硯·研石의 시기적인 범위와 출토지역, 및 앞으로의 과제

일본에서의 '板石硯'과 '硏石'은 야요이 시대 중기 전반('須玖Ⅰ式'을 4등분 했을 시 2단계 = 須玖Ⅰ式 古相 후반 이후일까)이 가장 오래된 것으로(御床松原遺跡例 등; 그림 9)(柳田 2021), 고훈 시대 후기에 이르기까지(久住 2019) 존재하는 것이 확인되고 있다. 그리고 현재, 확실한 '외래품'은 확인되지는 않지만 漢代 '板石硯'과 같은 사용흔적을 가지는 '板石硯' 석제품이 다수 존재하는 것은 사실이다. 최초로 인식된 다와야마유적(田和山遺跡)의 2점

그림 9 이토시마시 미토코 마쓰바라 유적 14호 흙구덩이 출토 판석연 (끝부분 원형 홀 모양)미제품 (須玖 I 式前半新段階)

(白井 2004)도 당초는 외래품으로 인식되었지만 여러 특징으로 보아 일본산이다(柳田 2020a). 일본에서의 분포(현재 인식)는 현재 상황에서는 후쿠오카현(福岡県)이나 시마네현(島根県)이 많지만(柳田 2020a), 서일본 각지, 및 이시카와현(石川県), 기후현(岐阜県), 미에현(三重県)에서 발견되고 있다.(久住 2020b) 관서지방에서는 야요이 시대 중기 후반 것이 다소 발견되었지만(唐古·鍵遺跡例 : 久住2022 예정)야요이 시대 후기 초 이후 것이 안정적으로 발견되었고 고훈 시대 것은 마키무쿠 유적(纒向遺跡)(森 2021, 久住 2022 예정)이나 후루 유적(布留遺跡)(久住 2019)에서 출토되고 있다. 이때까지 발견된 '板石硯'과 '硏石'의 총수는 200점을 가볍게 넘었다. 연구자들에게 인식되며 문제의식이 높아지면 더욱 많이 발견될 것으로 생각되며 그 징후는 이미 나타난다. '板石硯'이 발견되는 일본열도 동쪽 한계에 대해서도 동쪽으로 넓어질 가능성도 높다. 또한 한국에서는 최근까지 勒島 유적(李昌熙 2007)의 圭頭 오각형 板石硯(그림 10) 1점뿐이었지만 앞으로 '숫돌'의 재검토가 진행되면 일본처럼 많이 발견될 것으로 생각되며 실제로 '발견'되기 시작했다(朴章鎬 2021). 또한 중국에서는 '분묘'에서 완전한 형태로 출토되는데 일본에서는 집락에서 출토되는 것, 또한 '파편'으로 출토되는 것에 의문을 가지는 연구자도 있지만(岡見 2022),낙랑토성에서 板石硯·硏石의 파편('재생벼루'까지 존재)이 많이 출토되어 있던 것도 지적되었으며(鄭仁盛 2021), 그러한 의문을 가질 필요

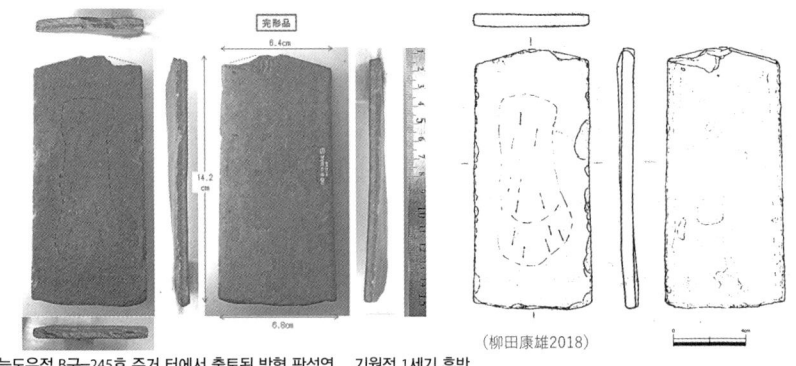

늑도유적 B구-245호 주거 터에서 출토된 방형 판석연   기원전 1세기 후반

그림 10   한국 늑도 유적 B구-245호 주거 출토 판석연(병두 5각형 모양) 사진(柳田康雄 2020b)·실측도 (柳田 2018)

가 없고 중국에서도 도시유적 조사와 상세한 정리가 진행되면 집락출토품이 발견될 것으로 생각되며 중국 도시에서의 문서행정을 생각한다면 도시(집락) 유적에서의 출토 가능성은 당연한 것이며 파손품이나 폐기된 것이 무조건 존재할 것이다. 한국에서는 "魏志倭人伝"에 일본과 '여러 한국'과의 외교에도 '문서를 전송하고'라고 있으니 한국측에도 서사도구(板石硯·研石)가 존재할 가능성이 있다. 한국에서는 도제 원면 벼루의 도입이 백제에서 5세기부터(都라지 2017)이며 그 이전에는 현재까지 인식되고 있지 않은 '板石硯'이 많이 존재할 것으로 예측한다. 이후 출토품의 재검토가 필요할 것이다. 서사용구로서 '붓'의 문제가 있지만, 야요이 시대 중기 후반 한국 창원시 다호리 유적에서 1호 목관묘에서 5자루의 붓이 출토되었다(李健茂 1992, 武末 2019). 일본산일 가능성이 높은 청동기(中細形銅矛)나 부근에서 발견된 제사 토기 중 糸島형 須玖식 토기가 있으며 '奴国'이나 '伊都国'과 다호리 수장은 교섭을 하고 있었던 것이 분명하기 때문에 일본에도 같은 붓이 존재할 가능성은 높다(奈良県大福遺跡 출토물에 가능성이 있다). 앞으로 붓뿐만 아니라 받침대·상자 게다가 목간을 포함하는 서사에 관한 유기질 제품이 발견될 것이 예상되며 그러한 인식으로 발굴조사와 그 정리 작업에 임할 필요가 있을 것이다.

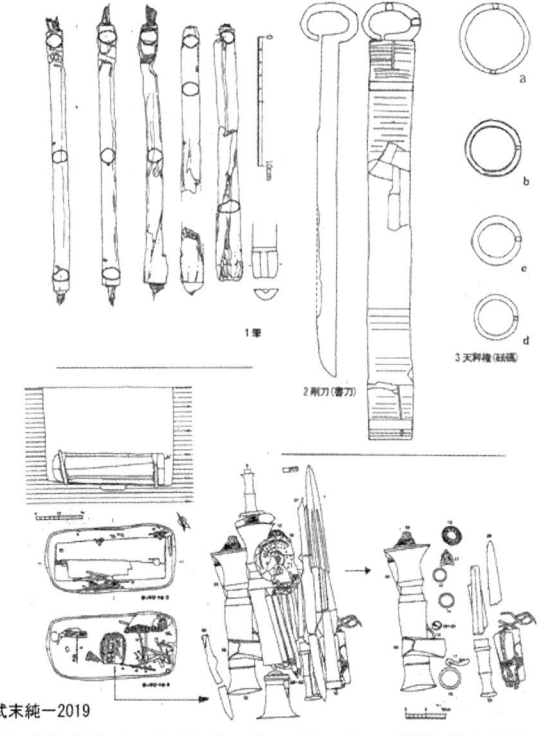

그림 11 한국 다호리 유적 1호 목관묘 출토 붓·삭도·천칭권(武末純一 2019)

그림 12 (참고) 동경대학교 소장 낙랑왕간묘 출토 장방형 판석연·연석 사진

IV 발표 토론(코멘트)에 대한 대답과 그 후 여러 문제

심포지엄 당일에는 여러 선생님들로부터 몇 가지 코멘트를 받았다. 중국 역사연구원의 鄔文玲 선생님께서는 필자의 발표에 대해 '板石硯·研石 등 서사도구가 사용된 흔적을 통해서 야요이 시대에 이미 문자가 사용되고 있었음을 증명했다'라고 과분한 코멘트를 받았다(鄔文玲 2021). 다만, 아쉽게도 실제의 「문자」사료가 소수임으로 현재로서는 아직 '증명'되었다고 말할 수는 없으며, 서사도구 중 '벼루(板石硯)'와 '숫돌'이 존재하였다고 증명함으로 그 개연성을 높이고 있을 뿐이다. '붓'에 대해서는, 一衣帶水의 한국 동남부의 다호리 유적의 예로부터(李健茂 1992, 朴章鎬 2021) 바다 건너 북부 큐슈에서의 존재 가능성을 말할 수 있어도 일본에서 그 가능성이 있는 예는 현재 나라현(奈良県) 사쿠라이시(桜井市)의 다이후쿠(大福) 유적 예(야요이 시대 후기)뿐이며, 아직 확실한 것은 말할 수 없다. 향후의 추구, 자료의 정사가 필요한 부분이 많다는 것을 자각해 두고자 한다.

일본대학(日本大学)의 야마모토 다카후미(山本孝文) 선생님께서는 '板石硯' 존재에 대해 긍정적으로 파악하면서도, 몇 가지 의문을 제시하였다(山本 2021). 먼저 '板石硯'이 서일본 각지라는 상당히 넓은 분포를 가지며, 또한 다수 출토되어 있다는 의미와 출토유적의 성격으로 추정되는 문자 사용계층의 문제를 제기하였다. '분포가 넓어질수록' '많은 유례를 찾을수록' '글씨를 서사하기 위한 벼루'로 해석하기가 어려워지는 것 아니냐는 지적도 하셨다. 그러나 각 유적의 규모나 존속기간, '板石硯'의 존속기간이나 범위를 고려하면, 유례가 증가하더라도 예를 들어 한 유적에서 한 세대의 벼루의 보유량은 특수한 유적(예를 들어 후쿠오카시 히에(福岡市比恵)·나카 유적군(那珂遺跡群) 등)을 제외하면 그다지 많지는 않아 소수이며 '식자 계층'이 많이 있었다는 해석이 되지는 않을 것으로 생각된다. 야마모토 선생도 찬동한 것처럼 적어도 고훈 시대 전기까지의 '문자의 사용'은 교역(장거리 교역)·외교에 관련된 집락 내 특정 인물에 한정되어 아마도 그 인물은 '외부'와 연결되는 특수한 네트워크를 형성하고 있었다고 생각한다. 다음으로 문자의 사용 수준의 문제인데, 이는 엄밀하게는 그 존재를 추측할 당시의 '간독'이 발견되지 않으면 불분명하다고 밖에 말할 수 없지만 "위지왜인전"의 기술 등으로 추정할 수 있는 것은 '단순한 기호표시'보다는 수준이 높은 '외교 문서'나 '물품 목록'의 작성(혹은 그 거래기록의 작성) 등 까지 이루어졌을 가능성이 높다고 보고 있다. 또한 야마모토 선생으로부터 다와야마 유적의 '文字硯'의 '두 글자'의 존재에 관하여 발표자가 '짧지만 '문장''이라고 한 것에 대해 비판을 받았다. 그것은 '단어'(혹은 '숙어')이지, '문장'과는 구별해야 한다고 말이다. 이 점에 대해서는 그렇다. 그러나 지금까지 거의 '한 글자'에 불과했던 '묵서' 흔적 등과 달리 단순한 '기호'적 사용 이상의 문자사용의 가능성이 열렸다는 점은 인정받을 것으로 보인다. 그 외로 같은 연구회에서 발표하신 이노우에 하야타(井上隼多)씨의 발표(井上 2021)속에서 야요이·고훈 시대의 '벼루'연구에서 '사용흔적' 연구의 중요성을 나타내었다. 그것이야 말로 발표자가 시도하려는 것이다.

다음으로 충남대학교 박순발(朴淳發) 선생님께서는 '문자사용의 첫 단계'로서의 '교역상의 필요에 따른' 사용이 있다는 점에서 발표를 평가해주셨다(박순발 2021). 지적된 바와 같이 당시(야요이 시대 후반기부터 고훈 시대 전기)의 일본열도 및 병행기인 한반도 원삼국 시대에 '문서행정'이 있었던 가능성은 매우 낮을 것이다. 다만 '문자 사용의 첫 단계'에 대해 '정치'적 사용이 교역보다 먼저 오는 문화·문명도 있으므로(중국, 이집트 등). 실제로는 쉽지 않고 각각의 문화·사회의 실태를 고고학적 흔적으로 추정할 수밖에 없다고 생각한다. 발표자는 정황을 증거로 보고 일본열도(및 한반도 원삼국 시대)는 외교 및 교역에서의 문자의 사용이 선행되었다고 보고 있다. 다만 박순발 선생님께서 말씀하시는 '본격적인 문서 행정상의 문자의 사용'이라는 부분은 단순한 '정치적 사용' 이상의 것이라 한다면 '제 3단계'라고 해야 할지도 모른다고 생각한다. 즉, 문화·문명의 성격에 따라 '제 1단계'가 '교역'주체인지 '정치'주체인지가 다르고, '제 2단계'가 '제 1단계'에서 문자의 사용이 희박했던 쪽으로 문자의 사용이 이행되며 '제 3단계'로서 '본격적인 문서 행정상의 문자의 사용'에 이른다고 보고자 하는 것이다. 일본열도에 있어서는 '제 3단계'는 아스카 시대가 될 것이다.

그런데 최근 漢代 '板石硯'·'研石'에 부착된 '먹'과 일본열도의 '板石硯'에 부착되는 '흑색물질'이 전자현미경 관찰에서 서로 다른 '구조'를 갖고 있다고 하여 일본열도의 '板石硯'이 '벼루'인 점에 의문을 제기하는 발표가 있었다(岡見 2022). 우선 '입자구조'가 다른 것 같다는 것은 인정해야 할 대목이다. 그러나 그것은 '먹'의 질 차이이며 오히려 '板石硯' 사용 시기의 '묵서'가 남겨지기 어렵다(그래서 찾기 어렵다)는 것에 방증이 된다고 해석한다. 또 오카미(岡見)씨의 발표에는 몇 가지 의문이 있다. 우선 일본열도의 '板石硯'의 '흑색물질'에 대해 탄소가 함유된 것으로 밝혀졌음에도 그것이 무엇인지를 밝히지 않고 있다. 더욱이 현재로 이어지는 '아교 사용 먹'만을 '먹'으로 하여 그 '완성된 먹'에 이르는 역사과정을 무시하고 그 이전 것을 모두 '먹'이 아니라고 하는 점이 문제다. 사실 중국 漢代의 '먹'에는 아직 '아교'가 사용된 확실한 예가 없는 것으로 판명되었으며('단백질'이 포함되지 않거나 혹은 미량: Meng Ren1, Renfang Wang and Yimin Yang 2018), 그러면 오카미(岡見)씨가 거론한 漢代 '板石硯'·'研石'의 '먹'은 '먹'이 아니게 되어 버리는 것이다. 즉, '아교 사용'의 완성된 '먹'에 이르는 '먹'에는 여러 가지 시행착오가 고대 중국에도 존재했고, 漢代까지는 '입자 구조'가 되지 않는 '石墨'도 사용되었을 것이고(吉田 2002), 또 더 오래 전에 목탄가루도 사용되었다고 한다(코타니 2014). 오카미(岡見)씨는 '나노 레벨의 입자 구조'가 아니면 '먹'으로서 사용할 수 없다고 단언하지만, 실제로는 그렇게 되어 있지 않다. 단순히 사용하기 쉽고 '남기 쉬운'(정착하기 쉬운) '먹'이 그러한 '먹'이라고 하는 것이 실제이다. 이 점은 일본열도에서 야요이·고훈 시대의 '묵서'라고 하는 것들의 관찰(분석)이 필요하게 되지만 만약 그것들이 '나노 레벨의 입자 구조'가 아니라면, 그렇지 않아도 '쓸 수 있다'(사용되고 있다)는 것이 되고, 또 '나노 레벨의 입자 구조'의 '먹'이 발견되면, 일본열도에도 그러한 '먹'이 있었다고 할 수 있을 것이다. '나노 레벨의 입자 구조'는 고대 중국에서는 전국 말기 이후의 '松煙墨' 사용 개시부터 존재할 가능성이 있지만, 일본열도에서도 야요이 시대 후기에는 후쿠오카시(福岡市) 사사이(雀居) 유적의 옻칠 도포 목제품 분석으로 인해 옻칠 바탕에 '松煙'이 사용되었을 가능성이 지적되고 있으며, 그렇다면 어느 시기부터는 '松煙墨'도 존재하였을 가능성이 있다. 오카미(岡見) 씨의 현 시점에서의 관찰(분석) 결과는 일본열도의 '板石硯'은 단 4개의 예로 추정되는 것이기도 하기에, 그 점도 문제를 남긴다. 적어도 발표자가 실시하고 있는 '사용흔적' 관찰에서는 漢代 '板石硯'과 일본열도의 '板石硯'은 같은 '사용흔적'이며(그래서 인정하고 있다), '研石'의 사용결과로서의 동일한 사용흔적이며 또한 '먹'으로 생각되는 '흑색물질'이 동일하게 부착되는 예가 적지 않다면, 일본열도의 '板石硯'의 '흑색물질'은 '조악한(원시적인) 먹'일 가능성을 고려해야 한다고 인식되므로 오카미(岡見)씨의 분석결과에 따라 일본열도의 '板石硯'의 '벼루'로서의 가능성을 부정할 수 없다고 생각한다. 그 밖에도 오카미(岡見)씨의 고고학적 '관찰' 등에 문제점이 몇 가지 있는데, 이에 대해서는 머지않아 별고에서 지적하고자 한다.

구스미 다케오(久住猛雄) "야요이 시대의 '판석연'과 문자 사용의 가능성에 대하여(「弥生時代における「板石硯」と文字使用の可能性について」)"의 보주

상기 원고를 탈고 후 교정할 때쯤, 발표자의 논고에 크게 영향을 주는 연구발표가 있었다. 도면 1에 내건 시마네현 마쓰에시 다와야마 유적 출토 '문자벼루'(보고번호 457)의 「子戌」로 판독한 문자에 대해 오카미 도모키(岡見知紀) 등의 과학분석 결과, 이 '문자'가 현대 '매직잉크' 성분으로 이루어진 것이 'Raman 분광분석'으로 밝혀졌다(岡見 외 2022). 그렇다면 이 '문자'는 야요이 시대의 것이라 할 수 없고[1] 과학적인 평가가 정해지기 전까지는 적어도 보류, 혹은 철회할 수밖에 없다. 또한 이를 '두 글자'의 문자 사료로 평가하여 논을 펼친 부분은 삭제 수정할 필요가 있다.

그러나 일부 오해가 있어 보이기도 하지만, 이 돌 제품은 '글자'가 있으니 '벼루'로 인정한 것은 아니다. 당연하지만 '板石硯'의 인정 요건에는 그 개체에 '글자'가 있는지 여부는 무관하다. 실제로 발표자와 야나기다 야스오(柳田康雄)가 인정하고 있는 열도의 '板石硯'에 '문자'가 있다고 생각된 것은 이 한 점뿐이다(물론 이 '문자'가 야요이 시대의 것이라고 이야기하기는 어려워졌지만). 단지 '벼루'라면 당시 '글자'가 서사되었을 것으로 예측된다고 할 뿐이다. 실제 발표 본문에서 언급한 바와 같이 야요이 시대 후기~고분 시대 중기 전후의 '묵서 문자' 혹은 '각서 문자' 형태의 흔적은 20점 내외가 존재하며(角 2021), 5자 내외 정도의 글자가 쓰였을 가능성이 있는 자료조차 존재한다(酒井 2006).[2] 또한 발표문 중에서 언급한 바와 같이, 『魏志倭人伝』의 기술

---

[1] 오카미 외 2021년 다와야마457 자료의 '문자' 부분 3곳의 Raman 스펙트럼그래프와 '지브라사 맥키'의 스펙트럼그래프의 파장피크 분포는 적어도 그래프의 오른쪽 절반은 흡사해 우연이라고 볼 수 없다. 그러나 그래프 왼쪽 절반은 불일치부분이 많다는 것, '문자' 모양 부분 위에 존재하는 '바인더부착오염'(久住 2020b)의 영향이 이 그래프에 나타나 있는건지, 석재의 바인더부착만 있는 부분과의 대비가 없다는 것, 혹은 그 오염영향을 어떻게 배제했는지 등 오카미씨에게는 좀 더 세밀하고 좀 더 확실하게 '면밀한' 설명을 했으면 좋겠다.

[2] 久住(2020b)에서 언급하였지만 酒井芳司의 교시에 따르면, 酒井(2006)논문 발표후에 과학 분석이 실시되며 '묵'이 라니라 '망간계 착색 안료'의 가능성이 높다고 한다.

에 왜와 위나라, 대방군(帶方郡) 더 나아가서는 '諸韓国'간의 외교 및 '賜遣之物'(증답적 교역)에는 '문서를 전송하고'라고 되어 있으니, 당시 왜 및 삼한에서 '문자'가 외교와 대외교역에서 사용된 것은 확실하며, 이를 위한 서사도구로는 '板石硯'을 생각할 수밖에 없는 것도 확실하다. 즉 다와야마457 자료의 '문자'가 없어도, '板石硯'론 및 야요이 시대의 어느 시점 이후의 '문자 사용'론은 성립하는 것이다(久住 2022).

또한 다와야마 457 자료 '板石硯'의 「벼루」로서의 인정은 다음과 같이 '사용흔' 외에 여러 가지 이유와 근거가 있으나 열거해 둔다. ① (추정 직사각형 형상)으로 성형되어 있다. ② 숫돌이라면 이 두께(약 15~16mm)가 있으면 양면 사용되는 것이 보통이지만, 뒷면은 박리성형 후 거친 연마만 했을 뿐 '숫돌'로서의 연마 사용 흔적이 없다. ③ 측면은 단면이 정돈된 둥근 형상으로 정형되어 '숫돌'이면 측면도 '숫돌' 사용에 따른 '갈림'이 있을 텐데 측면에 사용자국이 없다. ④ 표면은 통상의 '숫돌'에 있는 것과 같은 날끝(利器)을 갈았던 칼의 폭을 알 수 있는 사용흔적이 없어 발표자가 '板石硯'의 사용흔적('연석'의 사용접촉흔적)으로 생각하는 특유의 흔적이 있다. ⑤ 같은 유구의 동일 층(환호(環濠) 상층)에서 '연석'도 출토되었다.

(번역: 오수문, 경북대학교 인문학술원 HK교수)

참고문헌　※유적조사보고서 등은 생략했다.

井上隼多 2021「陶硯の使われ方を考える―文筆行為と身体所作―」,『木から紙へ書写媒体の変化と古代東アジア』慶北大学校人文学術研究院HK+事業団 第4回国際学術大会資料集

岡見知紀 2022「板石硯に付着した黒色物質の分析」,『日本考古学協会第88回総会-研究発表要旨』日本考古学協会

岡見知紀・清水洋・岡島康雄・山垣美恵子 2022「"日本最古の文字"の科学的分析 ‐ 田和山遺跡出土石製品のラマン分光分析を中心に ‐」,『日本文化財科学会第39回大会 発表資料集』

岡崎雄二郎 2005「環濠内出土石板状石製品について」,『田和山遺跡』松江市教育委員会

久住猛雄 2019「古墳時代における「板石硯」の展開について(予察)」,『令和元年度九州考古学会総会研究発表資集』

_____ 2020a「近畿地方以東における「板石硯」の伝播と展開」,『第34回考古学研究会東海例会 荒尾南遺跡を読み解く―集落・墓・生業―』考古学研究会東海例会

_____ 2020b「松江市田和山遺跡出土「文字」板石硯の発見と提起する諸問題」,『古代文化』第72巻第1号, 財團法人古代學協會

_____ 2020c「西新町遺跡における「板石硯」の発見とその意義」,『吉留秀敏氏追悼論文集』吉留秀敏氏追悼論文集刊行会

_____ 2021「弥生時代における「板石硯」と文字使用の可能性について」,『木から紙へ書写媒体の変化と古代東アジア』慶北大学校人文学術研究院HK+事業団 第4回国際学術大会資料集 ※本原稿はこれを基に加筆修正したもの

久住猛雄 2022「布留遺跡における「板石硯」の認識とその意義」,『ここまで判った布留遺跡―物部氏以前とその後―発表資料集』天理市観光協会

佐々木憲一 2020「古墳時代の文字」,『考古学と歴史学』中央大学人文科学研究叢書73, 中

央大学出版部

酒井芳司 2006「塚崎奇東畑遺跡出土丹塗磨研土器の墨書状痕跡について」,『九州歴史資料館論集』31

白井克也 2004「朝鮮半島の文化と古代出雲」,『田和山遺跡国史跡指定3周年記念講演記録集』

角 浩行 2021「弥生時代の板石硯と文字の使用について」,『伊都国歴史博物館紀要』16

高倉洋彰 1999「弥生人と漢字」,『考古学ジャーナル』440

武末純一・平尾和久 2016「〈速報〉三雲・井原遺跡番上地区出土の石硯」,『古文化談叢』76

武末純一 2019「弥生時代に文字は使われたか」,『18歳からの歴史学入門』彩流社

徳富孔一 2020a「中国墓に随葬された石硯の基礎的研究」,『七隈史学』第22号, 七隈史学会

徳富孔一 2020b『戦国～南北朝墓の随葬硯集成－「中国墓に随葬された石硯の基礎的研究」補遺編－』野良考古学研究所研究報告第冊

直木孝次郎 1987「古代ヤマト政権と鉄剣銘」,『日本古代国家の成立』社会思想社

平川 南 2018『新しい古代史へ2 文字文化の広がり 東国・甲斐からよむ』吉川弘文館

柳田康雄・石橋新次 2017「福岡県筑前町薬師ノ上遺跡の石硯」,『平成29年度九州考古学会総会研究発表資料集』

柳田康雄 2018「弥生時代の長方形板石硯」,『國學院大學研究開発推進機構 第44回日本文化を知る講座「倭・日本における漢字文化の受容と国家形成」』

＿＿＿＿＿ 2020a「倭国における方形板石硯と研石の出現年代と製作技術」,『纒向学研究』第8号, 桜井市纒向学研究センター

＿＿＿＿＿ 2020b「漢と倭の初期方形板石硯」,『令和2年度九州考古学会総会研究発表資料集』九州考古学会

＿＿＿＿＿ 2021「御床松原遺跡の方形板石硯・外来系土器・白色付着土器」,『令和3年度九州考古学会総会研究発表資料集』九州考古学会

山本孝文 2021「セクション4・5へのコメント・質問」,『木から紙へ 書写媒体の変化と古代東アジア』慶北大学校人文学術研究院HK+事業団 第4回国際学術大会資料集

吉田惠二 1993 「長方形板石硯考」,『論苑考古学』天山舎

_____ 2002 「中国古代筆墨考」,『國學院雑誌』103-10

_____ 2018 『ものが語る歴史38 文房具が語る古代東アジア』同成社

綿谷正之 2014 「墨の文化史」,『奈良保育学院研究紀要』第16号, 白藤学園

李健茂 1992 「茶戸里出土の筆について」,『考古学誌』第4輯

李昌熙 2007 「勒島住居址の祭祀長―B 地区カ―245 号住居址出土遺物検討」,『第17回考古学国際交流研究会 韓国発掘調査報告会』

都라지 2017 『삼국시대 벼루(硯) 연구』高麗大學校大學院考古美術史學科考古學專攻碩士學位論文

朴章鎬 2021 「原三国時代の書写道具と茶戸里遺跡」,『木から紙へ 書写媒体の変化と古代東アジア』慶北大学校人文学術研究院HK+事業団 第4回国際学術大会資料集

朴淳發 2021 「書写道具と韓半島及び日本列島の文字使用に関する意見」,『木から紙へ 書写媒体の変化と古代東アジア』慶北大学校人文学術研究院HK+事業団 第4回国際学術大会資料集

鄭仁盛 2021 「考古資料からみた楽浪地域の文房具」,『木から紙へ 書写媒体の変化と古代東アジア』慶北大学校人文学術研究院HK+事業団 第4回国際学術大会資料集

鄔文玲 2021 「セッション4, 5討論文」,『木から紙へ 書写媒体の変化と古代東アジア』慶北大学校人文学術研究院HK+事業団 第4回国際学術大会資料集

Meng Ren1, Renfang Wang and Yimin Yang 2018 「Identification of the proto-inkstone by organic residue analysis: a case study from the Changle Cemetery in China」,『Heritage Science』Ren et al. Herit Sci (2018) 6:19, https://doi.org/10.1186/s40494-018-0184-3

#12

도연의 쓰임새를 생각하다
-문필 행위와 신체 행위-

·

이노우에 하야타(井上隼多)
(일본 名古屋大学大学院人文学研究科 博士候補研究員)

I 머리말

　　벼루는 묵서를 통한 문필행위가 보편화된 동아시아 세계에서 보편적으로 볼 수 있는 문방구이다. 벼루는 먹을 갈 수 있는 단단함과 먹물을 유지할 수 있는 내수성을 겸비한 소재가 있으면 쉽게 만들 수 있으므로 일본에서도 오늘날까지 다양한 소재의 벼루가 만들어져 왔다. 전통적인 석제 벼루를 비롯하여 도자기와 유리로 만든 특이한 사례도 있으며 최근에는 떨어뜨려도 깨지지 않는 플라스틱 벼루가 아동용 서예 세트로 널리 이용된다고 한다. 그럼에도 일본 사람이 벼루라는 단어를 듣고 떠올리는 것은 돌로 만든 직사각형 문방구일 것이다. 돌 이외의 소재로 벼루가 만들어지는 것을 모른다는 사람도 전혀 드물지 않다. 그러므로 이 글에서 다루는 도연, 즉 도자기로 만든 벼루가 있다는 사실은 서예가나 골동품 애호가가 아닌 사람들은 대부분 인지하지 못하고 있는 실정이다.

현재는 지명도가 낮은 도연이지만 과거에는 오히려 도연이 주류인 시대가 존재했다. 교과서식으로 말하면 아스카시대부터 헤이안시대의 기간에 해당하는 7~10세기경이다. 형태도 현재와 같은 직사각형이 아니라 가장 많은 것이 원면연(円面硯)이라 불리는 원형의 벼루였으며 꽃과 동물을 본뜬 것 등 다양한 디자인의 도연이 사용되었다. 크기도 손바닥 크기만 한 작은 것부터 책상 대부분을 차지할 만큼 거대한 것도 있어 다양하다. 이런 고대 일본의 도연을 보고 아무런 전제 지식 없이 벼루임을 알아채는 사람은 거의 없다. 필자가 학예사로 전시 중인 도연을 해설하고 있을 때도 "이게 정말 벼루인가요?"라며 놀라워하는 사람들이 많았다. 그리고 동시에 "왜 옛날 사람들은 이런 디자인의 벼루를 사용했나요?"라는 질문을 받게 된다. 언뜻 보기에 단순한 질문이라고 생각할 수도 있지만, 이 물음에 답하려면 천 년 전의 사람들이 가졌던 벼루에 대한 인식이라는 어려운 문제에 대해 고민해야 한다. 그러나 필자의 전공인 고고학에서 인식에 관한 문제는 가장 접근하기 어려운 영역이다. 물질자료에 입각하는 고고학에서 문헌사학과 달리 사람의 정신적인 면을 밝히려는 작업은 상당한 어려움이 따른다. 물론 어떤 가설을 세울 수는 있지만 검증할 수 없는 논의로 끝나 버리는 일도 많다. 또 인식의 문제를 논의하는데 전제가 되는 도구(혹은 건축)로서의 용도조차 알 수 없는 경우도 드물지 않다. 이 경우 정체불명의 유물(유구)로 취급할 수밖에 없다.

다행히 벼루는 현재도 사용되고 있는 도구이다. 자료를 꼼꼼히 관찰하면 사용 흔적을 확인할 수 있으며, 회화 자료 중에는 실제 벼루를 사용하는 장면이 그려져 있다. 따라서 용도에 관한 문제는 고고자료 중에서도 상당히 명확히 알려진 그룹에 속한다. 여기서 한 걸음 더 나아가 사용 편의 차원에서 도연을 재검토하면 인식에 관한 문제에 대해서도 단서를 얻을 수 있지 않을까? 벼루를 쓰려면 시간을 들여 먹을 갈아야 하는데 이를 위해 어느 정도의 체력이 필요하다. 긴 글을 쓸 때는 벼루의 먹물에 붓을 여러 번 담가야 한다. 이 두 가지 모두 벼루를 사용하는 데 피할 수 없는 팔의 반복 운동이며 거기에 스트레스를 받을 만한 요인이 있다면 가능한 한 이를 제거하려 할 것이다. 다양한 고대 일본의 도연에는 어쩌면 그런 사고가 숨어 있지 않을까? 실제 자료의 분석을 통해서 이 문제를 밝힐 수 있으면 앞서 언급한 질문에 회답할 수 있을 것이다. 이 글에서는 위와 같은 문제의식을 바탕으로 문필행위의 신체 행위라는 관점에서 고대 일본의 도연에 대한 인식에 대해 검토한다.

II 일본에서 도연의 연구 동향

우선 일본에서 도연의 연구 동향에 대해 간략히 설명하고자 한다.[1] 일본 열도에 돌로 만든 벼루가 보급된 것은 11세기 이후이며[2] 그 이전의 벼루는 대부분 스에키·하지키 등의 도제이다. 돌로 만든 벼루도 10세기부터 확산하기 시작하는데[3] 일정 기간 도연과 병용된다. 따라서 고대 일본의 벼루를 연구하

---

1 상세한 연구사에 관해서는 졸고를 참고해주셨으면 한다. 井上隼多, 2020, 「古代日本における陶硯の使用實態と統制」, 『古代文化』第72卷第1號, 21~38쪽, 古代學協會 : 京都.

2 여기서 말하는 석제 벼루란 도연이 넓게 보급된 후 등장한 석제벼루를 대상으로 한다. 다만 문자대로 '석제벼루'로서는 최근 화제가 된 '판석연'이 선행할 가능성도 고려된다.

3 水野和雄, 1985, 「日本石硯考—出土品を中心として—」, 『考古學雜誌』第70卷第4號,

는 것은 도연을 연구하는 것이라고 해도 무방하다.

일본의 고대 도연에 관한 연구는 가마터 출토 자료를 토대로 분류·편년이라는 기초적인 작업부터 시작되었으며 이후 율령국가의 통제론으로 전개되었다. 일련의 흐름은 스에키를 중심으로 한 고대 토기 연구의 동향과 관련 있는데[4] 토기의 일반적인 연구 방법인 제작기법 검토와 형식분류의 세분화가 오랫동안 도연 연구의 주류였다. 당시 도연 연구는 도연이 율령국가의 강한 영향 아래 있었을 것이라는 전제 아래 진행되었는데 이 역시 스에키 연구에서 심화된 생산론을 도연에 응용한 것이다.[5] 더불어 도연 연구를 이끌어 온 연구자들의 상당수가 고대 토기 전문가였다는 점도 연구의 방향성이 규정된 큰 요인이라고 할 수 있을 것이다. 무엇보다 도연의 역사적 변천이나 생산지 규명과 같은 식견은 토기의 연구 방법을 이용하여 밝혀졌으며 현재 도연 연구의 토대가 된 식견이 확립되어 가는 단계였다고 평가할 수 있다.

토기 연구의 강한 영향 아래 있었던 도연의 연구는 2000년대 이후 도연을 어떻게 사용하였는지에 대한 사용실태에 관한 연구가 등장하면서 그동안 등한시된 연면(硯面)의 사용 흔적에 관심이 쏠리게 된다.[6] 도연을 고대인들이 어떤 문방구로 인식하였는가 하는 문제에 대해서도 국가에 의한 통제라는 기존의 정설화된 시각을 벗어나 사용 시의 작법이라는 새로운 관점에서 문제 제

1~31쪽, 日本考古學會 : 東京.

4 楢崎彰一, 1960, 「猿投山古窯出土の陶硯」, 『陶説』第83號, 37~43쪽, 日本陶磁協會 : 東京.

5 坂詰秀一, 1964, 「陶硯を出土する古窯跡の性格」, 『古代文化』第12卷第2號, 32~36쪽, 古代學協會京都支部 : 京都.

6 北野博司, 2004, 「陶硯の使用実態を考える―多賀城政庁跡出土陶硯を中心に―」, 『第2回東北文字資料研究會資料』, 24쪽~35쪽, 東北文字資料研究會 : 山形.

기가 이루어지고 있다.[7] 또 '전용벼루'(轉用硯)라 불리는 잡기(주로 식기류)를 벼루로 사용한 자료에 대해 고고학과 문헌사학 양쪽에서 검토가 진행되어 처음부터 전용벼루로 제작된 '정형벼루'(定型硯)뿐만 아니라 전용벼루도 고대 일본의 문필행위를 생각하는 데 무시할 수 없는 존재라는 것을 널리 인식하게 되었다.[8]

연구 동향을 검토함으로써 고대 일본의 도연 연구는 토기 연구의 한 분야에서 벗어나 도연을 '문방구'로 새롭게 파악하는 방향으로 전환된 것을 알 수 있다. 도연의 사용실태와 인식을 검토하기 위해서는 형식분류의 세분화나 제작기법의 검토와 같은 토기 연구방법에서 벗어나 문방구로서의 도연을 이해하는 것이 필수적이다. 최근 실시된 연구에 의해 드디어 이 과제를 둘러싼 전제가 정리되고 있다. 이 글도 이러한 동향을 감안하여 고대 일본에서 도연이 어떻게 쓰이고 어떤 문방구로 인식되었는가 하는 문제에 대해 생각해보고자 한다.

III 도연의 사용흔에 대하여

도연을 문필행위에 사용하는 문방구로 연구하는 데 첫 번째 논점은 도연이 애초부터 문방구로 사용되었는가 하는 문제이다. 논란의 발단은 얼핏 보아

---

7   山中章, 2001, 「硯の変化と書の作法」, 『歷博』第104號, 11~15쪽, 國立歷史民俗博物館 : 佐倉.

8   古尾谷知浩, 2004, 「坏蓋硯考―「転用」概念の再検討―」, 『名古屋大學文學部研究論集(史學50)』第149號, 103~111쪽, 名古屋大學文學部 : 名古屋.

먹흔을 확인할 수 없는 도연이 소비유적에서 출토되면서 도연(정형 벼루)=벼루라고 당연하게 여겨졌던 구도를 재검토할 필요가 생겼기 때문이다. 이는 고대 일본에서 문서 작성이 이루어졌음을 부정하는 것이 아니라 저렴하게 확보할 수 있는 전용벼루가 대량으로 출토되는 가운데 정형벼루가 어떤 역할을 하였는가라는 문제의식에서 유래된 것이다. 2003년 나라문화재연구소에서 개최된 심포지엄에서는 보고가 종료된 후 토의에서 정형벼루는 실용문방구가 아니라 사용자의 권위를 나타내기 위한 '장식벼루'(置物硯)였다는 견해가 등장한다.[9] 이 문제에 대해서는 이후에도 검토가 진행되어 먹을 갈 때 사용된 것은 기본적으로 전용벼루이며 정형벼루는 거의 사용되지 않는다는 설도 발표되었다.[10]

육안으로 먹흔을 확인할 수 없는 정형벼루가 존재하는 것은 사실이나 전용벼루는 먹흔이 있어야 전용벼루로 판정할 수 있으므로 동일한 기준으로 비교할 수는 없을 것이다. 오히려 중요한 것은 정형벼루에서는 먹흔보다 찰과흔이나 마모가 확인되는 점이다. 정형벼루는 출하 시 강회(降灰)를 제거하기 위해 연마작업이 이루어진 것으로 생각된다.[11] 따라서 연면의 찰과흔이나 마모를 단순히 먹을 간 흔적으로 치부할 수 없는 실정이다. 그러나 이는 시각을 달리하면 연마공정에 의한 마모인지 사용에 따른 마모인지를 판별하는 관찰기준을 세운 것으로, 사용이 끝난 정형벼루를 준별할 수 있게 하는 것이기도 하다.

9　奈良文化財研究所, 2003, 『古代の陶硯をめぐる諸問題―地方における文書行政をめぐって―』, 273쪽, 奈良文化財研究所 : 奈良.

10　坂谷桃代, 2006, 「古代における硯の使用痕について―紫香樂宮關連遺跡出土資料を中心に―」 『淡海文化財論叢第一輯』, 198쪽~203쪽, 淡海文化財論叢刊行會 : 大津.

11　乾哲也, 1998, 「和泉・万町北遺跡の陶硯」, 『考古學の諸相坂詰秀一先生還曆記念論文集』, 415~429쪽, 坂詰秀一先生還曆記念會 : 東京.

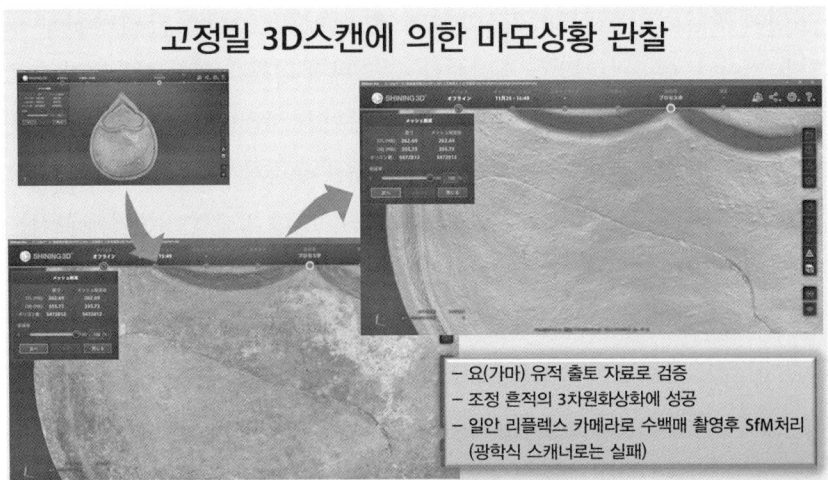

그림 1 사나게요(猿投窯) 출토 도연(黑笹3호요 출토 宝珠硯)의 3D 데이터화

　　이에 필자는 아이치현도자미술관이 소장하고 있는 사나게요(猿投窯) 출토 도연[12]을 고정밀 3D데이터로 SfM(Structure from Motion) 방식으로 스캔하고 연면의 미세한 요철을 관찰할 수 있는지 실험했다.[13] 결과, 3D 데이터에서 텍스처를 제거한 상태에서, 나데(ナデ, 옮긴이: 문지름)에 의한 미세한 선상 자국을 입체 형상으로서 가시화할 수 있었다(그림 1). 이어서 연마 공정에 따른 연면 상황도 조사할 예정이었으나 코로나19로 인해 조사가 어려워 아쉽게도 데이터를 얻을 수 없었다.[14] 안타깝지만 3D기술을 활용함으로써 연면

12　사나게요(猿投窯)산 도연으로 黑笹3號窯出土宝珠硯, 黑笹7號窯出土風字硯, 出土窯跡불명의 풍자연을 3D데이터화하여 분석하였다.

13　SfM의 처리 소프트는 Metashape Professional Ver1.6.2(Agisoft社)를 이용하였다. 또 광학식3D스캔에 의한 스캔도 병행하였으나 연면의 상세한 형상까지 3D데이터로 반영할 수 없었다.

14　마연 공정의 흔적이 확인되는 大阪府 万町北 유적 출토 도연은 코로나 종식 후 조사를 계획하고 있다.

의 미세 형상을 입체적으로 가시화할 수 있음을 확인한 점은 수확이라 할 수 있을 것이다. 이 분석기법을 심화시킬 수 있다면 연마에 의한 마모인지 사용에 의한 마모인지를 구분할 수 있을 뿐만 아니라 사례를 수집함으로써 먹을 가는 사용 빈도에 대해서도 마모상황을 토대로 추측할 수 있을 것이다. 지금까지 도연의 '쓰임새'에 대해서는 언급이 이뤄졌으나 감각적인 논의에 그치는 바람에 구체적인 근거를 제시하기가 어려웠다. 그러나 3D 데이터를 이용함으로써 명확한 기준을 제시한다면 구체적인 논의를 진행할 수 있을 것이다. 앞으로 이 방법을 이용하여 실험을 지속하고자 한다.

한편 연면의 찰과흔이나 마모와 관련하여 먹 자체가 연면에 부착된 경우는 그대로 사용되었던 것임을 증명할 수 있다. 겉보기에 거무스름하게 먹물이 묻어 있는 경우는 당연하지만 맨눈으로 알 수 없는 벼루 면에 스며든 먹도 역시 사용된 결과임은 분명하다. 대부분의 도연은 스에키제로 연면이 다공질이므로 육안 판별이 어려운 아주 작은 구멍이나 틈새로 먹물이 스며들 수 있다. 이러한 미세한 먹흔은 루뻬나 현미경을 사용함으로써 확인할 수 있다(**그림 2**). 도연이 실제로 사용되었는지 의심을 받아 온 배경에는 맨눈으로 확인되지 않는 묵흔의 존재를 간과한 것이 요인이었다. 더욱이 먹물은 그을음과 아교로 구성되는데[15] 드물게 아교에서 유래한 유분이 연면에 잔존하는 경우도 있어 오래 사용한 프라이팬처럼 매끈매끈하고 평활한 상태이다. 이러한 유분도 벼루를 실제로 사용한 흔적으로 볼 수 있을 것이다.

이상을 바탕으로 필자는 육안과 디지털 현미경을 통한 연면 관찰을 통해 먹과 아교의 부착 현황을 집계하고 도연의 사용실태를 밝히는 조사를 시행한 바 있다. 대상은 헤이조쿄(궁)터·재궁터(斎宮跡) 및 오와리국(尾張國)·미카

---

15 深草俊輔·河原一樹·小池伸彦·舘野和己·中沢隆, 2014, 「質量分析による平城京跡出土の墨に残存するウシ膠コラーゲンの同定」, 『古代學』第6號, 35~39쪽, 奈良女子大學古代學術研究センター : 奈良.

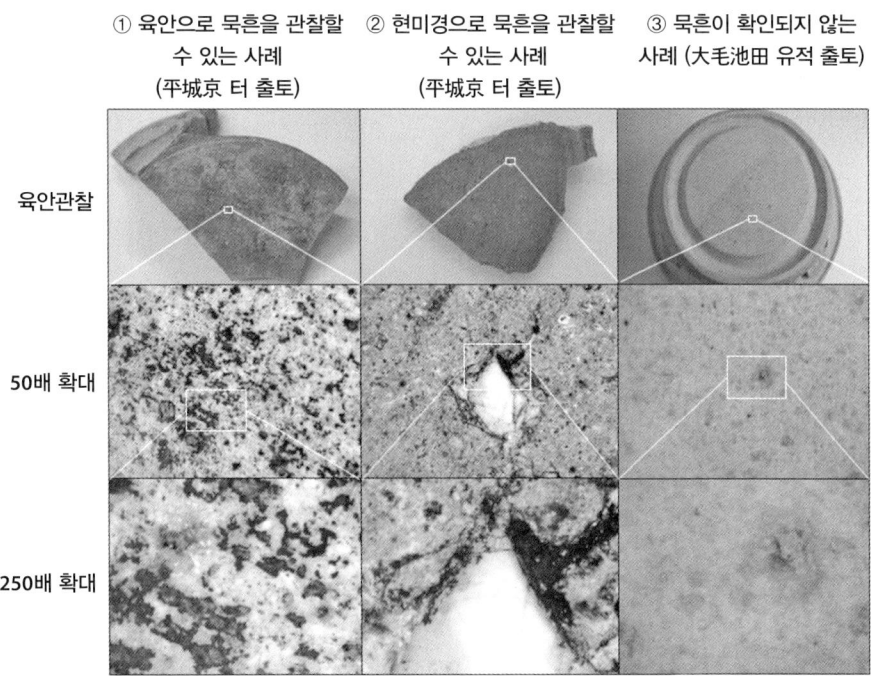

그림 2　도연의 확대관찰 (井上 2020 인용)

와국(三河國)·시나노국(信濃國)의 각 유적에서 출토된 도연(정형 벼루) 760점이다. 조사 결과 약 70%(69.99%)의 도연에 먹흔이 부착된 것을 확인하여 고대 일본에서 대부분의 도연이 실제로 사용되었음을 밝힐 수 있었다.[16]

전체적인 조사 결과와 더불어 원면벼루의 사용구분에 대해서도 흥미로운 데이터를 얻을 수 있었다. 원면벼루 중에는 제각원면벼루(蹄脚円面硯)라 불리는 다리 부분의 장식성이 뛰어나고 규격성도 있는 벼루가 존재한다. 크기별 사용 흔적 조사 결과 연면 지름이 20cm가 넘는 대형의 제각원면벼루는 사용 흔적 부착률이 52.63%로 낮은 값을 나타내지만 가장 일반적인 원면벼루인

16　각주 1), 井上 문헌.

권족원면벼루(圈足円面硯)는 같은 크기라도 부착률이 85.71%로 높은 수치를 보였다. 반면 연면지름이 15cm 이상 20cm 미만이면 사용 흔적 부착률은 제각원면벼루가 75.75%, 권족원면벼루가 73.33%로 별 차이가 없었다.[17] 이는 도연의 종류와 크기에 따라 사용법이나 관리상황에 차이가 있을 수 있음을 시사하며, 전자는 '장식벼루'(置物硯)에 가까워 특별한 때만 사용되었거나 사용 후 철저하게 세척되고 관리되었을 가능성이 있다.

Ⅳ 대형원면연의 사용방법

그렇다면 대형의 원면 벼루는 실제로 어떻게 사용되었을까. 이 문제에 대해서는 여러 사람이 함께 사용할 목적으로 대형화되었다는 견해와 사용자의 권위(관직)를 나타내고자 한 의도에서 크기가 규격화되었을 것이라는 견해가 공존한다. 전자에서는 대형의 원면벼루는 제각원면벼루(蹄脚円面硯)를 포함하여 일반 관인이 모여서 사용한 것으로 본다.[18] 그 크기와 연면 높이(연면고)도 고려하면 함께 사용하기 쉬운 것은 물론 바닥에 둔 상태에서 힘을 담아 먹을 갈고 대량의 먹물을 확보할 수 있는 장점이 있다고 한다.[19] 이에 반해 원면

---

17 조사한 자료의 모수(母數)는 연면 직경 20cm 이상의 제각원면벼루가 19점, 권족원면벼루가 14점, 연면 직경 15cm 이상의 제각원면벼루가 33점, 권족원면벼루가 45점이다.

18 松田留美, 1997, 「長岡京出土の陶硯」, 『向日市埋蔵文化財センター年報都城』第8號, 41~62쪽, 向日市埋蔵文化財センター : 向日.

19 각주 7), 山中 문헌.

벼루가 사용자의 권위를 나타낼 것이라는 입장에서는 헤이조큐 내의 출토 상황으로 보아 제각원면벼루는 종5위의 관인이 사용하였으며 다른 원면벼루도 크기와 의장이 사용자의 관위에 대응하는 것으로 본다.[20] 직접적으로 관위와 접속하지 않는 입장도 존재하므로 후지와라쿄 내의 발굴 상황으로 보아 원면벼루에는 사용자의 격식을 나타내는 목적이 있었다고 하는 견해가 제시되었다.[21]

둘 다 흥미로운 가설인데 공용품설은 하급 관인이 전용벼루(개배 벼루)를 사용한 것은 문헌 사료에서도 짐작할 수 있으며[22] 고고 자료로도 대량으로 출토되고 있다. 따라서 일부러 생산과 수송에 비용이 드는 대형의 원면벼루를 준비한 것으로 보기 어렵다. 그보다 식기로 간단히 조달할 수 있는 전용벼루를 인원수만큼 갖추는 것이 간단하다. 게다가 대형의 제각원면벼루는 사용 자국 부착률이 저조한 것으로 보아 먹물을 대량으로 확보하기 위한 목적으로 대형화되었다는 가설은 성립되지 않는다고 할 수 있다. 제각원면벼루의 사용자가 관위에 의해서 정해졌다는 가설에 대해서는 필자가 별고에서 지방의 제각원면벼루 출토 상황을 통해 반증한 적이 있는데[23] 관위와 도연의 규격을 일률적으로 연결시킬 수 없음을 지적하였다. 다만 대형이며 장식된 도연이 고급 문방구로 사용자의 권위를 나타내는 기능을 한 것은 충분히 상정할 수 있

---

20 西口壽生, 2010, 「東海産の陶硯について―蹄脚硯・宝珠硯を中心に―」, 『奈良文化財研究所紀要2010』, 60~61쪽, 獨立行政法人國立文化財機構奈良文化財研究所 : 奈良.

21 小田裕樹, 2017, 「B陶硯からみた調査地の性格」, 『飛鳥・藤原宮発掘調査報告書Ⅴ』 奈良文化財研究所學報第94冊, 385~388쪽, 獨立行政法人國立文化財機構奈良文化財研究所 : 奈良.

22 각주 8), 古尾谷 문헌.

23 각주 1), 井上 문헌.

다. 앞서 언급한 조사 결과를 보아도 대형의 제각원면벼루는 실제로 사용될 기회가 적고 고급품으로서 장식벼루로 취급되거나 매우 조심스럽게 사용된 것으로 보아도 무방할 것이다.

V 전세품으로 보는 도연의 장식성과 이용성

더불어 대형 원면벼루의 사용흔적에 관한 데이터는 신체 행위라는 관점에서도 흥미로운 논점을 포함한다. 벼루면 지름이 20cm가 넘는 대형의 원면벼루는 전체 크기가 지름 40cm 정도 되는 경우도 흔하다. 연면 높이(연면고)도 설치면에서 10cm가 넘는다. 벼루가 이렇게 크면 책상 대부분을 벼루가 차지하므로 붓에 먹물을 묻힐 때 팔을 높이 들어야 해서 불편할 것이다(그림 3). 스에키제이기 때문에 깨지기 쉬우므로 움직일 때도 신경이 쓰인다.[24] 그럼에도 불구하고 대형의 원면벼루는 실제로 사용되어 아마도 사용자의 권위를 보여주는 역할도 하였다. 이와 관련된 전세품으로 8세기 중엽 자료인 정창원 보물의 청반석 벼루가 주목된다.[25] 이 청반석벼루에는 현대의 벼루와 크게 다르지 않은 크기의 풍자연(세로 14.7cm, 가로 13.5cm)이 대장경(臺長徑)

---

24 무게 문제는 필자가 조사할 때 받은 인상에 의한 것이 크다. 계량기로 측정한 것은 아니지만 대형의 제각원면연은 각부가 결실된 자료라도 어느 정도 무게가 있어 쉽게 들고 옮길 수 없다. 사용 후 씻을 때는 많은 노력이 필요하였을 것으로 추측된다.

25 伊藤純, 1992, 「風字硯をめぐるいくつかの問題—考古資料と伝世品—」, 『ヒストリア』第135號, 73~88쪽, 大阪歷史學會 : 西宮.

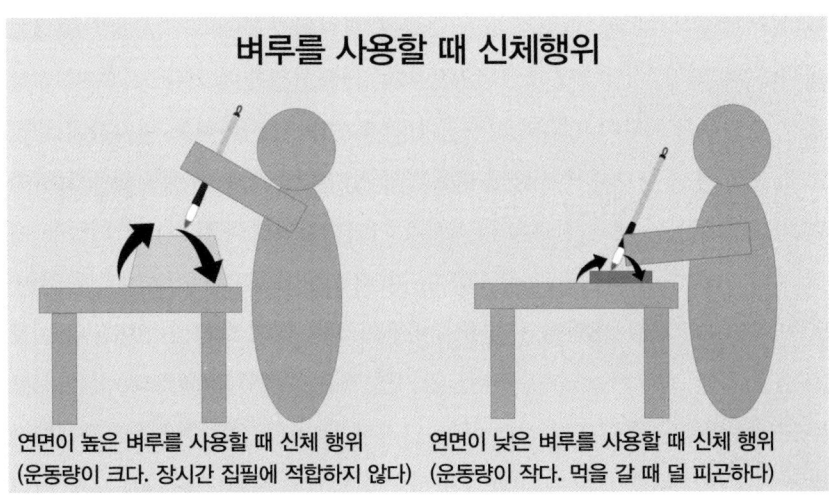

그림 3 벼루를 사용할 때 신체 행위

30.5cm의 육각형 받침대에 끼워져 있으며 높이도 8.2cm다.[26] 말하자면 소형 벼루를 굳이 대형품으로 장식한 것으로 편의성보다는 크기와 장식성이 우선된 상황을 반영한다. 바로 당시 고급 문방구의 기호를 엿볼 수 있는 좋은 자료라고 할 수 있을 것이다. 8세기 최고봉 벼루인 청반석벼루의 이러한 성질을 감안한다면 대형의 원면벼루가 요구된 배경에는 크고 호화로운 벼루가 가치 있다는 풍조가 있었음을 짐작할 수 있다.

제각원면벼루를 비롯한 대형 원면벼루는 7세기부터 8세기까지 왕성하게 사용되다가 9세기 이후에는 점차 자취를 감춘다. 대신 현재의 벼루에 가까운 형태의 풍자연과 원면연(猿面硯)이 보급되기 시작한다. 이 시류와 관련하여 시사적인 것이 전 관공유품(傳 菅公遺品)인 청백자원연(青白磁円硯)이다. 청백자원연은 제각원면벼루와 의장은 유사하나 각부가 모두 결실되었고 연면이

---

[26] 정창원전 공식 홈페이지
「青斑石硯(せいはんせきのすずり)1基」[https://shosoin-ten.jp/info/treasures/000037/(2021년11월29일 열람)].

낮다.[27] 현존 지름은 27cm이지만 각부가 결실되기 전에는 30cm가 넘었을 것이다. 이 제품은 당에서 생산되었을 때는 완형이었을 것이나 그 후 어느 시점에 각부가 결실되어 지금과 같은 형상이 되었다. 스가와라노 미치자네(菅原道眞)가 사용한 신보로서 소중히 다루면서 장기간에 걸쳐 전세된 것을 고려하면 각부가 결실된 것은 신보로 여겨지기 이전, 즉 실제로 사용하고 있었을 때의 일이 아닐까 필자는 추측하고 있다. 이 제품이 스가와라노 미치자네(845-903) 본인 혹은 동시대인이 사용했던 벼루일 경우 이미 대형 원면벼루의 전성기는 수십 년 전에 끝났으며, 주류는 풍자연 또는 원면연(猿面硯)과 같은 소형 도연으로 이행된 것으로 알려져 있다. 그러한 시대 배경을 감안하면 사용자가 각부의 일부가 파손됐을 때 방해가 된다고 판단한 부위를 과감하게 모두 떼어냈을 것이라는 상상도 할 수 있을 것이다.

　　물론 언제 어떤 경위로 각부가 떨어졌는지 확인할 길은 없다. 그러나 벼루의 장식성이 감소하는 시대에 제각원면벼루(蹄脚円面硯)에서 가장 공들인 각부를 제거한 자료가 전세된 것은 스가와라노 미치자네의 유품이라는 부가가치가 있다 하더라도 흥미로운 현상인 것 같다. 연면은 검게 물든 데다 마모도 심해 언뜻 보아도 사용된 벼루임을 알 수 있다. 사용흔적 부착률이 낮은 8세기의 대형 제각원면벼루와는 대조적이며 박재된 고급품이면서도 실용문방구로 사용된 것을 알 수 있다. 장식성이 강하고 대형이며 또 백자 선박재품이라는 조건을 충족시키면서도 마모될 정도로 사용되어 각부가 결실되었다는 점에서 9세기 벼루 가치관의 전환을 찾을 수 있을 것이다. 어쩌면 다리부가 결실되어 연면의 높이가 낮아짐으로써 편의성이 향상되었고 또 실용품으로서의 가치를 획득함으로써 오랫동안 사용되어 전세품이 되었을 수도 있다.

---

[27]　京都國立博物館, 2017,『京都國立博物館開館120周年記念特別展覧會國宝』(展覧會圖錄), 389쪽, 京都國立博物館 : 京都.

VI 벼루의 사무용품화와 벼루 상자의 등장

　제각원면벼루를 비롯하여 크고 장식성이 강한 원면벼루가 유행하지 않게 된 9세기는 꽃이나 동물을 본뜬 형상벼루라 불리는 도연이 자취를 감추는 시대로 장식성보다 실용성을 추구하는 경향이 강해진다. 권족원면벼루(圈足円面硯)도 생산되기는 하였으나 쇠퇴기에 접어들었고 그릇을 뒤집은 듯한 작고 단순한 제품이 많으며 의장도 조잡해진다.[28] 9세기에 발생한 권족원면벼루의 쇠퇴와 풍자연·원면연(猿面硯)의 보급은 호화롭고 거대한 원면벼루를 선호하지 않게 된 것을 단적으로 보여주는 것으로 문서 작성 시 편리함을 중시하게 된 결과로 생각된다. 실제로 풍자연과 원면연(猿面硯)의 연면 높이는 원면벼루(圓面硯)처럼 높지 않아 현재 사용하는 벼루와 크게 다르지 않다. 따라서 먹을 갈 때도, 붓을 먹물에 담글 때도 팔을 높이 들 필요가 없다. 대형 자료도 존재하지만 과거의 제각원면벼루(蹄脚円面硯)처럼 책상 대부분을 차지할 만큼 거대한 것이 아니라 쉽게 다룰 수 있을 정도의 크기와 중량이다.

　벼루의 가치를 실용성에 두는 가운데 이면연(二面硯)이라는 새로운 도연이 등장한다. 이면연은 흑묵(黑墨)과 주묵(朱墨)을 한꺼번에 사용하기 위해 연면 중앙이 분리된 것이 특징이다. 또 붓받침이나 연적으로 사용할 수 있는 공간이 확보된 특수한 이면연도 소수이지만 존재하므로 도연의 다기능화가 진행되었다(**그림 4**). 8세기대 도연은 먹물을 가는 연면이 기본적으로 하나밖에 없었다. 주묵을 사용할 때는 별도의 전용벼루를 준비하거나 권족원면벼루를 뒤집고 그 내면에서 주묵을 갈았던 것 같다.[29] 이 시기부터 흑묵과 주묵을

28　關根章義, 2014, 「古代陸奧國における陶硯の需要と展開—城柵官衙遺跡を中心として—」, 『古代文化』66卷3號, 3~23쪽, 古代學協會 : 京都.

29　奈良文化財研究所, 2007, 『平城京出土陶硯集成Ⅱ—平城京·寺院—』奈良文化財研

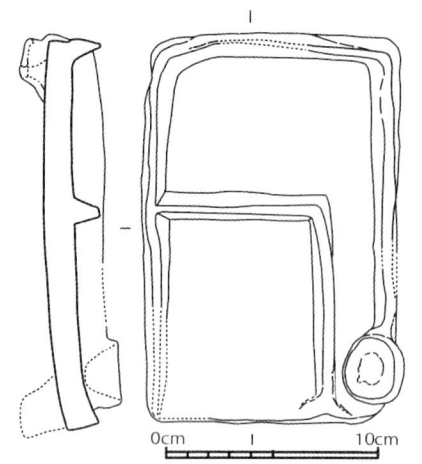

그림 4 　知気寺유적 특수벼루 (特殊硯(이시카와현 9세기 말-10세기 초두))
『埋蔵文化財ニュース』41호(1983)에서 필자 트레싱 및 일부 개변[30]

한꺼번에 사용할 수 있는 도연이 등장한다는 사실을 통해 고대 사회에서 벼루가 특별한 도구에서 실용성이 뛰어난 일종의 사무용품으로 탈바꿈한 모습을 엿볼 수 있다.

이윽고 10세기가 지날 무렵부터 오늘날 우리에게도 친숙한 돌로 만든 벼루가 등장하기 시작한다. 930년대에 성립된 〈화명류취초〉(和名類聚抄)에서도 '硯書譜云用硯之法石爲第一瓦爲第二'라는 구절이 확인되는데 석제벼루와 기와벼루(도연)를 모두 언급하면서 석제벼루를 기와벼루(도연)보다 우위에 두고 있다.[31] 10세기 석제벼루는 풍자연 모양인데[32] 현재 우리가 사용하는 직사각형 벼루는 좀 더 시간이 지난 후 등장한 것으로 추측된다. 풍자연이나 원면연(猿面硯)은 원면벼루(圓面硯)나 형상벼루처럼 단독으로 책상 위에 두고 사용하는 것을 전제로 하는 벼루로 벼루 상자 안에 수납하면서 사용하는 것을 예상하지 못한 형상이라고 할 수 있다. 따라서 10세기에 풍자연 모양의 석제벼루가 등장한 시점에서는 아직 벼루 상자를

　　究所史料第80冊, 6쪽, 獨立行政法人文化財研究所奈良文化財研究所：奈良.

30　奈良國立文化財研究所埋蔵文化財センター, 1983, 『埋蔵文化財ニュース』41號, 8쪽, 奈良文化財研究所：奈良.

31　國立國語研究所日本語史研究用テキストデータ集「二十卷本和名類聚抄[古活字版]」[https://www2.ninjal.ac.jp/textdb_dataset/kwrs/(2021年11月30日閲覧)].

32　각주 3), 水野 문헌.

사용하지 않은 것으로 추측할 수 있다. 벼루 상자가 등장하는 시기를 특정하기는 어렵지만 아마도 석제 직사각형 벼루가 보급되는 것과 같은 시기로 상정해도 좋을 것이다. 또 원면연(猿面硯)은 나무틀 안에 도판이 끼워진 형태이므로 벼루 상자를 선취한 측면도 있다. 그러나 연적과 붓 등 다른 문방구를 수납할 공간이 없어 단독으로 쓰인 벼루임에는 변함이 없다. 반면 직사각형 벼루는 벼루 상자 안에 담기 좋은 형상으로 다양한 문방구와 함께 수납되며 크기도 단독으로 사용하는 벼루보다 아담하다. 그런 의미에서 그림 4에서 나타낸 특수한 이면연은 어쩌면 벼루 상자의 조형(혹은 등장 초기의 벼루 상자를 스에키로 모방한 것)일 가능성도 있다.

12세기 전반에 성립된 것으로 알려진 겐지모노가타리 회화인 「석무」(夕霧)에는 벼루 상자가 그려진 것으로 유명하다. 여기서 현대 일본에서 볼 수 있는 벼루의 사용 형태가 완성된 모습을 찾을 수 있다. 당시부터 21세기 오늘날까지 벼루는 돌로 만든 장방형으로 벼루 상자에 수납하여 사용하는 문방구의 시대가 이어지고 있다. 과거 전성기였던 도연은 말 그대로 먼 과거의 유물이 되고 말았다.

VII 맺음말

이 글에서는 고대 일본 도연의 쓰임새와 관련하여 사용자가 벼루를 사용 때의 신체 행위라는 관점에서 검토를 진행하였다. 평소라면 제목을 "도연의 사용법"이라고 했겠지만 굳이 "도연의 쓰임새"라고 한 것은 사용자가 도연을 단순히 벼루로 사용한 것이 아니라 권위성 등 다른 의미를 지닌 고대 도연의 특수성을 고려했기 때문이다.

외형을 중시하는 7~8세기 도연은 9세기 이후가 되면 실용성을 지향하면서 소형화되고 마침내 12세기에는 벼루 상자를 이용한다. 이러한 일련의 변화는 외형을 중시하면서 제작되기 시작한 도연의 다양성이 사용하기 편한 방향으로 개량되고 마침내 벼루 상자에 들어가는 형태에 다다른 역사로도 이해할 수 있을 것이다. 도연이 고대부터 어떻게 변천하였는가 하는 문제는 선학의 편년 연구에 의해서 일찍부터 밝혀졌다. 여기에 사용 시의 신체 행위라는 관점을 도입함으로써 변천의 배후에 있는 가치관의 변화를 신체성(身體性)에 뿌리내린 형태로 부각할 수 있지 않을까 하는 시도가 이번 분석이었다.

고고 자료를 신체 행위, 혹은 신체성이라는 관점에서 다루는 것은 자칫 주관적인 논의로 빠질 수 있으며 이 글 역시 그런 비판을 받을 수 있다. 다만 대부분의 고고 자료는 인간이 신체를 움직이면서 사용한 것이므로 사물의 배후에 있는 정신성과 인식에 접근할 때는 신체성을 개재시키는 것도 어느 정도 유효하다고 생각한다. 이번 분석은 이러한 연구 방법의 원안으로 제시하고자 하였다.

또 이 글은 대략적인 통사적 서술이 많은데 전세품에 대한 언급을 제외하면 개별 자료에 대한 구체적인 분석이 부족하다. 특히 10세기 이후 도연과 석제 벼루의 관계가 연구되지 않아 잡박(雜駁)한 해설에 머무를 수밖에 없었다. 향후 과제로 삼고자 한다. 전세품 분석에 대해서도 추측한 것이 많고 특히 9세기 가치관 변동에 대해서는 향후 발굴 자료를 바탕으로 이론을 구축해야 할 것이다. 앞으로 연구 주제로 삼도록 하겠다.

(번역: 김도영, 경북대학교 인문학술원 HK교수)

감사의 말

본 연구를 실시하는데 아이치현도자미술관의 大西遼 학예사와 田畑潤 학예사에게 도움을 받았습니다. 감사의 말씀을 드립니다.

編·著者 소개

編者

윤재석(尹在碩) jasyun@knu.ac.kr

경북대학교 사학과 교수, 인문학술원장 겸 HK+사업단장

『수호지진묘죽간 역주』 (소명출판, 2010)

「東アヅア木簡記錄文化圈の研究」(『木簡研究』43, 2021)

「秦漢代의 算學敎育과 '구구단'木簡」(『동서인문』19, 2022)

著者 (執筆順)

홍승우(洪承佑) knows999@knu.ac.kr

경북대학교 역사교육과 교수

「대구 팔거산성 출토 신라 목간 검토」(『大丘史學』149, 2022)

「경산 소월리 목간의 내용과 성격」(『동서인문』16, 2021)

「창녕 교동11호분 출토 명문대도 재검토」(『韓國古代史硏究』101, 2021)

이용현(李鎔賢) yhyist@naver.com

경북대학교 인문학술원 HK연구교수

『한국목간총람(공저)』(주류성, 2022)

「城山山城 木簡에 보이는 신라의 지방경영과 곡물·인력관리 – 城下麥 서식과 本波, 喙의 분석을 중심으로」(『동서인문』 17, 2021)

「慶山 所月里 文書 木簡의 성격 – 村落 畓田 基礎 文書 – 」(『木簡과 文字』 27, 2021)

리훙차이(李洪財) 2722069104@qq.com

중국 湖南大學 嶽麓書院 교수

「從走馬樓西漢簡歧異幹支談漢初曆法混用問題」(『社會科學戰線 : 簡牘研究』 第4期, 2022)

「秦漢簡中標識術語"劑"之新證」(『中國農史』 第5期, 2021)

「敦煌馬圈灣漢簡草書釋正」(『出土文獻』 第3期, 2021)

장쥔민(張俊民) zhangjm4261@sina.com

중국 甘肅省文物考古研究所 연구원

「甘肅寧縣石家墓地M4,M166發掘簡報」(『考古與文物』 第5期, 2020)

「懸泉漢簡新見的兩例漢代職官制度」(『敦煌研究』 第6期, 2015)

「漢代敦煌郡縣置名目考――以懸泉漢簡資料爲中心的考察」(『秦漢研究』 第九輯, 2015)

오준석(吳峻錫) wlaaaa@hanmail.net

경북대학교 인문학술원 HK연구교수

『중국목간총람(공저)』 (주류성, 2022)

「秦漢 田律을 통해 본 秦漢代의 律典 체계」(『역사와 세계』 60, 2021)

「嶽麓秦簡을 통해 본 簡牘 文書의 형태와 규격」(『中國史研究』 136, 2022)

이누카이 다카시(犬飼隆) tinukai2013@gmail.com

일본어학자

『木簡による日本語書記史【2011増訂版】』(笠間書院, 2011)

『儀式でうたうやまと歌』(塙書房, 2017)

「古事記と木簡」(『古事記年報六十』, 古事記学会, 2018)

팡궈화(方國花) guohua1211@yahoo.co.jp

경북대학교 인문학술원 HK연구교수

「日本古代木簡の標準字体」(『木簡研究』41, 2019)

「신라·백제 문자문화와 일본 문자문화의 비교연구 - 출토문자자료를 중심으로 - 」
　　　(『영남학』77, 2021)

「부여 부소산성 출토 토기 명문의 검토 - 동아시아 문자자료와의 비교 - 」(『목간과 문자』26, 2021)

오수문(吳秀文) wsoo@knu.ac.kr

경북대 인문학술원 HK교수

『일본목간총람(공저)』(주류성, 2022)

「平安時代の紙と文字との関係性考察」(『日本文化学報』92, 2022)

「『日本書紀』に見る律令制の萌芽」(『日本文化学報』94, 2022)

홍보식(洪潽植) bosik-h@hanmail.net

공주대학교 사학과 교수

『가야사의 인식변화(공저)』(주류성, 2021)

「부산 기장 고촌리 유적의 단계와 운영 양상 검토」(『항도부산』44, 2022)

「소가야지역의 횡혈식석실수용과 특징 - 내산리고분군의 횡혈식석실을 중심으로 - 」
　　　(『한국학논총』56, 2021)

박장호(朴章鎬) pjh1783@nate.com

경산시청 문화관광과 주무관

「진·변한인의 중서부지역 이주와 그 역사적 함의」(『영남고고학』 90, 2021).

「부여계·한(漢)식계 유물과 중서부지역의 세력」(『동북아역사논총』 71, 2021)

「중서부지역 진변한계 철기의 변화와 철생산」(『고문화』 96, 2020)

구스미 다케오(久住猛雄) nanotsu2015@gmail.com/kusumi.t01@city.fukuoka.lg.jp

일본 福岡市役所経済観光文化局文化財活用部埋蔵文化財センター 文化財主事

「布留遺跡における「板石硯」の認識とその意義」(『ここまで判った布留遺跡－物部氏以前とその後－発表資料集』, 天理市観光協会, 2022)

「三世紀のチクシと三韓と倭国」(石野博信 編『魏都·洛陽から倭都·邪馬台国へ－『親魏倭王』印の旅』, 雄山閣, 2019)

「「博多湾貿易」の成立と解体」(『考古学研究』 53 - 4, 2007)

「北部九州における庄内式併行期の土器様相」(『庄内式土器研究』 XIX, 1999)

이노우에 하야타(井上隼多) syxbt_oddd@yahoo.co.jp

일본 名古屋大学 人文学研究科 博士候補研究員

「考古資料3Dデータの図化システムについて(공저)」(『宗教遺産テクスト学の創成』, 勉誠出版, 2022)

「機械学習を用いた陶邑窯·猿投窯出土須恵器の判別実験(공저)」(『下国雑誌』 3, 2021)

「人工知能による機械学習を用いた須恵器資料の断面形状分析(공저)」(『日本情報考古学会講演論文集』 23, 2020)

「古代日本における陶硯の使用実態と統制」(『古代文化』 72 - 1, 2020)